国家社会科学基金（教育学）重大项目（VDA200004）阶段性研究成果
北京外国语大学"双一流"建设标志性项目（BW202018）阶段性研究成果

"一带一路"国家文化教育大系　　　　　总主编　王定华

约旦
文化教育研究

التعليم والثقافة في
المملكة الأردنية الهاشمية

刘欣路　董琦　著

外语教学与研究出版社
FOREIGN LANGUAGE TEACHING AND RESEARCH PRESS
北京 BEIJING

图书在版编目 (CIP) 数据

约旦文化教育研究 / 刘欣路，董琦著. –– 北京：外语教学与研究出版社，2021.5
（"一带一路"国家文化教育大系 / 王定华总主编）
ISBN 978-7-5213-2611-6

Ⅰ. ①约… Ⅱ. ①刘… ②董… Ⅲ. ①教育研究－约旦 Ⅳ. ①G537.9

中国版本图书馆 CIP 数据核字 (2021) 第 080710 号

出 版 人　徐建忠
项目负责　孙凤兰　巢小倩
责任编辑　巢小倩
责任校对　孙凤兰
装帧设计　李　高
出版发行　外语教学与研究出版社
社　　址　北京市西三环北路 19 号（100089）
网　　址　http://www.fltrp.com
印　　刷　北京盛通印刷股份有限公司
开　　本　787×1092　1/16
印　　张　22.75
版　　次　2021 年 5 月第 1 版 2021 年 5 月第 1 次印刷
书　　号　ISBN 978-7-5213-2611-6
定　　价　160.00 元

购书咨询：（010）88819926　电子邮箱：club@fltrp.com
外研书店：https://waiyants.tmall.com
凡印刷、装订质量问题，请联系我社印制部
联系电话：（010）61207896　电子邮箱：zhijian@fltrp.com
凡侵权、盗版书籍线索，请联系我社法律事务部
举报电话：（010）88817519　电子邮箱：banquan@fltrp.com
物料号：326110001

记载人类文明
沟通世界文化
www.fltrp.com

"一带一路"国家文化教育大系编写委员会

顾　　问：顾明远　　马克垚　　胡文仲

总主编：王定华

委　　员（按姓氏音序排列）：

常福良	戴桂菊	郭小凌	金利民	柯　静	李洪峰
刘宝存	刘　捷	刘生全	刘欣路	钱乘旦	秦惠民
苏莹莹	陶家俊	王　芳	谢维和	徐　辉	徐建中
杨慧林	张民选	赵　刚			

"一带一路"国家文化教育大系编审委员会

主　　任：王　芳

副主任：徐建中　　刘　捷

秘书长：孙凤兰

委　　员（按姓氏音序排列）：

蔡　喆	柴方圆	巢小倩	陈秋实	刘相东	刘真福
马庆洲	彭立帆	石筠弢	孙　慧	万作芳	杨鲁新
姚希瑞	苑大勇	张小玉	赵　雪		

安曼老城

安曼古罗马剧院

安曼城堡山罗马柱

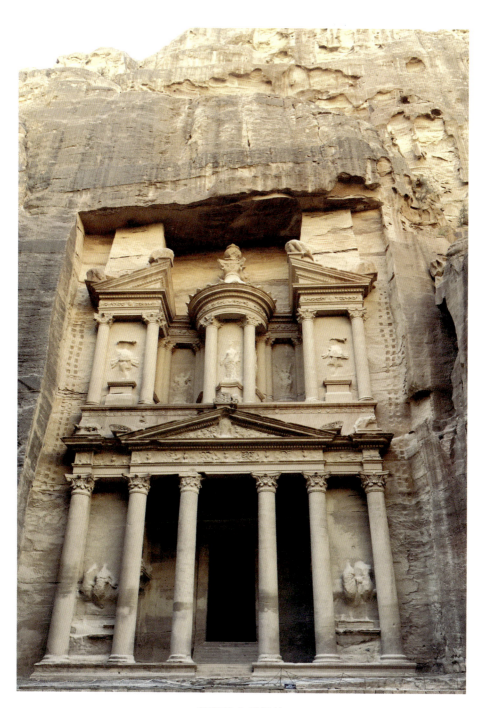

佩特拉古城遗迹

美式寄宿学校国王学院

智慧学校女子课堂

牛津学校（含学前教育和基础教育）

约旦国际标准教育学校

约旦王后拉尼娅访问扎尔卡省的一所小学

约旦大学校园

约旦大学学生在做实验

雅尔穆克大学医学院

约旦特殊教育师范学校

约旦职业培训学校

费城大学孔子学院学生领取来华学习通知书

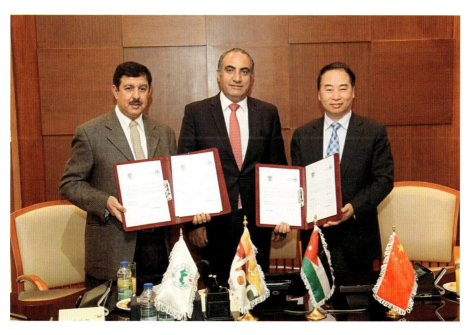

北京外国语大学党委书记王定华（右）与阿拉伯城市组织秘书长（左）签署合作协议

本书第一作者（右）与安曼市文化局局长萨米尔（中）参加约旦国家电视台对话节目

中国捐赠的费城大学中文系语言实验室

出版说明

2013 年 9 月 7 日，国家主席习近平提出共建"丝绸之路经济带"重大倡议。2013 年 10 月 3 日，习近平主席提出共建"21 世纪海上丝绸之路"重大倡议。两者合称"一带一路"倡议。以 2013 年金秋为起点，"一带一路"倡议作为构建人类命运共同体的伟大设想，在开拓和平、繁荣、开放、绿色、创新、文明之路的非凡征程中，孕育生机和活力，汇聚信心和期待，在世界范围内广受欢迎和响应。

文化交流、文明互鉴是构建人类命运共同体的人文基础。文化发展，教育先行。作为"共和国外交官的摇篮"、文化教育的主动践行者、"一带一路"倡议的踊跃响应者和构建人类命运共同体的积极参与者，北京外国语大学在党委书记王定华教授的带领下，放眼世界，找准坐标，勇于担当，主动作为，深耕文化教育相关领域，研究、策划并组织编写了"一带一路"国家文化教育大系（以下简称大系）。国内相关高校和研究机构的众多专家学者献计献策，踊跃参加，形成了一个范围广泛、交流互动、共同进步的"一带一路"国家文化教育学术研究共同体。大系旨在填补国内相关研究领域的学术空白，实现"一带一路"国家教育研究全覆盖，为中国教育"走出去"和相关国家先进教育理念"请进来"提供科学理论和实践指导，具有重要的学术价值。同时，大系服务国家重大战略，通过分期分批出版，形成规模和品牌，向中国共产党建党一百周年和"一带一路"倡议提出十周年献礼，具有深远的意义。

作为国家社会科学基金（教育学）重大项目"新时代提升中国参与全球教育治理的能力及策略研究"、北京外国语大学"双一流"建设标志性项目"'一带一路'国家文化教育研究"的课题研究成果和北京外国语大学党委的"奋进之举"，大系秉承学术性与可读性兼顾的原则，对"一带一路"国家文化教育理论与实践问题展开深入研究，从国情概览、文化传统、教育历史、学前教育、基础教育、高等教育、职业教育、成人教育、教师教育、教育政策、教育行政、教育交流等方面，全景擘画"一带一路"国家的教育风貌，帮助读者了解"一带一路"国家教育的历史与现状、经验与特点，为我国教育的发展和对外交流合作提供有益的借鉴、思考与启迪。

肆虐全球的新冠肺炎疫情严重影响了各国人民的生产生活，带来了二战以来人类面临的最严重的全球性危机，同时也再次阐述了人类命运共同体深刻内涵的世界性意义。在疫情防控常态化背景下，大系所有专家学者不畏困难，齐心协力，直面挑战，守望相助，化危为机，切实履行了响应和支持"一带一路"倡议的承诺。在此，特别感谢大系总策划、总主编王定华教授，以及所有顾问、编委和作者的心血倾注、智慧贡献和努力付出。

外语教学与研究出版社对大系的编写和出版工作给予了高度重视。自2019年项目启动以来，外研社抽调精锐力量成立大系工作组，多次组织相关部门和人员召开选题论证会，商建编委会，召开全体作者大会，制订周密、科学的出版计划，以保证项目的顺利开展和图书的优质出版。目前，大系的出版工作已取得阶段性成果，预计在2023年"一带一路"倡议提出十周年之前，将分期分批推出数量和规模可观的、具有相当科研价值和学术价值的系列专著。期望大系的编写和出版能为"一带一路"建设、中外教育交流及我国文化教育发展发挥基础性、服务性、广远性的作用。

外语教学与研究出版社
2021年4月

总　序

王定华

改革开放以来，中国各项事业取得了巨大成就。中国经济和世界经济高度关联，中国一以贯之地坚持对外开放的基本国策，构建全方位开放新格局，深度融入世界经济体系。2013年9月和10月，习近平主席在出访中亚和东南亚国家期间，先后提出共建"丝绸之路经济带"和"21世纪海上丝绸之路"的重大倡议（以下简称"一带一路"倡议），得到国际社会的高度关注。其中，"丝绸之路经济带"东边牵着亚太经济圈，西边系着发达的欧洲经济圈，是世界上最长、最具发展潜力的经济大走廊；"21世纪海上丝绸之路"串起连通东盟、南亚、西亚、北非、欧洲等各大经济板块的市场链，发展面向南海、太平洋和印度洋的战略合作经济带，以亚欧非经济贸易一体化为发展的长期目标。

一、精准把握"一带一路"倡议的时代意蕴

"经济带"概念是对地区经济合作模式的创新。其中经济走廊涵盖中蒙

俄经济走廊、新亚欧大陆桥、中国—中亚—西亚经济走廊、孟中印缅经济走廊、中国—中南半岛经济走廊等，以经济增长极辐射周边，超越了传统发展经济学理论。"丝绸之路经济带"概念不同于历史上所出现的各类"经济区"与"经济联盟"，同后两者相比，经济带具有灵活性高、适用性广以及可操作性强的特点，各国都是平等的参与者，本着自愿参与、协同推进的原则，发扬古丝绸之路兼容并包的精神。

"一带一路"倡议是我国在新时代推进全方位对外开放的重要举措，为当今世界提供了一个充满东方智慧、实现共同发展的中国方案，也是对历史文化传统的高度尊重，凝聚了世界各国利益的最大公约数。丝绸之路是起始于古代中国，连接亚洲、非洲和欧洲的古代陆上商业贸易路线，最初的作用是运输古代中国出产的丝绸、瓷器等商品，后来成为东方与西方之间在经济、政治、文化等方面进行交流的主要通道。1877 年，德国地质、地理学家李希霍芬（F. P. W. Richthofen）在其著作《中国》一书中，把公元前 114 年至公元 127 年，中国与中亚、中国与印度间以丝绸贸易为媒介的这条西域交通道路命名为"丝绸之路"，这一名词很快为学术界和大众所接受，并正式运用。其后，德国历史学家赫尔曼（A. Herrmann）在 20 世纪初出版的《中国与叙利亚之间的古代丝绸之路》一书中，根据新发现的文物考古资料，进一步把丝绸之路延伸到地中海西岸和小亚细亚，并确定了丝绸之路的基本内涵，即它是中国古代与中亚、南亚、西亚以及欧洲、北非的陆上贸易交往通道。进入 21 世纪，海上丝绸之路也被纳入丝绸之路的涵盖范围，即从中国沿海港口过南海到印度洋并延伸至欧洲，从中国沿海港口过南海到南太平洋。随着时代的发展，"丝绸之路"成为古代中国与西方所有政治经济文化往来通道的统称。

推进"一带一路"建设既是中国扩大和深化对外开放的需要，也是加强和世界各国互利合作的需要，中国愿意承担更多责任和义务，为人类和平发展做出更大的贡献。文明交流互鉴是构建人类命运共同体的重要途径，是推动人类文明共同进步、实现世界和平发展的重要动力。共建"一带一路"要顺应世界多极化、经济全球化、文化多样化、社会信息化的潮流，秉持开放的区域合作精神，致力于推动"一带一路"各国实现经济政策协调，开展更大范围、更高水平、更深层次的区域合作，共同打造开放、包容、均衡、普惠的区域经济合作架构，维护全球自由贸易体系和开放型世界经济格局。

"一带一路"贯穿亚欧非大陆，一头是活跃的东亚经济圈，一头是发达的欧洲经济圈，中间广大腹地国家经济发展潜力巨大。根据"一带一路"走向，陆上依托国际大通道，以中心城市为支撑，以重点经贸产业园区为合作平台，共同打造新亚欧大陆桥以及中蒙俄、中国—中亚—西亚、中国—中南半岛等国际经济合作走廊；海上以重点港口为基点，共同建设通畅安全高效的运输大通道。

"一带一路"建设是有关国家开放合作的宏大经济愿景，需要各国携手努力，朝着互利互惠、共同安全的目标相向而行：努力实现区域基础设施更加完善，安全高效的陆海空通道网络基本形成，互联互通达到新水平；投资贸易便利化水平进一步提升，高标准自由贸易区网络基本形成，经济联系更加紧密，政治互信更加深入；人文交流更加广泛深入，不同文明互鉴共荣，各国人民相知相交、和平友好。

"一带一路"倡议是具有开放性和包容性的友好建议。当今世界是一个开放的世界，开放带来进步，封闭导致落后。中国认为，只有开放才能发现机遇、抓住并用好机遇、主动创造机遇，才能实现国家的奋斗目标。"一带一路"倡议就是要把世界的机遇转变为中国的机遇，把中国的机遇转变为世界的机遇。正是基于这种认知与愿景，"一带一路"倡议以开放为导向，冀望通过加强交通、能源和网络等基础设施的互联互通建设，促进经济要素有序自由流动、资源高效配置和市场深度融合，开展更大范围、更高水平、更深层次的区域合作，打造开放、包容、均衡、普惠的区域经济合作架构，以此来解决经济增长和平衡问题。"一带一路"倡议的开放包容性是区别于其他区域性经济倡议的一个突出特点。

"一带一路"倡议是超越地缘政治的务实合作的广阔平台。"和平合作、开放包容、互学互鉴、互利共赢"的丝路精神是人类共有的历史财富，"一带一路"倡议就是秉承这一精神与原则提出的新时代重要倡议，通过加强相关国家间的全方位多层面交流合作，充分发掘与发挥各国的发展潜力与比较优势，形成互利共赢的区域利益共同体、命运共同体和责任共同体。在这一机制中，各国是平等的参与者、贡献者、受益者。因此，"一带一路"倡议从一开始就具有平等性、和平性特征。平等是中国坚持的重要国际准则，也是"一带一路"建设的关键基础。只有建立在平等基础上的合作才能是持久的合作，也才会是互利的合作。"一带一路"倡议平等包容的合作特征为其推进减轻了阻力，提升了共建效率，有助于国际合作真正"落地生根"。同时，"一带一路"建设离不开和平安宁的国际环境和地区环境，和平是"一带一路"建设的本质属性，也是保障其顺利推进所不可或缺的重要因素。这些就决定了"一带一路"倡议不应该也不可能沦为大国政治较量的工具，更不会重复地缘博弈的老路。

"一带一路"倡议是政府、企业、团体共同发力的项目载体。"一带一路"建设是在双边或多边联动基础上通过具体项目加以推进的，是在进行充分政策沟通、战略对接以及市场运作后形成的发展倡议与规划。2017年5月发布的《"一带一路"国际合作高峰论坛圆桌峰会联合公报》强调了建设"一带一路"的合作原则，其中就包括市场运作原则，即充分认识市场作用和企业主体地位，确保政府发挥适当作用，政府采购程序应开放、透明、非歧视。可见，"一带一路"建设的核心主体与支撑力量并不是政府，而是企业，根本方法是遵循市场规律，并通过市场化运作模式来实现参与各方的利益诉求，政府在其中发挥构建平台、创立机制、政策引导等指向性、服务性功能。

"一带一路"倡议是与现有相关机制对接互补的有益渠道。参与"一带一路"建设的国家要素禀赋各异，比较优势差异明显，互补性很强。有的国家能源资源富集但开发力度不够，有的国家劳动力充裕但就业岗位不足，有的国家市场空间广阔但产业基础薄弱，有的国家基础设施建设需求旺盛但资金紧缺。我国目前经济总量居全球第二，外汇储备居全球第一，优势产业越来越多，基础设施建设经验丰富，装备制造能力强、质量好、性价比高，具备资金、技术、人才、管理等综合优势。这就为我国与其他"一带一路"建设参与方实现产业对接与优势互补提供了现实可能与重大机遇。因而，"一带一路"倡议的核心内容就是要加强基础设施建设和促进互联互通，对接各国政策和发展战略，以便深化务实合作，促进协调联动发展，实现共同繁荣。由此可见，"一带一路"倡议不是对现有地区合作机制的替代，而是与现有机制互为助力、相互补充。实际上，"一带一路"建设已经与俄罗斯主导的欧亚经济联盟、印尼全球海洋支点发展规划、哈萨克斯坦光明之路经济发展战略、蒙古国草原之路倡议、欧盟欧洲投资计划、埃及苏伊士运河走廊开发计划等实现了对接与合作，并形成了一批标志性项目，如中哈（连云港）物流合作基地。作为新亚欧大陆桥经济走廊建设成果之一，中哈（连云港）物流合作基地初步实现了深水大港、远洋干线、中欧班列、物流场站的无缝对接。该项目与哈萨克斯坦光明之路经济发展战略高度契合。

　　"一带一路"倡议是促进人文交流的沟通桥梁。"一带一路"倡议跨越不同区域、不同文化、不同宗教信仰，但它带来的不是文明冲突，而是各文明间的交流互鉴。"一带一路"倡议在推进基础设施建设、加强产能合作与发展战略对接的同时，也将"民心相通"作为工作重心之一。民心相通是"一带一路"建设的社会根基。民心相通就是要传承和弘扬丝绸之路友好合作精神，广泛进行文化交流、学术交流、人才交流往来、媒体合作、青年和妇女交往、志愿者服务等，为深化双边和多边合作奠定坚实的民意基础。一是扩大相互间留学生规模，开展合作办学；国家间互办文化年、艺术节、电影节、电视周和图书展等活动，深化国家间人才交流合作。二是加强旅游合作，扩大旅游规模，联合打造具有丝绸之路特色的国际精品旅游线路和旅游产品。三是强化与周边国家在传染病疫情信息沟通、防治技术交流、专业人才培养等方面的合作，提高合作处理突发公共卫生事件的能力。四是加强科技合作，共建联合实验室（研究中心）、国际技术转移中心、海上合作中心，促进科技人员交流，合作开展重大科技攻关，共同提升科技创新能力。五是整合现有资源，开拓和推进参与国家在青年就业、创业培训、职业技能开发、社会保障管理服务、公共行政管理等共同关心领域的务实合作。六是充分发挥政党、议会交往的桥梁作用，加强国家之间立法机构、主要党派和政治组织的友好往来，互结友好城市。七是加强各国民间组织的交流合作，重点面向基层民众，广泛开展教育、医疗、减贫开发、生物多样性和生态环保等主题的各类公益慈善活动，改善贫困地区生产生活条件；加强文化传媒领域的国际交流合作，积极利用网络平台，运用新媒体工具，塑造和谐友好的文化生态和舆论环境；通过强化民心相通，弘扬丝绸之路精神，开展智力丝绸之路、健康丝绸之路等建设，在科学、教育、文化、卫生、民间交往等领域广泛合作，使"一带一路"建设的民意基础更为坚实，社会根基更加牢固。"一带一路"建设就是要以文明交流超越文明隔阂，以文明互鉴超越文明冲突，以文明共存超越文明优越，为相关国家人民加强交流、增进理解搭起新的桥梁，为不同文化和文明加强对话、交流互鉴织就新的纽带，推动各国相互理解、相互尊重、相互信任。

"一带一路"是促进共同发展、实现共同繁荣的友谊之路。共建"一带一路"旨在促进各国发展战略的对接和耦合，有利于发掘区域市场的潜力，推动经济要素有序自由流动、资源高效配置和市场深度融合，促进投资和消费，创造需求和就业，增进各国人民的人文交流与文明互鉴，从而让各国人民相逢相知、互信互敬，共享和谐、安宁、富裕的生活。共建"一带一路"符合国际社会的根本利益，彰显了人类社会的共同理想和美好追求，是国际合作及全球治理新模式的积极探索，将为世界和平发展增添新的正能量。中国政府倡议秉持和平合作、开放包容、互学互鉴、互利共赢的理念，全方位推进务实合作，打造政治互信、经济融合、文化包容的利益共同体、命运共同体和责任共同体。

"一带一路"倡议已经得到世界上众多国家和地区的积极响应，成为维护全球自由贸易体系和开放型世界经济的重要支撑。截至 2021 年 1 月 30 日，中国已经同 171 个国家和国际组织签署 205 份共建"一带一路"合作文件。[1] 特别是 2017 年 5 月第一届"一带一路"国际合作高峰论坛、2019 年 4 月第二届"一带一路"国际合作高峰论坛和 2019 年 5 月亚洲文明对话大会的成功举办，充分彰显了我国开放、包容的大国外交风范。在此背景下，我们一方面应致力于向世界介绍中国，推动中国文化"走出去"，讲好中国故事；另一方面也应加强对"一带一路"国家的历史、文化、语言、教育、艺术等方面的介绍和研究，让中国人民更多地了解"一带一路"国家的具体国情，特别是文化传统和教育体系。

"一带一路"倡议合作范围不断扩大，合作领域愈加广阔。它不仅给参与各方带来了实实在在的合作红利，也为世界贡献了应对挑战、创造机遇、强化信心的智慧与力量。

当今世界，新冠肺炎疫情带来诸多挑战，局部战争风险依然存在，经济增长动能不足，"逆全球化"思潮涌动，地区动荡持续，恐怖主义蔓延。和平赤字、发展赤字、治理赤字带来的严峻问题，已摆在全人类面前。这充分说明现有的全球治理体系面临结构性问题，亟须找到新的破解之策与应对方略。作为一个新兴大国，中国有能力、有意愿同时也有责任为完善全球治理体系贡献智慧与力量。面对新挑战、新问题、新情况，中国给出

---

[1] 中国一带一路网. 我国已签署共建"一带一路"合作文件 205 份 [EB/OL]. （2021-01-30）[2021-02-23]. https://www.yidaiyilu.gov.cn/xwzx/gnxw/163241.htm.

的全球治理方案是：构建人类命运共同体，实现共赢共享。"一带一路"倡议正是朝着这个目标努力的具体实践。"一带一路"倡议强调各国的平等参与、包容普惠，主张携手应对世界经济面临的挑战，开创发展新机遇，谋求发展新动力，拓展发展新空间，共同朝着人类命运共同体方向迈进。正是本着这样的原则与理念，"一带一路"倡议针对各国发展的现实问题和治理体系的短板，创立了亚洲基础设施投资银行、丝路基金等新型国际机制，构建了多形式、多渠道的交流合作平台。这既能缓解当今全球治理机制代表性、有效性、及时性难以适应现实需求的困境，在一定程度上扭转公共产品供应不足的局面，提振国际社会参与全球治理的士气与信心，又能满足发展中国家尤其是新兴市场国家变革全球治理机制的现实要求，大大增强了新兴国家和发展中国家的话语权，是推进全球治理体系朝着更加公正合理方向发展的重大突破。

"一带一路"倡议涵盖了发展中国家与发达国家，实现了"南南合作"与"南北合作"的统一，有助于推动全球均衡可持续发展。"一带一路"建设以基础设施建设为着眼点，促进经济要素有序自由流动，推动中国与相关国家的宏观政策的对接与协调。对于参与"一带一路"建设的发展中国家来说，这是一次搭中国经济发展"快车""便车"，实现自身工业化、现代化的历史性机遇，有利于推动"南南合作"的广泛展开，同时也有助于增进"南北对话"，促进"南北合作"的深度发展。不仅如此，"一带一路"倡议的理念和方向同联合国《2030 年可持续发展议程》也高度契合，完全能够加强对接，实现相互促进。联合国秘书长古特雷斯表示，"一带一路"倡议与《2030 年可持续发展议程》都以可持续发展为目标，都试图提供机会、全球公共产品和双赢合作，都致力于深化国家和区域间的联系。

二、深入推动"一带一路"国家的教育交流

2020 年 6 月印发的《教育部等八部门关于加快和扩大新时代教育对外开放的意见》指出，教育对外开放是教育现代化的鲜明特征和重要推动力，要以习近平新时代中国特色社会主义思想为指导，坚持教育对外开放不动摇，主动加强同世界各国的互鉴、互容、互通，形成更全方位、更宽领域、更多层次、更加主动的教育对外开放局面。

教育为国家富强、民族繁荣、人民幸福之本，在共建"一带一路"中具有基础性和先导性作用。教育交流为各国民心相通架设桥梁，人才培养为各国政策沟通、设施联通、贸易畅通、资金融通提供支撑。各国间教育交流源远流长，教育合作前景广阔，大家携手发展教育，合力共建"一带一路"，是造福各国人民的伟大事业。推进"一带一路"国家教育共同繁荣，既是加强与各国教育互利合作的需要，也是推进中国教育改革发展的需要，中国愿意在力所能及的范围内承担更多责任和义务，为区域教育大发展做出更大的贡献。

（一）教育合作的原则

"一带一路"国家教育合作应遵循四个重要原则。

一是育人为本，人文先行。加强合作育人，提高区域人口素质，为共建"一带一路"提供人才支撑。坚持人文交流先行，建立区域人文交流机制，搭建民心相通桥梁。

二是政府引导，民间主体。政府加强沟通协调，整合多种资源，引导教育融合发展。发挥学校、企业及其他社会力量的主体作用，活跃教育合作局面，丰富教育交流内涵。

三是共商共建，开放合作。坚持共商、共建、共享，推进各国教育发

展规划相互衔接，实现各国教育融通发展、互动发展。

四是和谐包容，互利共赢。加强不同文明之间的对话，寻求教育发展最佳契合点和教育合作最大公约数，促进各国在教育领域互利互惠。

（二）教育合作的重点

"一带一路"各国教育特色鲜明、资源丰富、互补性强、合作空间巨大。中国将以基础性、支撑性、引领性三方面举措为建议框架，开展三方面重点合作，对接各国意愿，互鉴先进教育经验，共享优质教育资源，全面推动各国教育提速发展。

1. 开展教育互联互通合作

一是加强教育政策沟通。开展"一带一路"国家教育法律、政策协同研究，构建各国教育政策信息交流通报机制，为各国政府推进教育政策互通提供决策建议，为各国学校和社会力量开展教育合作交流提供政策咨询。积极签署双边、多边和次区域教育合作框架协议，制定各国教育合作交流国际公约，逐步疏通教育合作交流政策性瓶颈，实现学分互认、学位互授联授，协力推进教育共同体建设。

二是助力教育合作渠道畅通。推进"一带一路"国家间签证便利化，扩大教育领域合作交流，形成往来频繁、合作众多、交流活跃、关系密切的携手发展局面。鼓励有合作基础、相同研究课题和发展目标的学校缔结姊妹关系，逐步深化和拓展教育合作交流。举办校长论坛，推进学校间开展多层次、多领域的务实合作。支持高等学校依托优势学科和专业，建立"产学研用"相结合的国际合作联合实验室（研究中心）、国际技术转移中心，共同应对各国在经济发展、资源利用、生态保护等方面面临的重大挑战与机遇。打造"一带一路"国家学术交流平台，吸引各国专家学者、青年学生开展研究和学术交流。推进"一带一路"国家优质教育资源共享。

三是促进语言互通。研究构建语言互通协调机制，共同开发语言互通开放课程，逐步将国家语言课程纳入各国的学校教育课程体系。拓展政府间语言学习交换项目，联合培养、相互培养高层次语言人才。发挥外国语院校人才培养优势，推进基础教育多语种师资队伍建设和外语教育教学工作。扩大语言学习国家公派留学人员规模，倡导各国与中国院校合作在华开办本国语言专业。支持更多社会力量助力孔子学院和孔子课堂建设，加强汉语教师和汉语教学志愿者队伍建设，全力满足不同国家的汉语学习需求。

四是推进民心相通。鼓励学者开展或合作开展中国课题研究，增进各国对中国发展模式、国家政策、教育文化等各方面的理解。建设国别和区域研究基地，与对象国合作开展经济、政治、教育、文化等领域研究。逐步将理解教育课程、丝路文化遗产保护纳入各国中小学教育课程体系，加强青少年对不同国家文化的理解。加强"丝绸之路"青少年交流，注重通过志愿服务、文化体验、体育竞赛、创新创业活动和新媒体社交等途径，增进不同国家青少年对其他国家文化的理解。

五是推动学历学位认证标准联通。推动落实联合国教科文组织《亚太地区承认高等教育资历公约》，支持联合国教科文组织建立世界范围学历互认机制，实现区域内双边、多边学历学位关联互认。呼吁各国完善教育质量保障体系和认证机制，加快推进本国教育资历框架开发，助力各国学习者在不同种类和不同阶段教育之间进行转换，促进终身学习社会的建设。共商、共建区域性职业教育资历框架，逐步实现就业市场的从业标准一体化。探索建立各国教师专业发展标准，促进教师流动。

2．开展人才培养培训合作

一是实施"丝绸之路"留学推进计划。设立"丝绸之路"中国政府奖学金，为各国专项培养行业领军人才和优秀技能人才。全面提升来华留学人才培养质量，把中国打造成为深受各国学子欢迎的留学目的地。以国家公派留学为引领，推动更多中国学生到"一带一路"其他国家留学。坚持"出国留学和来华留学并重、公费留学和自费留学并重、扩大规模和提高质量并重、依法管理和完善服务并重、人才培养和发挥作用并重"，完善全链条的留学人员管理服务体系，保障平安留学、健康留学、成功留学。

二是实施"丝绸之路"合作办学推进计划。有条件的中国高等学校开展境外办学要集中优势学科，选好合作契合点，做好前期论证工作，构建科学的人才培养模式、运行管理模式、服务当地模式、公共关系模式，使学校顺利落地生根、开花结果。发挥政府引领、行业主导作用，促进高等学校、职业院校与行业企业深度产教融合。鼓励中国优质职业教育配合高铁、电信运营等行业企业"走出去"，探索开展多种形式的境外合作办学，合作设立职业院校、培训中心，合作开发教学资源和项目，开展多层次职业教育和培训，培养当地急需的各类"一带一路"建设者。整合资源，积极推进与各国在青年就业培训等共同关心领域的务实合作。倡议国家之间开展高水平合作办学。

三是实施"丝绸之路"师资培训推进计划。开展"丝绸之路"教师培训，加强先进教育经验交流，提升区域教育质量。加强"丝绸之路"教师交流，推动各国校长交流访问、教师及管理人员交流研修，推进优质教育模式在各国的互学互鉴。大力推进各国优质教学仪器设备、教材课件和整体教学解决方案的输出，跟进教师培训工作，促进各国教育资源和教学水平均衡发展。

四是实施"丝绸之路"人才联合培养推进计划。推进国家间的研修访学活动。鼓励各国高等院校在语言、交通运输、建筑、医学、能源、环境工程、水利工程、生物科学、海洋科学、生态保护、文化遗产保护等国家发展急需的专业领域联合培养学生，推动联盟内或校际教育资源共享。

3．共建丝路合作机制

一是加强"丝绸之路"人文交流高层磋商。开展国家间的双边、多边人文交流高层磋商，商定"一带一路"教育合作交流总体布局，协调推动各国建立教育双边和多边合作机制、教育质量保障协作机制和跨境教育市场监管协作机制，统筹推进"一带一路"教育共同行动。

二是充分发挥国际合作平台作用。发挥上海合作组织、东亚峰会、亚太经合组织、亚欧会议、亚洲相互协作与信任措施会议、中阿合作论坛、东南亚教育部长组织、中非合作论坛、中巴经济走廊、孟中印缅经济走廊、中蒙俄经济走廊等现有双边、多边合作机制的作用，增加教育合作的新内涵。借助联合国教科文组织等国际组织力量，推动各国围绕实现世界教育发展目标形成协作机制。充分利用中国–东盟教育交流周、中日韩大学交流合作促进委员会、中阿大学校长论坛、中非高校20+20合作计划、中日大学校长论坛、中韩大学校长论坛、中俄综合性大学联盟等已有平台，开展务实的教育合作交流。支持在共同区域、有合作基础、具备相同专业背景的学校组建联盟，不断延展教育务实合作平台。

三是实施"丝绸之路"教育援助计划。发挥教育援助在"一带一路"教育共同行动中的重要作用，逐步加大教育援助力度，重点投资于人、援助于人、惠及于人。发挥教育援助在"南南合作"中的重要作用，加大对相关国家尤其是最不发达国家的支持力度。统筹利用国家、教育系统和民间资源，为相关国家培养培训教师、学者和各类技能人才。积极开展优质教学仪器设备、整体教学方案、配套师资培训一体化援助。加强中国教育培训中心和教育援外基地建设。倡议各国建立政府引导、社会参与的多元化经费筹措机制，通过国家资助、社会融资、民间捐赠等渠道，拓宽教育经费来源，做大教育援助格局，实现教育共同发展。

三、精心组织"一带一路"国家文化教育大系的编著出版

在编写"一带一路"国家文化教育大系过程中，应当全面了解国内外对"一带一路"倡议的响应情况，关注进展，总结做法；应当在新冠肺炎疫情得到控制后到对象国去走一走，看一看，实地感受其教育情况和发展变化；应当广泛收集对象国一手资料，认真阅读，消化分析，吐故纳新；应当多方检索专家学者已经开展的相关研究，虚心参阅已有的研究成果。肆虐全球的新冠肺炎疫情，给人类身体健康和生命安全带来了巨大威胁，对世界格局和世界治理体系产生了重大影响，给全球各行各业带来了巨大挑战。教育置身其间，影响十分明显。因而，对"一带一路"国家文化教育进行研究时，必须观察分析疫情对相关国家文化教育和全球教育治理的深刻影响。

"一带一路"倡议提出后，中外已形成多个"一带一路"多边大学联盟。2015 年 5 月 22 日，由西安交通大学发起的新丝绸之路大学联盟成立，迄今已吸引 38 个国家和地区的 150 余所大学加盟。该联盟是海内外大学结成的非政府、非营利性的开放性、国际化高等教育合作平台，以"共建教育合作平台，推进区域开放发展"为主题，推动"新丝绸之路经济带"国家和地区大学之间在校际交流、人才培养、科研合作、文化沟通、政策研究、医疗服务等方面的交流与合作，增进青少年之间的了解和友谊，培养具有国际视野的高素质、复合型人才，服务"新丝绸之路经济带"及欧亚地区的发展建设。

2015 年 10 月 17 日，丝绸之路（敦煌）国际文化博览会筹委会文化传承创新高端学术研讨会在敦煌举行。中国的复旦大学、北京师范大学、兰州大

学和俄罗斯乌拉尔国立经济大学、韩国釜庆大学等 46 所中外高校在甘肃敦煌成立了"一带一路"高校战略联盟，以探索跨国培养与跨境流动的人才培养新机制，培养具有国际视野的高素质人才。46 所高校当日达成《敦煌共识》，联合建设"一带一路"高校国际联盟智库。联盟将共同打造"一带一路"高等教育共同体，推动"一带一路"国家和地区大学之间在教育、科技、文化等领域的全面交流与合作，服务"一带一路"国家和地区的经济社会发展。

2016 年 9 月，中国、中亚及丝绸之路经济带沿线 7 个国家的 51 所高校共同发起成立了中国–中亚国家大学联盟，旨在打造开放性、国际化互动平台，深化"一带一路"科教合作。

此外，高等教育合作研讨会也日渐增多，既有官方推动形成的研讨会，也有民间自发举办的研讨会。比如，中外大学校长论坛、新加坡–中国–印度高等教育论坛、"一带一路"教育对话论坛，以及北京师范大学举办的"一带一路"国家教育交流与合作高端研讨会，北京外国语大学举办的"一带一路"与行业国际化人才培养高峰论坛，北京理工大学主办的"一带一路"高等教育研究国际会议，浙江大学举办的"一带一路"背景下的工程科技人才培养国际研讨会等。这些多边研讨会的召开，不仅吸引了大量"一带一路"沿线国家的教育研究者与实践者参会，推动了研究与实践合作，而且创新了教育合作模式，促进了国际化高端人才培养，为"一带一路"建设奠定了民意基础。

"一带一路"倡议提出之后，中国学术界迅速开展了关于"一带一路"的研究活动，有关"一带一路"主题的图书主要有以下五类。第一类是倡议解读类图书，一般是梳理"一带一路"倡议的提出、发展及其理论内涵与外延。第二类是经济贸易类图书，专业性较强，主要为理论研究型图书。第三类是国情文史类图书，多为介绍"一带一路"国家国情概览、历史情况、发展概况的工具书，语言平实，部分图书学术性较强。第四类是丝路历史类图书，一般回顾古代丝绸之路的形成与发展、丝绸之路上的人物和大事记等，追古溯源，以便更好地开启"一带一路"新篇章。第五类是法律税收类图书，多为法律指引、税务规范手册等。

可以看出，国内对"一带一路"国家的研究已有一定基础，但是囿于语言翻译的障碍，已经出版的"一带一路"图书，大多是政策解读、数据报告、概况介绍等，对对象国的研究广度和深度还很不够，尤其是针对"一带一路"国家文化教育的系统研究还比较少。

在"一带一路"国家中，遴选具有代表性的对象，对其文化、教育进行系统性的研究，并在此基础上编写"一带一路"国家文化教育大系，分期分批出版，对于帮助中国普通读者和研究人员了解"一带一路"国家的文化教育情况，以及对于拓展我国比较教育研究领域、丰富比较教育研究文献，乃至对于促进中外文明互通、更好地参与推进"一带一路"建设，都具有重要意义。基于对选题背景与意义、相关出版产品调研和北京外国语大学比较优势的分析，"一带一路"国家文化教育大系坚持学术性、可读性兼顾原则，分批次推出，不断积累，以形成规模和品牌。

大系在内容上，一方面呈现"一带一路"国家的文化概貌，展示"一带一路"国家教育发展的文化背景和社会依托。大系采用专题形式，力求用简洁平实的语言生动活泼地介绍"一带一路"国家的自然地理、人文景观、历史发展、风土人情、文化遗产等内容，重点呈现对象国独有的文化现象和独特风貌，集中揭示其民族文化内涵、民族精神、人文意蕴。另一方面，大系重点研究、评价、介绍"一带一路"国家教育的基本情况、发展历史、发展战略、政策法规、现存体系、治理模式与师资队伍等，这方面内容占较大篇幅，是全书的重点和主要内容。

"一带一路"倡议正在成为我国参与全球开放合作、改善全球治理体系、促进全球共同发展繁荣、推动构建人类命运共同体的中国方案。作为国家社会科学基金（教育学）重大项目"新时代提升中国参与全球教育治理的能力及策略研究"的部分研究成果和北京外国语大学"双一流"建设重大标志性成果，"一带一路"国家文化教育大系计划在 2021 年中国共产党建党 100 周年和北京外国语大学建校 80 周年之际，推出首批图书。2023 年"一带一路"倡议提出 10 周年时，推出该项目二期成果。同时积极参与党和国家相关主题纪念活动，以及国家重大图书项目的申报评选工作。

北京外国语大学以外语见长，国际交往活跃，被誉为"共和国外交官的摇篮"，先后培养了 400 多位大使、2 000 多位参赞，以及更多的外交外事外贸工作者。凡是有五星红旗飘扬的地方，都能看到北外人的身影。北外不仅承担着培养各类国际化人才的任务，更担负着向中国介绍世界、向世界介绍中国的历史使命。迄今为止，北外已获批开设 101 种外国语言，成立了 37 个区域与国别研究中心，丰富的涉外资源正在助力"一带一路"国家的研究。

大系由外研社具体组织实施。外研社隶属北外，多年来致力于"一带一路"国家的合作交流，服务讲好"中国故事"，在中华思想文化传播、打造中外出版联盟、推动中外学术互译等方面积累了丰富经验，对于协助研究、编著、出版"一带一路"国家文化教育大系具有良好的工作基础。这也是北外及外研社的使命和担当之所在。

大系编著者以北外教师为主。服务国家重大战略，北外人责无旁贷。同时，国内有研究专长和研究意愿的专家学者也踊跃参与，他们或独自撰著一书，或与北外同仁合作。大系还邀请了驻外使领馆的同志和对象国的学者参加撰写或审稿，他们运用一手资料，开展实地调研，力图提升大系的准确性。

四、结语

"一带一路"倡议植根历史，更面向未来；源于中国，更属于世界。"一带一路"作为文明互鉴的桥梁，从亚欧大陆延伸到非洲、美洲、大洋洲，与世界各国发展战略及众多国际和地区组织的发展实现对接联通，在通路、通航的基础上更好地通商，进而开展文化教育交流与沟通，加强商品、资金、技术、文化、教育流通，达成互学互鉴的文明愿景。"一带一路"倡议的目标是中国与"一带一路"国家在互联互通基础上分享优质产能，共商项目投资，共建基础设施，共享合作成果，内容包括政策沟通、设施联通、贸易畅通、资金融通、民心相通"五通"。"一带一路"倡议肩负重大使命，它要探寻经济增长之道，将中国自身的产能优势、技术与资金优势、经验与模式优势转化为市场与合作优势，实行全方位开放，共享中国改革发展红利；它要实现全球化再平衡，鼓励向西开放，带动西部开发以及中亚、蒙古等内陆国家和地区的开发，在国际社会推行全球化的包容性发展理念，主动向西推广中国优质产能和比较优势产业，惠及沿途、沿岸国家，避免西方国家所开创的全球化造成的贫富差距和地区发展不平衡情况，推动建立持久和平、普遍安全、共同繁荣的和谐世界；它要开创地区新型合作，强调共商、共建、共享原则，超越了马歇尔计划和传统的对外援助活动，给 21 世纪的国际合作带来了新的理念。所以，新时代中国的教育学者应当将"一带一路"国家文化教育研究作为比较教育新的增长点，全面深入开展研究，以自己的聪明才智丰富学术，为国出力，服务国家重大发展战略；在加强与"一带一路"国家的交流合作中，推动"一带一路"建设高质量发展，努力建设高质量的中国教育体系，并积极参与全球教育治理体系改革，加快构建以国内大循环为主体、国际国内双循环相互促进的新发展格局。

2021 年春
于北京外国语大学

（王定华，北京外国语大学党委书记、博士、教授、博士生导师，国家督学。历任河南大学教师、中国驻纽约总领事馆教育领事、教育部基础教育一司司长、教育部教师工作司司长等。）

本书前言

约旦是一个神奇的国度，有着优越的位置、悠久的历史、丰富的古迹、独特的国情。少年时虽然对约旦所知甚少，但 Jordan 这个名字却让热爱篮球的我对它有着天然的好感。此后，因为学习阿拉伯语专业和从事阿拉伯研究的缘故，我与约旦结下了不解之缘。过去十年中，我有幸六次到访约旦，更加深入地了解了约旦的历史与现实，结识了一批温文尔雅的知华友华人士，翻译出版了《文明的追随——中国的崛起与阿拉伯人的未来》等译著，与约旦学者共同撰写了《东方的复兴——中国学者与阿拉伯学者的对话》等专著，参与策划了纪念中约建交 40 周年主题影展、主题书展、主题画展等文化交流活动。可以说，约旦于我而言有一种特殊的联系和感情。

因此，能够有机会承担国家社会科学基金（教育学）重大项目和北京外国语大学"双一流"建设标志性项目——"一带一路"国家文化教育大系之约旦卷，我感到荣幸之至。约旦虽然在面积、人口、资源等方面是中东小国，但在教育领域却是阿拉伯世界公认的"大国"。目前，国内关于约旦的研究主要围绕历史、文化、政治、外交、反恐等领域展开，对约旦教育的研究还相对薄弱。本书希望能在这一领域添砖加瓦，为深化约旦国别研究贡献力量。

本书共分为十一章。第一章和第二章从自然地理、国家制度、社会生活、风土人情、文化特色等多个维度较为全面地介绍了约旦的国情，可以帮助读者对约旦及其文化教育事业发展的背景有一个宏观的认知；第三章首先概述约旦教育的发展历程，总结各个历史时期约旦教育的主要特征，继而详细梳理、介绍近现代历史上在约旦教育事业中发挥过重要作用、做出过重要贡献的教育家和教育领导人物；第四章到第九章分别论述约旦学前教育、基础教育、高等教育、职业教育、成人教育、教师教育的历史、现状、机遇和挑战等问题，从教育的各个层次勾勒约旦教育的整体形象；第十章分析约旦中央和地方教育行政的构架、运行机制，还对近年来约旦出台的主要教育政策的内容、特色做了呈现和论述；第十一章讨论中华人民共和国成立以来，中约教育交流的历史背景、内生动力、主要内容和发展趋势。通过上述十一章的梳理、分析、论述，本书希望能够让读者对约旦和约旦教育有更全面的了解和更深入的理解。

衷心感谢北京外国语大学党委书记、"一带一路"国家文化教育大系总主编王定华教授和外语教学与研究出版社有关编审人员提供的专业支持和指导。本书的撰写还得到了约旦著名中国问题专家、阿拉伯城市组织文化事务委员会主席、安曼市文化局局长萨米尔先生的大力支持，他为本书提供了很多一手资料，并不厌其烦地回答我们的各种问题。北外阿拉伯学院的同学们也不辞辛苦，杜鹏越、陈博洋、马敏、王嘉轩、张见童、闫若素、马超、贾悦琪、毛浚语等同学甘于奉献，在紧张的学习之余，为本书的资料搜索、翻译、整理、撰写做出了重要贡献。没有他们的支持，本书不可能在短时间内付梓。

由于作者能力有限，本书疏漏纰缪在所难免，恳请各位专家和读者批评指正。

刘欣路

2021 年 4 月于北京外国语大学

目　录

第一章 国情概览

约旦哈希姆王国（Hashemite Kingdom of Jordan），简称约旦。

国名中的哈希姆指哈希姆家族，是阿拉伯古莱什部落主要家族之一，是古莱什部落的创立者库赛伊之孙哈希姆的后裔，也是中东乃至整个伊斯兰世界一个古老、显赫的家族。哈希姆家族近代曾统治过汉志王国、伊拉克王国，至今仍统治着约旦。

第一节 自然地理

一、地理位置

约旦位于约北纬 29°—33°，东经 34°—39°，地处亚洲西部，阿拉伯半岛西北；西与巴勒斯坦、以色列为邻，北与叙利亚接壤，东北与伊拉克交界，东南和南部与沙特相连，西南一角濒临红海的亚喀巴湾是其唯一出海口，海岸线约长 26 千米。

约旦所处时区为东二区。每年 4—9 月实行夏令时，10 月至次年 3 月实行冬令时。采用夏令时时比北京时间晚 5 小时，采用冬令时时则比北京时间晚 6 小时。

二、地形地貌

约旦国土大部分为高原，是阿拉伯高原的一部分，地势西高东低。最西部为约旦河谷，属东非大裂谷的北延部分，西部自北向南分别为约旦河谷地、死海、阿拉伯谷地，其中死海为世界陆地海拔最低点。中部为丘陵高地，东部为沙漠高原。沙漠、戈壁的面积约占国土面积的4/5。

三、气候条件

约旦西部山区属亚热带地中海气候，季节分明，夏季平均气温为32℃，冬季平均气温为13℃。约旦夏季气候炎热干燥，约旦河谷最高气温可接近50℃；冬季地面温度可降至零度，并有降雪；春季伴随着南风或东南风会产生沙尘天气。约旦各地区降雨量不均，西部山区和约旦河谷每年11月至次年2月的雨季降水量约为400—700毫米，而东南部沙漠丘陵地带则降水稀少，年降水量为50毫米左右。

四、自然资源

约旦自然资源总体匮乏。约旦水资源紧缺，被认为是世界上10个最缺水的国家之一。"全境只有15个地表水流域、12个地下水盆地和3 211口水井。"[1] 过去几十年来，随着地下水的超量开采和人口数量的增长，约旦人均水资源占有量不断降低，目前已低于100立方米，这一数字甚至远低于同样

---

[1] 中国驻约旦大使馆经商处. 约旦人均水资源占有量为"世界最低"之一 [EB/OL]. (2019-11-03)[2020-12-11]. http://www.mofcom.gov.cn/article/i/jyjl/k/201911/20191102909711.shtml.

严重缺水的中东国家如沙特、科威特等国。近年来，约旦正致力于建设从红海港口城市亚喀巴至首都安曼的海水淡化和输送项目，以应对严重的缺水问题。2020年年初，该项目正式启动，预计项目第一阶段每年将输送1.3亿立方米的淡水，项目完全建成后最大年产能达到3.5亿立方米。[1]

尽管约旦地处中东，其邻国沙特、伊拉克等蕴藏丰富的石油和天然气资源，但约旦的石油和天然气储量非常有限，无法满足自身需求。约旦96%的能源依靠进口。近年来，约旦发现了丰富的油页岩资源，且分布较广，品质较高。此外，钾盐、磷酸盐、石材等也是约旦具有一定优势的资源型出口产品。

"约旦油页岩储量约700亿吨，位列世界第四。"[2]约旦政府正致力于通过开发油页岩来提高能源自给率，并借助油页岩收入带动"约旦炼油厂扩建项目""约旦可再生能源存储项目"等能源项目。2018年2月，约旦能源和矿产资源部分别与卡拉克国际石油公司和沙特阿拉伯油页岩公司签署了为期40年的页岩油特许权协议，允许其在约旦境内指定区域利用表面蒸馏法开采页岩油。根据协议，投产后的页岩油日产量将达到每天5.5万桶。

约旦钾盐资源丰富，主要蕴藏于死海之中。死海是世界上含盐量最高的湖泊，平均含盐量高达33.7%，是一般海水的10倍。死海水富含镁、钠、钙、钾、溴等矿物成分，其中钾盐的储量高达40亿吨。[3]死海资源由约旦和以色列共享，两国均为世界主要钾盐生产国。约旦生产的钾盐除少量供应本国市场外，绝大部分产品外销，是其最重要的出口商品之一。约旦阿

[1] 约旦启动亚喀巴至安曼海水淡化和运输项目[EB/OL].（2020-02-27）[2021-03-05]. https://baijiahao.baidu.com/s?id=1659659017469667117&wfr=spider&for=pc.

[2] "一带一路"助约旦实现油页岩发电之梦[EB/OL].（2018-02-23）[2020-12-11]. https://baijiahao.baidu.com/s?id=1593177089109877399&wfr=spider&for=pc.

[3] 商务部国际贸易经济合作研究院，中国驻约旦大使馆经商处，商务部对外投资和经济合作司. 对外投资合作国别（地区）指南——约旦[Z]. 2019: 4.

拉伯钾盐公司成立于 1956 年，获得约旦政府授予的为期 100 年的死海矿产独家经营权，是目前约旦从事钾盐开发、生产和销售的唯一企业，也是世界第八大钾盐生产商。约旦的钾盐产品主要出口给周边的阿拉伯国家和其他亚洲国家，其中出口印度最多。

约旦拥有丰富的磷酸盐资源，境内有 4 个大型磷矿，探明储量约 37 亿吨，是世界第五大磷矿资源国和主要的出口国。[1] 约旦磷酸盐公司获得约旦政府授予的磷矿独家开采权，经营内容包括磷矿开采和化肥生产。该公司还与印度、日本等国家的企业合资成立化工厂。

约旦的地质构造决定了约旦拥有高质量的石材资源，石材也成为约旦主要的资源性出口商品，主要出口对象为周边的阿拉伯国家、美国和欧洲等。

五、文化遗产

截至 2015 年 7 月，约旦境内共有 5 处景点被列入《世界遗产名录》，其中世界文化遗产有 4 处，分别是佩特拉（Petra）古城、库塞尔·阿姆拉（Qusayr Umrah）城堡、乌姆赖萨斯（Um AL-Rasas）考古遗址、耶稣受洗处：约旦河外伯大尼 [Baptism Site "Bethany Beyond the Jordan"（Al-Maghtas）]；世界文化与自然双重遗产有 1 处，为瓦迪拉姆（Wadi Rum）保护区。[2]

佩特拉位于约旦马安省，是一座历史悠久的古城，以其岩石雕刻的建筑和古老的水道系统而闻名。佩特拉过去被称为"塞拉"（阿拉伯语"裂

---

[1] 商务部国际贸易经济合作研究院，中国驻约旦大使馆经商处，商务部对外投资和经济合作司. 对外投资合作国别（地区）指南——约旦 [Z]. 2019: 4.

[2] 资料来源于约旦公共文物局网站。

缝"之意），由于古城是在红色岩石上开凿出来的，故也被称为"玫瑰红古城"，是约旦独特的"参观名片"。1985 年，佩特拉被联合国教科文组织列为世界文化遗产。

库塞尔·阿姆拉城堡位于约旦扎尔卡省，建于公元 8 世纪哈里发艾勒瓦立德·本·阿卜杜勒马利克统治时期，曾被当作存放战时物资的军事要塞，也是倭玛亚哈里发的临时住所。这座美丽的小城堡保存得非常完好，亮点之一是会客厅和浴室，其中装饰了大量富有表现力的马赛克镶嵌画。1985 年，库塞尔·阿姆拉城堡被联合国教科文组织列为世界文化遗产。

乌姆赖萨斯考古遗址位于约旦马德巴省。根据刻在马赛克上的希腊文献记述，这座历史名城可追溯到倭玛亚时期，起初作为罗马军营使用，后发展成拜占庭时期的一座城镇，并一直延续到 7 世纪。遗址上存有 16 座教堂，其中一些教堂里仍有保存良好的镶嵌图案地板。2004 年，乌姆赖萨斯考古遗址被联合国教科文组织列为世界文化遗产。

耶稣受洗处：约旦河外伯大尼位于约旦拜勒加省。根据基督教的说法，这里是施洗者约翰传教、耶稣受洗、五位使徒最早相遇的地方。2015 年，联合国教科文组织批准将其列入《世界遗产名录》。

瓦迪拉姆保护区位于约旦南部亚喀巴省希斯马区，是一个自然景观多样的沙漠地区。这里有狭窄的峡谷、天然的拱门、陡峭的岩壁、巨型滑坡和洞穴。在过去 12 000 年的时间里，人类在此生活并与自然环境互动，在该地区留下了牧业、农业和城市活动发展的印迹。2011 年，联合国教科文组织将其列为世界文化与自然双重遗产。

第二节 国家制度

一、国家标志

约旦国旗呈长方形，长与宽之比为2∶1。国旗左侧为红色等腰三角形，内有一颗白色七角星；右侧自上而下为黑、白、绿三色的平行横条，黑色象征阿拔斯王朝，白色象征倭玛亚王朝，绿色象征法蒂玛王朝，红色象征阿拉伯大起义，白色七角星则象征《古兰经》开篇章的七节。约旦国旗和巴勒斯坦国旗相似，唯一不同的是约旦国旗在红色三角形上多一个白色七角星。

约旦国徽的顶端为金色王冠，象征约旦是一个君主立宪制国家。王冠下为红色金边的华盖，内有一只展翅的阿拉伯雄鹰站在金色圆球之上，雄鹰两侧为约旦国旗，国旗下为阿拉伯宝刀和弓箭，象征约旦光荣的历史和尚武精神。代表地球的金色圆球下面是麦穗和棕榈枝，分别象征农业和和平对于国家的基础作用。国徽底部的绶带上用阿拉伯文书写着"约旦哈希姆王国国王祈祷真主赐予幸福和帮助"。绶带下方是一枚复活勋章。

约旦国歌为《国王万岁》，表达了对国王的爱戴和对约旦历史的赞颂，其词作者为巴勒斯坦裔的约旦著名诗人阿卜杜勒·曼阿姆·拉菲阿。

约旦货币为约旦第纳尔，货币编号JOD，另有非正式名称JD。辅币单位有迪拉姆、皮阿斯特、菲尔，1第纳尔=10迪拉姆=100皮阿斯特=1 000菲尔。约旦原使用巴勒斯坦镑，与英镑等值。1950年7月1日，约旦开始发行自己的货币第纳尔，仍与英镑等值。1971年8月改与美元挂钩。1974年7月1日，约旦宣布实行有管制的浮动汇率。1975年2月，约旦将第纳尔改与特别提款权挂钩。

约旦国庆日为5月25日。约旦原是巴勒斯坦的一部分，公元7世纪初属阿拉伯帝国版图，公元 1517 年归属奥斯曼帝国，第一次世界大战后沦为英国委任统治地。1921 年，英国以约旦河为界，把巴勒斯坦一分为二，西部仍称巴勒斯坦，东部建立外约旦酋长国。1946 年 3 月 22 日，英国承认外约旦独立。同年 5 月 22 日，外约旦议会召开特别会议，正式推举埃米尔 [1] 阿卜杜拉·本·侯赛因（即阿卜杜拉一世）为国王，并将国名改为外约旦哈希姆王国；5 月 25 日，阿卜杜拉一世宣布了议会的这一决议并正式登基，这一天也成为约旦国庆日。

二、行政区划

约旦的国土面积为 89 213 平方公里，其中领土面积为 88 884 平方公里，领海面积约为 329 平方公里。[2] 目前，约旦分为北部、中部、南部三个地区，共 12 个省。北部地区包括杰拉什省、阿杰隆省、伊尔比德省、马弗拉克省，中部地区包括安曼省、扎尔卡省、马德巴省、拜勒加省，南部地区包括亚喀巴省、马安省、塔菲拉省、卡拉克省。

约旦首都为安曼，面积约 1 700 平方公里，[3] 人口约 253 万（截至 2019 年年底），[4] 是约旦以及沙姆地区 [5] 重要的商业中心、金融中心、交通中心和工业中心，位列 2019 年全球城市 500 强榜单第 290 名 [6]。

---

[1] 埃米尔是对阿拉伯君主制国家国家元首的称呼。

[2] 资料来源于阿卜杜拉二世国王网站。

[3] 资料来源于大安曼秘书处网站。

[4] 中华人民共和国外交部. 约旦国家概况 [EB/OL].（2021-02）[2021-03-05]. https://www.fmprc.gov.cn/web/gjhdq_676201/gj_676203/yz_676205/1206_677268/1206x0_677270/.

[5] 沙姆地区主要包括现在的叙利亚、约旦、黎巴嫩和巴勒斯坦。

[6] 全球城市实验室. 2019 年全球城市 500 强 [EB/OL]. [2021-03-05]. http://globalcitylab.com/city500brand/index.htm.

三、国体政体

《约旦哈希姆王国宪法》于 1952 年 1 月 1 日颁布生效，共分为 9 章、131 条。[1] 该宪法第一章第一条规定，约旦哈希姆王国是拥有独立主权的阿拉伯国家，约旦人民是阿拉伯民族的一部分，国家的国体为世袭君主立宪制。

根据宪法规定，国王为国家元首。现任国王为阿卜杜拉二世·本·侯赛因。阿卜杜拉二世系约旦前国王侯赛因·本·塔拉勒长子，1962 年 1 月 30 日出生于约旦首都安曼，自幼在英国和美国接受教育，曾在英国牛津大学和美国乔治敦大学深造。20 世纪 80 年代初，阿卜杜拉二世在英国军队中服役，1985 年返回约旦进入军界，先后任装甲兵营长等职。他还先后赴英国桑赫斯特皇家军事学院、英国步兵学校、英国指挥与参谋学院、美国装甲兵学校学习进修军事。自 1993 年起，阿卜杜拉二世任约旦特种部队司令，1998 年晋升为陆军少将，1999 年 1 月 25 日被立为王储，同年 2 月 7 日登基，6 月 9 日加冕。阿卜杜拉二世爱好军体活动，是专业潜水员、飞行员和伞兵，喜爱赛车，曾获约旦全国汽车拉力赛冠军。阿卜杜拉二世曾 11 次访华。

约旦宪法同样对政体做出了规定。国王是国家元首和陆海空三军统帅，掌握国家最高权力。国家实行立法、行政、司法三权分立：内阁为最高行政机构；议会为立法机构，约旦的议会称国民议会，设参议院和众议院；司法权由各级各类法院和检察院行使。

四、国家宪法

约旦宪法规定，约旦是世袭君主立宪制国家，立法权属国王和国民议

---

[1] 资料来源于约旦哈希姆王国首相府网站。

会。国王作为国家元首，有权审批和颁布法律、任命首相、批准和解散议会、统率军队。1960年1月，议会通过宪法修正案，授予国王延长众议院任期的权力。1974年1月、1976年2月和1984年1月，议会3次通过宪法修正案，授予国王无限期推迟选举并在内阁认为有必要修改宪法时召开议会特别会议的权力。2011年，约旦宪法再次修订，在一定程度上限制了国王的权力，并决定成立宪法法院，负责监督现行法律和体制是否符合宪法规定，并享有宪法解释权。宪法法院于2012年正式成立。

五、国家机构

约旦的国家机构主要由王室、内阁、国民议会和司法机构组成。

王室在约旦政治生活中发挥着重要作用，主要办公机构包括王室办公厅、拉尼娅王后办公室、王储办公室、努尔王后办公室等。其中王室办公厅是王室与政府、议会、武装部队、安全部队等国家机构以及约旦民众之间进行沟通联络的官方部门，同时负责筹备、安排王室在国内外的各项活动，落实、跟进王室提出的各项政治、经济、发展倡议和计划。王室办公厅下设政治事务办公室、经济和社会事务办公室等机构。王室办公厅主任与首相平级，但实际权力高于首相，并经常出任首相、议长等职。

约旦宪法第26条规定，约旦的行政权属于国王，国王根据宪法并通过内阁来行使行政权。根据2011年的宪法修正案，国王的权力受到一定限制，首相由国王直接任命改为先由议会提名，再由国王任命进行组阁。首相组阁后须在一个月内通过众议院的信任投票并完成向国王的宣誓方可就职。众议院有权否决内阁大臣的提名。首相与内阁成员向国王宣誓的誓词为："我向全能的真主发誓，我将忠于国王，维护宪法，服务国家，认真履行我的职责"[1]。目前，约旦内阁有 32 名成员，[2] 下设的部门包括内政部，外交部，计划与国际合作部，司法部，旅游与遗产部，交通部，水利部，卫生部，农业部，工业、贸易与投资部，劳动部，财政部，教育部，高等教育与科学研究部（以下简称高教与科研部），文化部，国防部，青年部，政治与议会事务部，能源和矿产资源部，侨民事务部，数字经济与创业部，社会发展部，环境部，宗教基金与伊斯兰事务部，公共工程与住房部，以及情报总局、审计署、中央银行、原子能署、立法与舆论署、新闻署、安曼市政府、反腐败署、国家安全与危机管理中心等机构。约旦宪法和法律对首相任期没有明确的规定，但约旦内阁更迭频繁，自 1921 年以来已有近百次，共有 43 人曾担任过首相。[3]

国民议会下设参议院和众议院，其中众议院议员 130 人 [4]，由普选产生，凡年满 19 岁的公民均可参加选举。议长每年由议员无记名投票选举产生，议员任期 4 年，均可连任。参议院议员全部由国王从 40 岁以上的知名人士中任命，人数不超过众议院的一半。

约旦的司法权由各级各类法院和检察院行使。宪法规定法官独立行使司法权。法官任免由国王依法批准，同时接受高级司法委员会的监督。法院分民事法院、宗教法院、特别法院。民事法院负责审理民事和刑事案件。宗教法院主要负责婚姻、继承、收养等事务，既包括伊斯兰宗教法院，也包括基督教宗教法院。特别法院包括国家安全法院、军事法院、警察法院、重大刑事案法院、海关法院。

---

[1] 资料来源于约旦哈希姆王国首相府网站。

[2] 资料来源于约旦哈希姆王国首相府网站。

[3] 资料来源于约旦哈希姆王国首相府网站。

[4] 资料来源于约旦众议院网站。

六、政治党派

约旦的政党制度几经变化，1952 年开始允许建立政党，后均被解散。1991 年 10 月解除党禁。1992 年 10 月颁布政党法，规定约旦实行多党制，同时强调政党必须遵守宪法和法律，不得在军队和安全机构中发展分支，不得同外国或外部势力有政治、经济联系，各政党须经内政部批准为合法政党后方可开展活动。2008 年，约旦修改政党法，将政党成立的门槛由 50 名党员提高到 500 名党员，并要求党员须来自 5 个或 5 个以上省份。约旦目前有 40 余个政党，主要包括伊斯兰行动阵线党、宪章爱国党、约旦阿拉伯社会复兴党、约旦共产党、民族阵线党等。

第三节 社会生活

一、人口、语言与宗教

约旦总人口约 1 062 万 [1]，其中包括巴勒斯坦、叙利亚、伊拉克难民。98% 的人口为阿拉伯人，也有少量切尔克斯人、土库曼人和亚美尼亚人。约旦的官方语言为标准阿拉伯语、通用英语，法语、德语等也被中上层精英广泛使用。

约旦宪法规定伊斯兰教为约旦国教，但只要符合公共秩序和道德原则，国家也保护民众进行各种形式的礼拜和宗教仪式的自由。在约旦，伊斯兰宗教团体得到宪法的承认，不需要注册。其他宗教团体则必须通过注册获

---

[1] 中华人民共和国外交部. 约旦国家概况 [EB/OL].（2021-02）[2021-03-07]. https://www.fmprc.gov.cn/web/gjhdq_676201/gj_676203/yz_676205/1206_677268/1206x0_677270/.

得官方承认。目前，约旦国内得到官方认可的基督教团体有希腊东正教会、罗马天主教会、英国国教会、路德教会等。教堂理事会由官方正式承认的基督教教派组成，除发布民事文件（如婚姻和继承合同）外，还充当促进税收和关税豁免的行政机构。

二、经济贸易

约旦是中等偏上收入国家，国内农业用地有限，水资源极为匮乏，其经济主要依赖于服务业、贸易、旅游业以及采掘业。

阿卜杜拉二世国王登基后，实行了宽松的经济政策，使约旦经济得以持续繁荣发展。约旦银行业发达，国内共有24家银行，其中包括13家约旦商业银行、3家约旦伊斯兰银行、7家外国商业银行和1家外国伊斯兰银行。[1] 相对保守的银行政策使该行业成为投资的最佳选择，并帮助约旦中央银行避免了2008年全球金融危机的影响。对外贸易在约旦国民经济和社会发展中起着举足轻重的作用。约旦是签订自由贸易协定较多的阿拉伯国家，在欧盟中享有独特的贸易优势，与海湾合作委员会在贸易上结合紧密。约旦南部有多个磷酸盐矿，据约旦自然资源管理局勘测，磷酸盐层覆盖了约旦总面积的60%，这使约旦成为世界上第三大出口磷酸盐的国家。同时，钾、盐、天然气和石灰石也是约旦最重要的矿产资源。

约旦经济面临的主要障碍是水资源短缺、完全依赖石油进口获取能源以及地区局势不稳定。作为阿拉伯世界教育水平最高的国家之一，约旦结合自身国情，规划由传统经济向知识经济转型，并向发展教育、私有化和持续的经济自由化方向迈进。同时，国家进行了经济结构重组，以保障知

---

[1] 资料来源于约旦中央银行网站。

识经济发展进程。为了改善经济状况，约旦加快了国有部门私有化和经济自由化的速度，并着重刺激安曼和亚喀巴等中心城市的发展。约旦拥有大量的工业区，这些工业区生产纺织品、药品、化妆品，以及国防工业、航空航天、通信和信息技术等领域的产品。因此，未来约旦经济的发展，除了寄希望于服务业、贸易、旅游业和采掘业外，还将大力推进教育，重点发展通信和信息技术，以实现经济的可持续发展。

约旦在发展对外贸易上有着较好的优势。首先，约旦地处亚、非、欧三大洲交汇处的中东地区，地缘优势明显，辐射市场条件较好。其次，约旦国内金融环境开放，外汇管制较松，贸易潜力较大。再次，约旦长期致力于实现贸易自由化，对外贸易政策健全、透明。最后，约旦还积极参加多边和区域经济合作，推动与相关国家自由贸易的实施。

约旦政府为积极吸引外资，不断制定和完善投资法规，先后制定了《1984年第32号自由区法》《1994年第6号普通营业税法》《1995年第16号鼓励投资法》《1997年关税统一法》《1998年第20号海关法》《2000年亚喀巴经济特区法》《2000年进出口法》等法律文件。[1] 同时，约旦政府积极改善投资环境，持续优化自由贸易区政策，例如，对自由贸易区内的进出口贸易免征关税、为进入约旦的转口货物提供寄存服务、给予外国投资者与当地投资者同等待遇等。此外，约旦政府还建立了多个工业园区、自由保税区和经济特区，鼓励外商投资办厂。

在推动贸易自由化方面，约旦政府积极同欧、美、阿拉伯国家开展贸易往来。1997年，约旦与欧盟签署了《欧盟-地中海联系国协议》。1998年，约旦成为阿拉伯自由贸易协议的签字国。1999年，约旦加入世界贸易组织并签订自由贸易协定。2002年，约旦国王阿卜杜拉二世召开"约旦大使论坛"，要求驻外使领馆积极扩大与所在国的经济交往，吸引外资。

---

[1] 王林伶. 约旦经贸文化 [M]. 北京：社会科学文献出版社，2017：125.

从 20 世纪 50 年代到 21 世纪初，约旦的主要贸易伙伴和进出口商品结构都发生了一些变化。约旦的主要进口国从英国、美国、联邦德国和法国，变成了沙特、中国、美国和印度；约旦的主要出口国从黎巴嫩、叙利亚、伊拉克和沙特，变成了伊拉克、美国、沙特和印度。受外交关系的影响，约旦的进出口贸易方向发生了由西向东的倾斜。

三、医疗卫生

约旦是中东地区医药领域的发达国家，是卫生条件最好的阿拉伯国家之一，其医疗保健系统健全完善，对公务员、军人及其家属实行免费医疗制度，对企业职工实行医疗保险制度。国家的卫生事务由卫生部负责。该部成立于 1921 年，1926 年颁布了第一部规范卫生事务的法律。约旦卫生部构想通过构建一个公正、高效、高质量、区域领先的完善的卫生系统来实现健康无恙的社会，为民众提供预防、治疗等卫生服务，在综合卫生政策的范围内，同有关部门进行有效合作，公正、高质量地组织、监督与国家卫生和健康相关的服务。

约旦的医院分为卫生部下属医院、军队医院和私人医院。侯赛因国王医学城被认为是中东地区最重要的医学中心之一。约旦大学医院是国内最著名的医院，其医疗水平在中东地区处于领先地位。2007 年 6 月 1 日，约旦医院成为约旦第一家获得国际认证的私立综合医院。在首都安曼，有许多专门治疗癌症、心脏病、眼疾、不育等疾病的专业医院。此外，约旦鼓励私人和外商投资兴办医院，有专门的医院委员会审查医院注册申请，并递交卫生部进行审批。截至 2020 年 11 月，约旦在册的私人医院达到了 65 家。[1]

---

[1] 资料来源于约旦哈希姆王国卫生部网站。

四、科学技术

约旦科学技术部门主要由最高科学技术委员会、皇家科学协会和各种私营公司支持的研发机构组成。

最高科学技术委员会成立于 1987 年，是一个独立的公共机构，是支持约旦所有科学技术活动的国家部门。该委员会成立的目的是提高人们对科学研究和发展的重要性的认识，为科研活动提供适当的财政支持，在符合发展趋势的国家优先事项内指导科学研究活动，建立专业的研究与发展中心，支持将科技思想转化成实践成果，拟定与本国、其他阿拉伯国家和国际机构科技合作的相关协议，代表国家参加区域和国际学术活动等，建立有助于实现国家发展目标的科技基础。最高科学技术委员会最初由侯赛因·本·塔拉勒国王亲自领导，在推动约旦科学技术发展方面发挥了开拓作用。

皇家科学协会是 1970 年根据国王颁布的皇家法令建立的。该协会致力于通过调动约旦国内和阿拉伯世界的科研力量，并与国内、区域和国际组织相结合，建立一个知识、科学和技术中心，进行应用科学研究，提供技术咨询与服务，为约旦发展贡献力量。皇家科学协会是约旦应用科学研究领域最大的科学机构，被认为是在区域科学技术领域领先的中心。2006 年至今，皇家科学协会一直由苏梅娅·宾特·哈桑公主担任主席，她为完善国家、区域和全球科学技术体系做出了巨大贡献。

除此之外，在自然科学方面，约旦拥有皇家科学院、伊斯兰科学院、计算机和信息中心、理论和应用物理研究中心、癌症研究中心、亚喀巴海洋研究中心、国家能源研究中心、水和环境研究中心等科研机构，为约旦在工程建筑、信息技术、物理、医药、海洋、能源、环境、航空航天等方面的发展提供支撑。在人文社科方面，约旦皇家思想研究所、约旦外交研究所、战略研究中心、银行研究所、拉尼娅王后旅游与遗产研究所、难民研究中心、语言研究中心等机构，也为推动约旦人文社会科学的进步贡献了力量。

五、新闻出版

约旦的报纸按发行语言分为阿文报纸与英文报纸,《宪章报》《言论报》《明天报》《人民之声报》《市场报》《今日阿拉伯人》为阿文日报,《约旦时报》为英文日报。大部分报纸总部位于首都安曼,其中《宪章报》为约旦新闻和出版公司所有,《言论报》《约旦时报》隶属约旦新闻基金会,《明天报》为发行量最大的私营报纸,其余报纸发行量相对较少。所有报纸均接受政府监督。

约旦广播电台是约旦官方广播电台,1959年3月开始播出节目,下设多个调频,使用阿拉伯语、英语、法语进行播报。约旦电视台是国家电视台,1968年4月开始播放电视节目,1972年开始通过卫星转播世界新闻并播出英语节目,1978年开始播出法语节目。约旦广播和电视会播放形式多样的节目,以满足约旦社会各阶层的需求。1985年9月,约旦广播电台与约旦电视台合并。

约旦新闻社是约旦官方通讯社,又叫佩特拉通讯社,成立于1969年7月,隶属于新闻署,每日使用阿文和英文报道国内外新闻。从1994年开始,佩特拉通讯社通过卫星向除南非、南美以外的地区发送阿文、英文消息;1997年建立官网,开始在网络上发布新闻。

六、难民问题

约旦是世界上接纳难民第二高比例的国家,接受难民绝对数量位列世界第五。截至2019年4月底,登记在册的难民高达762 420人。这些难民来自57个不同的国家,其中叙利亚难民671 579人,伊拉克难民67 600人,也门难民14 457人,苏丹难民6 146人,索马里难民793

人，其他国籍难民 1 845 人。[1]除此之外，约旦还有 200 多万巴勒斯坦
难民。

巴勒斯坦难民是约旦人口中的特殊群体，他们中的大多数被授予约旦
国籍。第一批巴勒斯坦难民在 1948 年的阿以战争期间抵达约旦，难民数量
在 1967 年的"六日战争"和 1991 年的海湾战争中达到顶峰。这些巴勒斯
坦难民中有近 37 万人生活在联合国近东巴勒斯坦难民救济和工程处（以
下简称近东救济工程处）的难民营中，由联合国难民署负责他们的卫生与
教育。

叙利亚难民是 2011 年叙利亚爆发内战后，为躲避战争逃往约旦的叙
利亚人。他们大多数来自霍姆斯和达拉地区，其中 50% 以上的人年龄低于
17 岁，8.5% 的人面临严重疾病。叙利亚难民中有 30% 的人居住在安曼省，
20% 在伊尔比德省，13% 在马弗拉克省。大量难民给当地社区带来了巨大
影响。[2]

伊拉克难民主要分两波到达约旦。1991 年海湾战争爆发后，第一波伊
拉克难民涌入约旦；2003 年伊拉克战争爆发后，新一波伊拉克难民涌入约
旦。2009 年，在约旦有近 70 万伊拉克人。[3]近年来，大量的伊拉克人已经
返回家乡。

难民问题使约旦国内人口数量激增，给国家的基础设施带来了巨大压
力，对水资源、就业和国家公共服务也造成了很大的影响，加剧了各种社
会问题。

[1] 中国驻约旦大使馆经商处. 约旦难民占总人口比例世界第二高 [EB/OL].（2019-06-20）[2020-11-17]. http://www.mofcom.gov.cn/article/i/jyjl/k/201906/20190602874571.shtml.

[2] 中国驻约旦大使馆经商处. 约旦仍是全球第二大难民接收国 [EB/OL].（2019-07-29）[2020-11-17]. http://www.mofcom.gov.cn/article/i/jyjl/k/201907/20190702885696.shtml.

[3] 唐志超. 约旦 [M]. 2 版. 北京：社会科学文献出版社，2016：75.

第二章 文化传统

第一节 历史沿革

约旦的前身是外约旦酋长国，1946 年 5 月正式更名为外约旦哈希姆王国，如果从 1921 年外约旦酋长国建立算起，至今已有百年的历史。由于约旦特殊的地理位置，历史上曾经有多种文明在此发生过激烈的碰撞与融合。

一、古代史

约旦古代史按时间大致可以分为古约旦时代、铜器时代、铁器时代、古希腊时代、古罗马时代、伊斯兰时代和奥斯曼帝国时代。

早在约 200 万年前，就有人类生活在今天的约旦地区。古约旦时代为 200 万年前到公元前 4 500 年，包括旧石器时代、中石器时代和新石器时代。[1] 旧石器时代的约旦人类社会发展十分缓慢，在漫长的几十万年中都没有多大变化。中石器时代，约旦地区原始人类社会的发展步伐有所加快，人们的艺术才能有了一定发展。新石器时代，约旦地区的古人类社会有了

---

[1] 梁国诗. 当代约旦哈希姆王国社会与文化 [M]. 上海：上海外语教育出版社，2003：14.

更进一步的发展，懂得了如何制作利器与烧制陶器，掌握了修建住宅、驯养牲畜与农业种植等技术。

铜器时代约为公元前 4500 年到公元前 3000 年。[1] 这一时期，约旦地区的人类社会生活水平有了进一步提高，制陶、炼铜技术取得了更大的进步。铜器时代早期，该地区居民已大量、广泛地采用金属来制造生活用具和武器。铜器时代中期，约旦地区的迦南人遭到外来游牧民族的扫荡，此后，希克索斯人将外来游牧民族赶走并统治了这里，给当地带来了更先进的文化和更发达的陶器制作技术。铜器时代晚期，大批来自近东各地的商人云集于今日约旦首都安曼及其周围地区，使这一地区成为当时的一个贸易中心。

铁器时代为公元前 1200 年到公元前 330 年。[2] 这一时期，该地区有两个特点，一是当地居民虽然仍采用铜制作日常生活用具，但更多地用铁制作武器；二是在约旦河东岸地区出现了一些小王国，其中主要的有北部地区的阿蒙王国与贾勒阿德王国、中部地区的摩押王国、南部地区的阿都米王国。公元前 9 世纪末，亚述人在今约旦北部崛起并逐渐建立起军事大国。到公元前 8 世纪，约旦地区的王国已基本臣服于亚述人。公元前 6 世纪上半叶，巴比伦人取代了亚述人，控制了约旦地区。此后，波斯帝国崛起，至公元前 539 年灭新巴比伦王国，占领其领地，成为约旦地区的主人，直至公元前 4 世纪下半叶。

古希腊时代为公元前 332 年到公元前 1 世纪。公元前 334 年，马其顿亚历山大大帝开始东征波斯帝国，于公元前 332 年占领如今的约旦和巴勒斯坦，希腊人成为约旦地区的新主人，并在该地区大力推行"希腊化"。公元前 323 年，亚历山大去世后，希腊帝国分裂，出现了三个希腊王朝，即统治马其顿的安提克王朝、统治埃及和巴勒斯坦地区的托勒密王朝、统治叙利亚和巴比伦等地区的塞琉古王朝。在此期间，约旦地区先后处于托勒密王朝和塞琉古王朝的统治之下。公元前 4 世纪末，约旦东部的阿拉伯奈伯特人

---

[1] 梁国诗. 当代约旦哈希姆王国社会与文化 [M]. 上海：上海外语教育出版社，2003：14.

[2] 梁国诗. 当代约旦哈希姆王国社会与文化 [M]. 上海：上海外语教育出版社，2003：16.

形成统一的民族,他们征服了约旦境内的阿都米王国,又先后粉碎了塞琉古王朝的多次进犯,于公元前 2 世纪在巴勒斯坦与约旦一带建立了强大的奈伯特王国,其疆域从约旦南部直至大马士革以北。

古罗马时代始于公元前 1 世纪。古罗马时代早期,罗马人征服了北非与西亚,当时的约旦地区被置于罗马人的统治之下近 400 年。到公元 4 世纪初,罗马帝国衰落,拜占庭帝国崛起,约旦地区处于拜占庭帝国的统治之下。萨珊王朝在其鼎盛时期也曾控制过约旦地区,直至公元 7 世纪初伊斯兰教兴起。

伊斯兰时代始于公元 7 世纪初,此时伊斯兰教在阿拉伯半岛兴起。635—640 年,阿拉伯军队击退拜占庭军队与波斯大军,先后攻下大马士革,占领耶路撒冷,进入叙利亚与巴勒斯坦。至此,约旦地区成为阿拉伯帝国的一部分。此后,约旦地区在倭玛亚王朝时期商贸业迅速发展,在阿拔斯王朝时期经济逐渐衰落,后经历了阿尤布王朝时期的萨拉丁抗击十字军,于马穆鲁克王朝时期走向没落。

奥斯曼帝国时代始于 16 世纪初。1516 年,奥斯曼帝国攻占叙利亚,开始了对包括约旦地区在内的大部分阿拉伯国家长达 400 年的统治。19 世纪中后期,西方势力加紧对近东的渗透,约旦地区开始逐步成为英国的势力范围。

二、近代史

(一)阿拉伯民族大起义

1911 年,哈希姆家族的侯赛因·本·阿里正式就任麦加埃米尔,并继承谢里夫称号。为了摆脱奥斯曼帝国的统治,1916 年 6 月,他领导并发动了阿拉伯民族大起义,在先后攻占吉达和麦加后,侯赛因宣布成立阿拉伯王国,自立为国王。1918 年 9 月,费萨尔亲王领兵攻入大马士革,建立了

以他为首的阿拉伯政府，结束了奥斯曼帝国长达 4 个世纪的统治。1920 年
3 月 7 日，叙利亚宣布独立，立费萨尔为国王，但英国、法国拒不承认。同
年 7 月，法国军队攻陷大马士革，宣布废黜费萨尔国王，阿拉伯民族大起义
宣告失败。1916 年 5 月 16 日，英、法、俄三国签订了《赛克斯–皮科协定》
（又称《小亚细亚协定》），其中规定伊拉克北部和外约旦（约旦河东岸地区）
为英国势力范围。1920 年 8 月，奥斯曼帝国政府与协约国签署了《色佛尔条
约》，其中明确了包括约旦在内的巴勒斯坦地区成为英国的委任统治地。至
此，约旦地区的管理权完全落入英国手中，英国掌管了该地区的一切事务。

（二）外约旦酋长国建立

1920 年 11 月，谢里夫侯赛因命其次子阿卜杜拉从麦加出发，率军队从
法国手中收复费萨尔的失地叙利亚。但由于双方实力相差悬殊，且法国已
经稳固控制叙利亚，因此阿卜杜拉决定停止进军，并于 1921 年 3 月占领了
安曼及外约旦北部。在此形势下，英国殖民大臣温斯顿·丘吉尔提出沿约
旦河–亚喀巴一线对巴勒斯坦进行进一步分割，该线以东部分为外约旦，在
那里建立行政上独立运作的外约旦酋长国，由阿卜杜拉出任外约旦埃米尔，
并接受巴勒斯坦的英国高级专员领导和英国的委任统治。该提议得到阿卜
杜拉的同意，为外约旦正式从巴勒斯坦分离出来和独立奠定了基础。

1921 年 4 月，阿卜杜拉在安曼组建了外约旦历史上首届中央政府。1922
年 3 月，国际联盟宣布成立以阿卜杜拉为首的外约旦酋长国。1923 年 5 月，
阿卜杜拉宣布外约旦"独立"。这样，外约旦成为英国委任统治下的一个半
独立的埃米尔国。外交上，对外事务由英国专员掌管；经济上，王室的费
用由英国政府资助，财政由英国补贴。此后，在英国的帮助下，外约旦成
立了中央行政委员会，其间道路、交通、教育及其他公共服务设施建设获
得了一定发展。1928 年 2 月，英国政府与外约旦在耶路撒冷签订了为期 20

年的《英约协定》，以使英国对外约旦的统治进一步合法化。1928年4月，英国公布《外约旦基本法》。随后，英国在外约旦成立了制宪会议，即立法委员会。1934年与1939年，外约旦与英国谈判，双方两次修改《英约协定》。最终，英国同意外约旦向其他阿拉伯国家派驻领事，同意外约旦协商委员会改名为内阁，直接对埃米尔负责。1939年8月，外约旦新内阁组成，并设立内政部、国防部、财政部、商业部、农业部和交通部等部门。

（三）外约旦独立

1939年第二次世界大战爆发后，外约旦加入同盟国，成为英国在中东最重要的军事基地和盟友。二战结束后，阿卜杜拉率外约旦代表团同英国谈判，要求允许外约旦独立。经过艰苦的谈判，1946年3月22日，英国与外约旦签署了《英约同盟条约》和一个军事附件。根据条约，英国结束对外约旦的委任统治，承认外约旦独立。1946年5月15日，外约旦内阁发表声明，宣布外约旦为完全独立的国家，实行君主立宪制，拥戴阿卜杜拉为国王。5月22日，外约旦议会召开特别会议，正式提名阿卜杜拉任外约旦王国国王，并将国名改为"外约旦哈希姆王国"。5月25日上午，阿卜杜拉正式登基。1947年11月，一部新宪法取代了1928年的《外约旦基本法》。

三、现代史

（一）约旦河两岸统一

1947年11月29日，联合国大会通过了关于巴勒斯坦未来治理问题的第181号决议。1948年5月14日，以色列宣布在耶路撒冷建国。5月15日，英国宣布结束对巴勒斯坦的委任统治。就在当天，由阿卜杜拉出任总司令的阿拉伯联合军团开进巴勒斯坦，发动了第一次阿以战争。1949年4月3日，外约旦与以色列签署停火协议。在此次战争中，外约旦和埃及在阿拉伯国家阵营中发挥了组织和指挥作用。1949年12月1日，2 000多名巴勒斯坦人在杰里科举行会议，做出巴勒斯坦与外约旦合并的决议，拥戴阿卜杜拉为国王。12月13日，外约旦议会通过了这一决议。1950年4月20日，外约旦选举产生新的众议院与参议院；4月22日，外约旦组建新内阁；4月24日，约旦参众两院一致通过约旦河两岸统一的决议案，统一后国名为"约旦哈希姆王国"，阿卜杜拉为国王，实行君主立宪制。1951年7月20日，阿卜杜拉国王在耶路撒冷阿克萨清真寺遇刺身亡，阿卜杜拉时代从此结束。

1951年9月5日，约旦议会发表声明，拥戴王储塔拉勒·本·阿卜杜拉为约旦哈希姆王国国王。9月6日，塔拉勒正式加冕。9月9日，塔拉勒任命其长子侯赛因·本·塔拉勒为王储。由于国王健康状况不佳，1952年8月11日，约旦国民议会通过了废黜塔拉勒、立其长子侯赛因为国王的决议。

（二）侯赛因时期

1953年5月2日，侯赛因正式加冕即位，约旦进入长达40多年的侯赛因时代。1954年，侯赛因国王下令修改宪法，要求政府对议会负责，政府需要向议会提交执政纲领并获得议会信任投票后方能就职。1956年，约旦首次举行多党制议会选举。1957年3月，约旦政府宣布废除1948年重新签订的《英约同盟条约》和与英国的军事联盟。1957年4月，由于首相苏莱曼·纳布西、武装部队参谋长阿里·艾布·纳瓦尔与侯赛因国王出现严重对立，侯赛因下令实施《戒严法》，下令议会停止一切活动，解散所有政党，解散内阁，逮捕多名大臣与议员，对政府和军队进行整顿。1958年2月，约旦与伊拉克签订协定，宣布由约旦与伊拉克依照联邦形式建立阿拉伯联邦，以应对埃及与叙利亚成立的阿拉伯联合共和国的威胁。此后，伊拉克爆发革命，宣布退出阿拉伯联邦。同年 8 月，侯赛因宣布解散阿拉伯联邦。1959 年年初，侯赛因粉碎了总参谋长萨迪克·沙尔阿的武装政变。

20 世纪 60 年代，约旦基本保持了国内的政局稳定，经济获得较大发展，修建了连接全国各地的铁路网，建筑业繁荣，旅游业兴旺，并开始在全国范围内建立新的统一的教育体系。1962 年，侯赛因国王下令在安曼郊区兴建约旦历史上的第一所大学——约旦大学。这一时期，约旦国家意识开始逐步形成，并出现了一个新兴的受过良好教育的中产阶级。与此同时，约旦也经历了一些重大危机。1967 年第三次阿以战争对约旦造成了巨大的打击，使约旦失去了对约旦河西岸的控制权，领土面积大大缩小。而 30 万巴勒斯坦难民的涌入以及巴勒斯坦解放组织（以下简称巴解组织）以约旦为基地对以色列发动袭击，也给约旦政局的稳定造成了巨大威胁。

20 世纪 70 年代中期以后，约旦政局逐步恢复稳定，经济和社会也随之快速发展，政府实行经济开放和贸易自由化政策，大力开发磷酸盐矿和钾盐矿，建筑业、服务业、金融业获得快速发展。在领土方面，1988 年，约旦逐步中断与约旦河西岸在行政管理、法律、经济、外交等方面事务的联系。1988 年 11 月 15 日，巴勒斯坦国宣布成立，约旦立即予以承认，并于次年同意将巴解组织驻约旦办事处升格为大使馆，标志着约旦与约旦河西岸彻底脱离。

20 世纪 80 年代末到 90 年代初，约旦政治气候日益开放，政治多元化逐渐形成，政党活动日趋活跃。侯赛因宣布解除党禁、暂时冻结《戒严法》，国家通过《国民宪章》。这些措施在很大程度上活跃了社会气氛。但是，随后的海湾危机使约旦在外交、经济上陷入困境。1994 年 10 月 26 日，约旦和以色列签署了《约以和平条约》，从而结束了两国长达 46 年的战争状态。1995 年 2 月 9 日，约旦收回了被以色列占领的约 380 平方千米的领土。[1] 约以和平的

---

[1] 唐志超. 约旦 [M]. 2 版. 北京：社会科学文献出版社，2016：75.

实现对约旦经济、社会的发展起到了巨大的推动作用。1999年1月26日，侯赛因国王下令罢黜其弟哈桑的王储职位，改立其长子阿卜杜拉二世·本·侯赛因为王储。2月7日，侯赛因国王逝世，阿卜杜拉二世就任约旦国王。

（三）阿卜杜拉二世新政

阿卜杜拉二世十分强调对约旦经济、社会的改造，推出了一系列大胆的改革措施。2001年11月末，约旦政府推出了为期三年的"经济与社会改革计划"。2005年2月，阿卜杜拉二世倡议成立国家议程指导委员会，[1] 负责制定未来10年约旦改革与发展议程。在外交上，阿卜杜拉二世提出了"约旦第一"的思想，倡导始终将国家利益放在第一位，积极开展地区及全面外交。阿卜杜拉二世奉行亲美政策，大力改善与海湾国家的关系，积极与国际金融组织商谈援助计划，巧妙地向国际社会推销自己和展示约旦形象。2011年后，阿卜杜拉二世加速政治改革进程，全力推进政治改革，坚定打击腐败，使约旦总体上保持了国内稳定，度过了危机。

第二节 风土人情

一、特色饮食

阿拉伯大饼是约旦人的主食，每餐都会食用。米饭也是约旦人餐桌上的常见主食，常与曼萨夫（Mansaf）、玛格鲁巴（Maklouba）、哈里萨（Harisa）、

---

[1] 唐志超. 约旦 [M]. 2版. 北京：社会科学文献出版社，2016：79.

奥兹（Ozi）、比尔亚尼（Biryani）等菜肴搭配。橄榄油、酸奶、蔬菜、水果、羊肉、鸡肉、小牛肉和鱼类则是约旦人日常食用的副食。

曼萨夫是约旦的国菜，是约旦最受欢迎、最有名的菜肴之一，也是婚礼盛宴、节日庆典、哀悼纪念等重要场合最常见的菜品。做法是将肉汤和固体牛奶块混合并加入酸奶，以此作为汤底煮肉，随后加入黄油与胡椒米饭，烹饪好后盛于用阿拉伯大饼铺垫好的大盘之中，并在米饭表面摆上大块的肉，用杏仁、松子、细欧芹加以点缀。

玛格鲁巴是沙姆地区主要的阿拉伯菜肴，做法是将调好味的米饭与油炸的茄子、西兰花、土豆、青豆等蔬菜混合在一起，并加入羊肉或鸡肉，搭配牛奶、酸奶、阿拉伯沙拉、柠檬汁一起食用。

哈里萨也是传统的阿拉伯菜，是用捣碎煮熟的小麦与肉混合制成，黏稠度高，含有丰富的膳食纤维和蛋白质，是斋月中的重要食物，也是节日庆典上的常见美食。

约旦人在待客的时候习惯用茶、土耳其咖啡、阿拉伯黑咖啡、果汁等饮品招待客人，并搭配甜点。库纳法（Kunafa）是沙姆地区流行的一种美味糖果。它以可以拉伸成细长丝状的库纳法面团为原料，加入黄油、糖浆、纳布卢斯奶酪制作而成，并用开心果和糖浆装饰，是最受约旦人欢迎的甜食。除此之外，胡拉依巴（Ghuraiba）等甜点也深受人们喜爱。

二、主要节日

约旦的节日分为宗教节日和国家节日，主要节假日见表 2.1。

表 2.1　约旦主要节假日

日期	节日	参考日历	放假天数
宗教节日			
1月1日	伊历元旦	伊历	1天
3月12日	圣纪节	伊历	1天
7月27日	登霄节	伊历	不放假
10月1日	开斋节	伊历	4天
12月10日	宰牲节	伊历	5天
国家节日			
1月30日	阿卜杜拉二世国王诞辰日	公历	不放假
5月1日	国际劳动节	公历	1天
5月25日	独立日	公历	1天
6月9日	阿卜杜拉二世国王加冕日	公历	不放假
6月10日	建军节暨阿拉伯大革命纪念日	公历	不放假
11月14日	侯赛因·本·塔拉勒国王诞辰日	公历	不放假

据基督教节日统一委员会决定，基督教徒可以享受下列节日：圣诞节，公历 12 月 25 日，放假一天；棕榈主日，放假一天；复活节，放假一天。

三、娱乐休闲

约旦在积极发展教育的同时，也非常注重丰富人民的精神生活。侯赛因国王执政时期，修建了文化中心、影剧院、展览馆、博物馆等文化设施，为国民提供高质量的娱乐休闲场所。此后登基的阿卜杜拉二世国王和拉尼娅王后热爱艺术，大力支持和资助文化艺术发展，在兴建文化中心、博物馆等文化设施的同时，也加大投入举办大型文化活动，以推进约旦文化事业的发展。

　　文化中心是举办大型艺术演出和展览的场所，约旦规模较大的文化中心包括约旦文化中心、侯赛因文化中心、约旦国王阿卜杜拉二世文化和艺术中心、拉尼娅王后文化园、约旦艺术之家等。艺术展览馆也是承办大型艺术展览的重要场所，约旦最重要的艺术展览馆是约旦国家美术馆，1980年在侯赛因国王和努尔王后的支持下于安曼建立，隶属于皇家美术学会，主要收集和展出当代约旦和阿拉伯世界的艺术作品。此外，一些美术馆和私人画廊也是观展的好去处。作为历史上多个文明交汇碰撞的地带，约旦古迹众多，博物馆是回顾历史、了解约旦的最佳场所。截至2020年11月，约旦全国共有30个博物馆，其中安曼的国家考古博物馆、佩特拉古迹博物馆、马德巴古迹博物馆、卡拉克古迹博物馆是约旦最著名的四大古迹博物馆。[1]观看戏剧与电影是约旦人娱乐休闲的主要活动之一。与影视业相比，约旦现代戏剧起源较早，19世纪末由英国人传入。约旦国内剧场较多，比较著名的有约旦大剧院、约旦皇家艺术中心、皇家文化中心、努尔王后基金会表演艺术中心等。在杰拉什、佩特拉等地还有许多露天的古罗马剧场。此外，杰拉什文化与艺术节是丰富人民文化生活、推动约旦与世界文化艺术交流的重要活动。

四、体育运动

　　足球是约旦最受欢迎的体育运动，受到公众的广泛关注。近年来，约旦国家足球队取得了长足发展。2014年巴西世界杯预选赛，约旦历史性地取得跨洲附加赛资格，但最终败给乌拉圭，无缘世界杯决赛圈，这是约旦国家男子足球队自1986年首次参加世界杯预选赛以来取得的最好成绩。同

---

[1] 资料来源于约旦遗产部网站。

时，约旦十分重视女子足球的发展，于 2016 年举办了国际足联 U-17 女子世界杯。

篮球在约旦也很受欢迎，约旦国家男篮是阿拉伯国家和亚洲最强的球队之一，曾于 2010 年和 2019 年两次参加世界男子篮球锦标赛。在 2011 年第 26 届亚洲男子篮球锦标赛决赛中，约旦男篮不敌中国男篮，获得亚军，约旦队的奥萨马·道格拉斯进入最佳阵容并获得最佳控卫奖项。

跆拳道是约旦人喜爱的体育项目，曾夺得重要赛事的最高荣誉。运动员艾哈迈德·阿布格什在 2016 年里约热内卢奥运会 68 公斤以下级别的比赛中夺得金牌，为约旦赢得了第一枚奥运奖牌。约旦在跆拳道最高级别的国际大赛中也获得过许多奖牌。约旦国家队在该项目上被认为是阿拉伯国家中实力最强也是世界最重要的队伍之一。

2018 年，约旦奥委会成立奥运备赛中心。该中心作为约旦体育官方组织，由费萨尔·本·侯赛因王子领导，是一个完善的、综合性的体育机构。约旦奥委会成立的初衷是通过该中心提升运动员在各种奥运项目和非奥运项目上的竞技表现。

第三节 文化名人

约旦哈希姆王国建国至今虽仅有一个世纪，但这个地处黎凡特地区核心位置的小国却比其他阿拉伯地区见证过更多的阴谋、挫折与抗争，经历了更多的起伏与沉沦。特殊的历史遭遇和独特的地理位置给约旦文人墨客提供了思考与创作的灵感，也使得约旦的文学艺术在阿拉伯国家中独树一帜。了解约旦国内最具代表性的现当代文学家、诗人、思想家和艺术家，可以初步了解约旦现当代的文学、艺术和思想成就。

一、文学家

易卜拉欣·纳斯鲁拉，1954 年出生于约旦安曼，是当代阿拉伯世界最负盛名、影响力最大的作家之一，2018 年曾凭借小说《狗的第二次战争》荣获阿拉伯世界最高文学奖——国际阿拉伯小说奖。纳斯鲁拉的父母在 1948 年第一次中东战争中被迫从巴勒斯坦迁至约旦，纳斯鲁拉在安曼的巴勒斯坦难民营中度过了童年和青年时代。从安曼师范教育培训中心获得教育和心理学文凭后，纳斯鲁拉前往沙特任教，后又返回安曼从事新闻工作。纳斯鲁拉从 2006 年开始专心写作，截至 2018 年，共出版了 14 部诗歌集和 16 部小说，其中多部作品被翻译成英语、意大利语、丹麦语、土耳其语等语言出版。

年少的经历使得纳斯鲁拉对巴勒斯坦有着浓厚的感情。以色列前总理戴维·本·古里安的话"巴勒斯坦人的老一辈终将死去，新一辈也注定会遗忘"极大地触动了纳斯鲁拉的内心，使他下定决心通过写作让人们铭记巴勒斯坦阿拉伯人的屈辱历史。在搜集了大量历史文献及资料后，纳斯鲁拉开始以时间顺序撰写小说，讲述巴勒斯坦自 17 世纪末到现当代的政治、社会、民俗历史。他发表的小说主要有：《加利利国王的灯笼》，主要讲述 1689—1775 年的巴勒斯坦历史；《白马时代》，主要讲述 19 世纪 80 年代到 1948 年的巴勒斯坦历史；《橡皮擦小孩》，主要讲述 20 世纪初到 1948 年的巴勒斯坦历史；《惊弓之鸟》，讲述 1950—1967 年巴勒斯坦难民营中的故事。

纳斯鲁拉笔耕不辍，几乎每年都会有新作发表。其文学作品共获得过 9 个奖项，其中《白马时代》被誉为"有关巴勒斯坦的最佳小说"，2009 年入围国际阿拉伯小说奖，2014 年获伦敦中东观察奖；长篇小说《加利利国王的灯笼》曾入围 2013 年国际阿拉伯小说奖；小说《乞力马扎罗的灵魂》荣获 2016 年卡塔拉阿拉伯小说奖。此外，纳斯鲁拉在诗歌方面也卓有建树，曾于 1997 年获得苏丹阿维斯阿拉伯诗歌奖。为表彰他在文学方面的突出贡献，耶路撒冷国家委员会 2012 年特别授予他耶路撒冷文化与创新奖。

莫尼斯·拉扎兹（1951—2002）是约旦当代最重要的小说家之一，出生于约旦的萨尔特市，先后在英国、黎巴嫩、伊拉克求学，获得哲学学士学位。后赴纽约乔治敦大学深造，学成归国后随家人从约旦安曼迁往伊拉克巴格达。此后，拉扎兹开始了其职业生涯，先后供职于多家报纸和杂志社，如巴格达的《伊拉克革命》、贝鲁特的《巴勒斯坦事务》、安曼的《地平线》，以及阿卜杜勒·哈米德·舒曼集团等。凭借深厚的文字功底和丰富的工作经验，拉扎兹逐渐成为《宪章报》《意见报》的专栏作家，长期为其供稿。从1993年开始，拉扎兹开始担任约旦文化部顾问和《思想》杂志主编，并在同年被选为约旦阿拉伯民主党秘书长，次年当选为约旦作家协会主席。作为约旦小说的先驱性人物，拉扎兹著作颇丰，除数百篇评论性文章外，还出版了数十部小说，如《死海的居民区》《消声器的独白》《恐龙日记》《梦醒时分》《一个甜蜜的夜晚》等，其创作主题主要有阿拉伯现代历史上的失败、个人利益和国家发展之间的矛盾等。

萨米哈·阿里·赫雷斯也是约旦当代著名小说家之一，1956年出生于安曼。因为父亲工作调动的原因，她先后在卡塔尔和苏丹接受小学和中学教育，1978年获得埃及开罗大学社会学学士学位。赫雷斯毕业后从事新闻工作，1981—1998年在阿联酋阿布扎比的《联合报》工作，1998年返回约旦，在《观点报》任记者兼文化处主任，随后担任附属该报的儿童杂志《哈特姆》的主编。赫雷斯既是约旦作家协会会员，又是国际笔会约旦分会会员，同时还是阿联酋作家联盟创始成员。赫雷斯著有数十部小说，如《豹树》《罂粟花》《圆木桩》《洪水笔记》《我们》《叶海亚》等，其小说涉及的主题有自由与奴性、妇女问题等。丰富的人生阅历和新闻领域的从业经历使她在小说创作中游刃有余，其小说《豹树》1997年获得约旦文化部颁发的"国家鼓励奖"，后被广播电视公司改编为广播剧作品，并获得2002年开罗戏剧作品节金奖。此外，她还荣获2004年突尼斯"艾布·卡西姆·沙比奖"、2008年阿拉伯思想基金会颁发的"文学创新奖"和2015年"侯赛因杰出贡献奖"。

二、诗人

穆斯塔法·瓦哈比·泰勒（1899—1949）不仅是约旦最著名的诗人，也是当代阿拉伯诗坛的桂冠诗人之一。泰勒生于约旦伊尔比德市，在故乡接受初等教育后，1912年赴叙利亚学习，1920年获得高中文凭。泰勒精通土耳其语，学成归国后，曾在多所学校任教。1930年，他通过自学取得约旦司法部颁发的律师资格证后，开始在约旦司法部门任职。泰勒同易卜拉欣·纳吉、艾哈迈德·纳吉菲、阿卜杜勒·阿尔卡米等众多阿拉伯当代诗人有着密切的联系，经常参加文学精英团体举办的文学沙龙。泰勒一生都致力于实现公平与正义，虽然出身于贵族家庭，却一直同情和支持社会受压迫阶层，受到了文学批评家和学者的持续关注。泰勒的诗歌紧密结合时事，主要涉及约旦及阿拉伯社会中的政治、社会问题，反对压迫与殖民，创作风格豪放浑厚。泰勒著有诗集《亚比斯谷的前夕》，还出版了许多散文和译著，如《蒙面的贝都因人》《奥马尔·海亚姆四行诗》等。

海德尔·马哈茂德也是约旦当代著名诗人，1942年出生在海法市，1955年随家人迁往安曼，1959年从侯赛因学院毕业，获得高中文凭，后赴英国伦敦深造，1963年获得新闻学学士学位。从英国毕业后，马哈茂德回国之初担任《圣战报》编辑，1964—1976年担任约旦电视台政治文化节目主持人，1979—1990年先后担任约旦电视台台长、约旦武装部队总司令、约旦总理新闻顾问，2002—2005年就任约旦文化大臣。马哈茂德是约旦作家协会成员，有着浓厚的爱国主义情结，其诗歌多以赞颂巴勒斯坦和约旦为主题。马哈茂德曾于1986年凭借所创诗集获得西班牙安达卢西亚伊本·哈法哲奖，1990年获得约旦国家文学卓越奖，同年获得突尼斯文化勋章。马哈茂德创作的文学作品有《大山》《最后一位证人的陈述》《河边歌唱的夹竹桃》等。他的诗歌及文学作品经常出现在约旦国内各教育阶段的教材上，多部作品还被翻译成西班牙语、法语和塞尔维亚语。

三、思想家

马吉德·阿尔萨·基拉尼（1932—2015）是约旦著名的思想家，出生在约旦最北部城市拉姆萨的沙吉拉村。基拉尼在村中私塾和拉姆萨中学完成中小学教育，后凭借优异成绩被公派至开罗大学，攻读历史学专业。1974年，基拉尼在贝鲁特美国大学获得伊斯兰历史硕士学位，完成硕士论文《卡迪尔主义的起源》。同年，考入约旦大学攻读教育学硕士学位，硕士毕业论文为《伊斯兰教育理论的概念演变》。他在美国宾夕法尼亚州匹兹堡大学完成博士论文《伊本·泰米叶的教育思想》，获得教育学博士学位。基拉尼曾先后在约旦教育部、约旦宗教基金部任职，随后接管联合国伊斯兰研究中心的行政工作。此外，他还参与过多所阿拉伯大学的教学工作以及约旦和其他阿拉伯国家的教学大纲的制定。基拉尼著作颇丰，开创性地提出了伊斯兰教育的方法、目标和手段，出版了数部关于伊斯兰教育与理念的著作，在伊斯兰教育领域留下了浓墨重彩的一笔。基拉尼的著作有《伊斯兰教育理论的发展》《教育哲学》等，其中《教育哲学》一书被联合国儿童基金会认定为伊斯兰教育领域的最佳著作之一。

法赫米·贾丹是巴勒斯坦裔约旦思想家，1940年出生于巴勒斯坦艾因·加扎尔镇，高中毕业后赴叙利亚大马士革大学学习哲学，后赴法国索邦大学留学，1968年获得伊斯兰哲学博士学位。贾丹曾先后担任科威特大学和约旦大学伊斯兰哲学与思想专业教授，并在约旦大学担任科研院院长一职。贾丹强调对阿拉伯思想和理性的关注，曾被约旦文化机构授予"年度思想人物"称号。他编写、出版了多部重要著作，如《现代阿拉伯世界伊斯兰思想家进步的基础》《时代之风：核心问题和揭示性对话》等。

四、艺术家

穆萨·希亚津是约旦著名喜剧演员，以饰演讽刺喜剧角色萨玛和艾布·萨克尔闻名。希亚津1955年生于约旦卡拉克市，虽然少时便展露出过人的表演天赋，但因求学无门未能学习表演。在通过约旦教育部的能力测试后，他与萨赫尔·奥兰、法塔赫·穆萨一起赴埃及赫尔万大学学习音乐，师从钻石乐队负责人艾哈迈德·哈桑，获得音乐教育学士学位，随后返回约旦工作，在东正教学校担任音乐教师。希亚津凭借电视连续剧《哈拉·阿布·奥瓦德》初涉荧屏，在剧中饰演萨玛，后参演电视连续剧《两个伙伴》《知识是光》等。希亚津擅长讽刺喜剧，其参演的喜剧和话剧多反映政治与社会现实问题。

拉比·谢哈卜是约旦著名演员，1956年出生于首都安曼。谢哈卜起初并未涉足演艺圈，而是效力于侯赛因青年足球俱乐部，后赴埃及开罗学习摄影，开始醉心于艺术与表演。他在约旦电视台制作的多部电视连续剧中扮演主角，其中最著名的是和纳比尔·马什尼、拉希达·达贾尼、侯赛因·易卜拉欣、穆萨·希亚津等众多明星联袂主演的电视连续剧《哈拉·阿布·奥瓦德》。1975—2003年，谢哈卜一直活跃在影坛，凭借卓越的表演技巧深受影迷的喜爱，其扮演的角色名"阿祖兹""艾尔瓦"等也成了他的"新绰号"，他在影视作品中的口头禅也被影迷口耳相传。2003年，谢哈卜因中风逐渐淡出影迷视野。

第三章 教育历史

第一节 历史沿革

一、奥斯曼帝国时期的教育（1516—1918 年）

1516 年，奥斯曼攻占叙利亚，开始了对包括约旦地区在内的大部分阿拉伯国家长达 400 年的统治。在此期间，奥斯曼帝国统治者对约旦地区的教育一直采取忽视和边缘化政策，教育甚至是他们最不关注的问题。

约旦人深知教育是人民解放和民智开化最重要的手段，因此，他们建立了知识小组和众所周知的私塾教育，使之成为解决教育问题的手段和方案。私塾除了教授宗教学以外，还教授自然科学、数学、阿拉伯语的一些基础知识。这些私塾是在部落援助制度下建成的，得到了当地居民的充分支持和个人投资。在奥斯曼帝国统治的 4 个世纪中，约旦地区的文盲率非常高，而约旦人自身的这些努力成为降低高文盲率的唯一途径。

为了安抚约旦地区的居民、巩固地区统治、获得更多利益，奥斯曼政府开始尝试性地建立了一些小学。据史料记载，最早的一所小学建立在阿杰隆省，其历史可追溯到 1872 年。但这个所谓的学校，只是镇上的一间教室，有 10 名学生在此接受教育，而这种学校也属于私塾的一种，并非完全意义上的公办学校。1882 年，霍兰区的知识部门首次对教育做出了统筹规划，在包括阿杰隆在内的县区中心设立了一些小学。这种小学通常有三四个教室，可容纳大约 150 名学生。截至 1893 年，约旦地区一共建立起 4 所此类小学，当地人为这些学校的建立做出了很大贡献，也反映出人们对知识的需求在不断增加。1900 年，在瓦迪西尔、安曼、马德巴三个县区建立了三个专门的教育办公室，供部落长老的子女接受教育。[1] 同年，在伊尔比德省出现了一所现代意义上的小学——鲁什迪学校，标志着约旦地区的教育种子在萌发新芽。

与此同时，在阿杰隆县出现了女子学校。1884 年，该地建立了第一个女子学校，有 110 名女学生在此接受教育。1886 年，侯森县和杰拉什县又增加了两所女子学校。1891 年，萨勒特县建立了一所更成熟的女子鲁什迪学校，共有 38 名学生。[2] 公立女子学校建立稍晚，大多数适龄女子未能按时入学接受教育，使约旦地区的整体教育发展情况有所滞后。

1910 年，约旦地区试图开设 20 所新小学，尽管约旦当地人愿意承担建设费用和教师薪水，并筹集了钱款用于提前支付教师的教学费用，但是奥斯曼政府仍决定阻止当地人的这一举措，理由就是被选中从事教学工作的教师没有掌握他们的语言土耳其语。

奥斯曼帝国统治时期，约旦地区的教育在不被重视的情况下艰难前行。截至 1918 年，约旦地区共建立了 39 所学校。1921 年的人口统计结果显示，该地区共有 23 万人。[3] 根据老龄化社会中儿童占总人口比例低的情况做出假设，如其中 1/4 是学龄儿童（该比例在老龄化国家是正常数值），那么有 5.75 万名学生将被分配到这 39 所学校，意味着平均每所学校约接收 1 474 名学生，这对于只有两间屋子做教室的学校来说不堪重负。

---

[1] 资料来源于约旦遗产网站。

[2] 资料来源于约旦遗产网站。

[3] 资料来源于约旦遗产网站。

在私塾教育和公立学校缓慢发展的同时，清真寺传统教育和皇家宫廷教育也在同步发展。自伊斯兰教创立以来，清真寺就是穆斯林宗教生活和文化教育的中心。清真寺教育从最初的讲授《古兰经》经文、教授宗教礼仪发展到宗教名人和著名学者设座讲学、传播知识，逐渐形成了研究宗教知识的文化中心，成为当时最大的教育机构。至于权势阶层和贵族富人，他们会选聘最好的教师来自己的府邸教授其子女宗教经典、阿拉伯语、历史文化知识和治国之道，形成上层社会特有的教育方式。

二、近代教育（1921—1946 年）

1916 年 6 月 10 日，哈希姆家族的谢里夫侯赛因·本·阿里领导并发动了阿拉伯民族大起义，并于 1918 年 9 月 30 日终结了奥斯曼帝国长达 4 个世纪的统治。1921 年，英国提出建立独立的外约旦酋长国，由侯赛因国王的次子阿卜杜拉担任埃米尔。随着国家的建立，约旦教育也随之走出阴霾，迎来了独立发展的新时期。这一阶段，外约旦的学校数量明显增加，师生人数显著提高，统一了教育大纲，明确了教育制度，初步建立了一套新的完整的教育体系，开始了现代化教育的历程。

1922 年，外约旦现代学校的数量从 0 增加到 44 所，教师达到 71 名。[1] 1923 年 5 月，外约旦第一所现代高中在萨勒特市开工修建。此后，在伊尔比德市、萨勒特市、卡拉克市相继建成多所高中。1930 年，外约旦建立了第一所技校——商业学校，招收小学毕业后未能进入中学学习的学生。"1930—1931 年，约旦的公立学校数量增加至 54 所，在校男生数量为 5 239 人，教师人数为 122 人。"[2] 与此同时，政府还广泛利用民间办学力量发展教

[1] 梁国诗. 当代约旦哈希姆王国社会与文化 [M]. 上海：上海外语教育出版社，2003：260.
[2] 梁国诗. 当代约旦哈希姆王国社会与文化 [M]. 上海：上海外语教育出版社，2003：260.

育事业。1940年，外约旦酋长国的民办小学达到500多所，数量远超公立学校。出资办学方除了民间机构和个人外，还包括外国驻约旦的外交使团，虽然外交使团建立学校的主要任务是培养外交人员的子女。

在学校数量增长的同时，外约旦也在逐步探寻完善教育体系的道路。1921年，国家设立知识部门，负责约旦初等、中等教育。1923年，外约旦酋长国召开首届全国教师代表大会，成立外约旦酋长国教育委员会；同年8月，全国教育会议召开，统一了公立学校的教育大纲。1940年9月24日，约旦正式成立知识部，该部后来发展为今天的教育部。知识部成立后立即着手制定了外约旦酋长国有史以来的第一部教育制度，对学制、教学内容等做出明确规定。

三、现代教育（1950年至今）

1950年4月24日，约旦参众两院一致通过约旦河两岸统一的决议案，统一后国名改为"约旦哈希姆王国"，阿卜杜拉一世为国王，实行君主立宪制。此后，约旦河两岸的教育均纳入设于安曼的教育部统一管理。教育部在划分教学区、颁布教育法律、制定教育制度方面采取了有效措施，使约旦教育获得了稳步发展。与此同时，约旦高等教育也逐渐起步，并随着高等教育管理部门的建立和相关法律、战略的颁布而日趋完善，约旦进入了现代教育全面快速发展的阶段。约旦教育的指导方针是：优先发展基础教育，扩大义务教育年限，加强职业教育和扫盲教育，大力发展高等教育。

1950年，知识部将约旦划分为6个教学区，分别是西岸的耶路撒冷、纳布卢斯、哈利勒（希伯伦）和东岸的阿杰隆、扎尔卡、拜勒加。由于约旦河两岸教育合并，使得约旦的"学校数量迅速增加至691所，教师人数达

3 022 人，学生总数超过 12 万人。"[1] 在教育经费方面，政府采取了国家财政拨款与民间投资相结合的方式。但是随着青年人口的不断增多和教育体系的持续扩大，约旦的教育设施和教育经费严重不足。

随着教学规模的扩大，约旦颁布了一系列法律法规，以规范、引导、支持教育发展。1952 年 6 月，知识部颁布约旦首部《普通基础教育法》，明确了校长职责、考试制度、招生与注册条件，以及学生留降级条件等内容，使约旦教育走上了正规化、法制化的道路。1956 年，约旦将知识部正式更名为教育部。1964 年，国家颁布《教育法》。1987 年，约旦召开全国教育发展大会，将教育发展划分为两个阶段：第一阶段（1988—1995 年）明确教育基本政策和教学理念，第二阶段（1996—2000 年）深化教育发展，提高教学质量。1994 年，修订后的《教育法》颁布。2002 年，教育部通过《国家教育愿景与使命》，召开教育未来愿景论坛，提出《全面战略教育计划》。该计划分为两个阶段：第一阶段（2003—2009 年）力求根据市场需求调整教育政策，第二阶段（2009—2015 年）致力于深化教育改革。2009 年，国家重新修订并颁布《教育法》。2018 年，教育部发布《教育部战略计划（2018—2022 年）》。

为了普及基础教育、提高国民素质，教育部对教育制度进行了优化。1964 年，教育部将 7 年制义务教育延长至 9 年，1988 年又延长到 10 年，并规定 15 岁及以下儿童必须接受义务教育。20 世纪 80 年代末，教育部将高中学制由 3 年改为 2 年，并将高中分为普通高中和职业高中两种，培养目标更加明确。

在初等教育和中等教育稳步发展的同时，约旦高等教育也逐渐起步。1958 年，约旦以培养教师为目的建立的"教师之家"，被视为约旦高等教育的萌芽。1962 年，在侯赛因国王的命令下，约旦建立了第一所大学——约

---

[1] 梁国诗. 当代约旦哈希姆王国社会与文化 [M]. 上海：上海外语教育出版社，2003：261.

旦大学，成为约旦最高学府。此后，约旦各省纷纷建立大学。至 2020 年，约旦全国已有公立大学 10 所，私立大学 24 所。[1] 随着高校数量逐渐增多，高等教育的管理机制与法律也逐步完善。1980 年，约旦颁布《高等教育法》。1982 年，成立高等教育委员会。1985 年，修订《高等教育法》，并将高等教育委员会更名为高等教育部。1998 年，国家再次修订《高等教育法》，取消高等教育部，由高等教育委员会取代，并将其并入教育部。2001 年 8 月，阿卜杜拉二世国王下令重建高等教育部，并取名为高等教育与科学研究部，颁布《高等教育和科学研究临时法》《约旦公立大学临时法》《约旦私立大学临时法》三部基本法律，以规范该部工作职能，并于 2013—2014 年对上述三部法律进行了修订。2004 年，约旦实施《高等教育和科学研究国家政策（2004—2006 年）》。2007 年，实施《高等教育和科学研究国家战略（2007—2012 年）》。2009 年，约旦颁布《大学法》并制定颁布《高等教育和科学研究法》。2014 年，实施《高等教育和科学研究国家战略（2014—2018 年）》。2019 年，重新修订《大学法》和《高等教育和科学研究法》，发布《高等教育与科学研究部战略计划（2019—2021 年）》。高等教育管理部门的逐渐成熟和相关法律、战略计划的颁布，为约旦高等教育发展提供了可靠保障。

除此之外，约旦的职业教育、成人教育、教师教育等多种教育也从 20 世纪 30 年代开始逐步发展，形成各有特色的教育体系，在约旦降低文盲率、培养职业技术人才、提高全民文化教育水平、加强教师队伍教学能力等方面发挥着应有的作用。

---

[1] 资料来源于约旦哈希姆王国高教与科研部网站。

第二节 教育人物

一、约旦教育大臣

约旦于 1921 年设立知识部门，负责初等、中等教育。1940 年，知识部正式成立，着手制定外约旦酋长国的首部教育制度。1956 年，国家将知识部正式更名为教育部。从教育部门成立之初至 2021 年的百年之中，共有 62 人在 106 届政府中担任知识大臣、教育大臣，他们为约旦教育发展做出了开创性的贡献，见证了约旦教育发展的每一个历史时刻。

约旦政府在确定其名称为"内阁"之前，名称数次更迭。最初组建的政府被称为"顾问委员会"，其成员叫作"顾问"，此后又更名为"咨询委员会""管理委员会""执行委员会"等，直到 1933 年，政府才最终确定名称为"内阁"，其成员为"大臣"。外约旦酋长国第一届政府成立于 1921 年 4 月 11 日，该政府当时被称为"阿拉伯东方政府"，因为政府成员是来自几个具有阿拉伯联盟主义情绪的国家。首届政府由拉希德·塔里阿担任顾问委员会主席，马兹哈尔·拉斯兰作为顾问委员会成员之一，担任司法、卫生、知识顾问，成为约旦首位知识顾问。1921 年 8 月 5 日，国王阿卜杜拉一世任命马兹哈尔为顾问委员会主席并组建新政府。作为约旦首位"教育大臣"，马兹哈尔的任期从 1921 年 4 月 11 日持续至 6 月 23 日，仅仅两个多月的工作经历很难界定他对约旦教育的贡献，因此其更多的是作为教育管理者的身份组建了约旦教育管理机构，使约旦教育在组织框架上得以发展完善。此后，约旦的每一位知识大臣和教育大臣都履行了自己的职责，他们在教育立法、教育制度、课程考试、教育督导、教师发展和教师教育、职业教育、教育现代化和知识经济，以及女性任职等方面做出了不懈的努力与开拓性变革，对推动约旦教育不断向前发展产生了积极、显著的影响。

（一）在教育立法方面

艾哈迈德·萨卡夫，1939 年 12 月 6 日至 1941 年 7 月 29 日担任知识大臣（第 5、6 届）。在他任期内，约旦于 1940 年 9 月 24 日正式成立知识部，他作为约旦政府最后一届知识主管与第一届知识大臣，具有历史性的标志意义。知识部成立后，他立即着手制定了外约旦酋长国有史以来的第一部教育制度，为日后制定教育法打下了基础。

鲁西·阿卜杜勒哈迪，1951 年 7 月 25 日至 1952 年 9 月 30 日担任知识大臣（第 21、22 届）。在他任职期间，知识部于 1952 年 6 月颁布约旦《普通基础教育法》，其中明确了校长职责、考试制度、招生与注册条件及学生留降级条件等内容，使约旦教育走上了正规化、法制化的道路。

巴希尔·萨巴格，1961 年 11 月 5 日至 1962 年 1 月 27 日、1963 年 10 月 31 日至 1965 年 2 月 13 日、1968 年 4 月 25 日至 1969 年 3 月 14 日担任教育大臣（第 46、52、53、61 届）。在他任职期间，约旦于 1964 年颁布《教育法》，其中包含教育理念、教育目标、教育基本原则、教育阶段等内容，而批准建立教育委员会取代最高课程和教材委员会是该部法律的主要亮点之一。教育委员会负责制定或更改课程和教材，实现了教材的"国有化"，对教育的发展起到了保护作用。该部法律对之前的教育法做出了较大增补，被认为是"约旦教育复兴的基石"[1]。

祖坎·辛达维，1965—1993 年担任过十余届教育大臣（如第 55、57、58、59、77、83 届）。在任职期间，他致力于制定教育战略，参与修订教育法。在他出任第 77 届教育大臣期间，约旦于 1987 年召开了全国教育发展大会，将教育发展划分为两个阶段：第一阶段（1988—1995 年）明确教育基本政策和教学理念，第二阶段（1996—2000 年）深化教育发展，提高教学

---

[1] 资料来源于《明日报》网站。

质量。在出任第 83 届教育大臣期间，他参与修订了《教育法》，并于 1994 年颁布。该法对教育部的工作、教育阶段的划分、教育委员会的职责、课程考试、教育管理等内容进行了补充和完善，被认为是约旦教育法律法规建设的又一次飞跃。

哈立德·图坎，2000 年 6 月至 2007 年 11 月担任教育大臣（第 92 届）。在他任职期间，约旦于 2002 年通过《国家教育愿景与使命》。同期，教育部组织召开教育未来愿景论坛，提出《全面战略教育计划》。该计划分为两个阶段，第一阶段（2003—2009 年）力求根据市场需求调整教育政策，第二阶段（2009—2015 年）致力于深化教育改革。

泰西尔·努艾米，2007 年 11 月至 2009 年 6 月、2011 年 1—10 月两次担任教育大臣（第 93、97 届）。他在履职过程中对约旦的教育立法工作做出了突出贡献。在他首次出任教育大臣期间，教育部第三次组织修订了《教育法》。在他第二次出任教育大臣期间，教育部于 2011 年颁布了《约旦教师工会法》。该法共有条款 30 项，其中规定了教师工会的组织结构、工作目标、会员资格、权利义务、入会流程、选举方式等内容。

穆罕默德·祖奈巴特，2013 年 8 月至 2017 年 1 月担任教育大臣（第 102 届）。他在任职期间，于 2016 年开始组织修订《约旦教师工会法》并于 2018 年颁布。

奥马尔·拉扎兹，2017 年 1 月至 2018 年 6 月担任教育大臣（第 103 届）。在他任职期间，教育部于 2018 年发布《教育部战略计划（2018—2022 年）》。该战略计划分析了约旦当前的教育形势，确定了教育的优先发展领域，规定了教育管理和评价机构的职责，明确了实施战略的资金来源情况，指出了在教育领域需要形成的伙伴关系和协调关系，是约旦教育发展的里程碑式文件。

（二）在教育制度方面

穆罕默德·尚基提，曾 6 次担任教育大臣（第 15—18、43、44 届）。拉菲格·艾勒侯赛尼，1961 年 6 月 28 日至 1961 年 11 月 5 日担任教育大臣（第 45 届）。上述两位教育大臣在 1959—1961 年对约旦学制进行了改革。自约旦教育现代化开始之时，基础教育学制起初是 11 年，分别为小学 6 年，初中 3 年，高中 2 年。高中二年级结束后，学生参加毕业考试。该制度一直持续到 1961 年，此后，教育部在高中 2 年制的基础上增加了一年"预科学习"，并于 1962 年举行了第一次预科考试。

巴希尔·萨巴格，1961—1969 年间 4 次担任教育大臣。在他任职期间，约旦于 1964 年颁布《教育法》，其中在学制方面将 7 年制义务教育延长至 9 年，扩大了约旦义务教育的覆盖范围。

阿卜杜赛拉姆·艾勒穆贾里，1976 年 11 月 27 日至 1979 年 12 月 18 日担任教育大臣（第 72 届）。在任职期间，他对约旦教育的诸多方面进行了细化调整，其中包括引入学期制，将一学年划分为两个学期；允许公民注册任何年龄段的夜校；减少学校的课程规模，加强基础知识的讲授等。

祖坎·辛达维，曾 11 次担任教育大臣。1986 年 10 月 4 日至 1989 年 4 月 24 日在他任第 77 届教育大臣期间，教育部于 1987 年组织召开了全国教育发展大会，1988 年对教育大会的相关决定相继落实：将幼儿园教育正式纳入教育部规定的教育阶段，使学前教育正规化、法制化；将义务教育年限延长至 10 年，规定 15 岁及以下少年儿童必须接受义务教育；将高中学制由 3 年改为 2 年，并将高中分为普通高中和职业高中两种，对学生进行目标更加明确的培养。至此，约旦形成了沿用至今的学习阶段与学制体系，即学前教育、初等教育（相当于小学教育和初中教育）和中等教育（即高中教育）。学前教育一般为 2 年，初等教育为 10 年一贯制免费义务教育，中等教育为 2 年制非义务教育。

（三）在课程考试方面

艾迪卜·瓦赫巴，1921 年 8 月 8 日至 1923 年 7 月 3 日、1924 年 9 月 12 日至 1935 年 9 月 25 日在政府担任知识主管（第 2、4 届）。这一时期是约旦知识部门建立后的初创阶段。1923 年，外约旦酋长国召开了首届全国教师代表大会，成立了外约旦酋长国教育委员会；同年 8 月，全国教育会议召开，统一了公立学校的教育大纲。艾迪卜·瓦赫巴在确定教育大纲、明确课程设置、规定授课教材等方面发挥了一定的作用。

哈立德·图坎，2000 年 6 月至 2007 年 11 月担任教育大臣（第 92 届）。他在任职期间于 2005 年优化完善了课程体系。该课程体系一直沿用至今。他重视培养学生的批判性思维和创新精神，并将相关教学内容加入基础教育前三年级的教材之中。

穆罕默德·祖奈巴特，2013 年 8 月至 2017 年 1 月担任教育大臣（第 102 届）。在任职期间，他致力于组织约旦普通中等教育证书考试，规定学生必须完成 2 年的学前教育、9 年的初等教育和 2 年的中等教育（或 10 年的初等教育和 1 年的中等教育）才能参加考试，只有通过考试并获得良好成绩的学生才能申请升入大学继续学习。

奥马尔·拉扎兹，2017 年 1 月至 2018 年 6 月担任教育大臣（第 103 届）。他任职期间是"约旦教育的黄金时期，甚者可以说是钻石时期"，[1] 他成功制定了约旦普通中等教育证书考试规则。同时，他关注学校活动，注重消除普通中等教育证书考试中存在的弊端，提高了民众对考试的满意度，以至许多人认为他的教育成就是日后他成为首相的重要原因。

---

[1] 资料来源于《明日报》网站。

（四）在教育督导方面

巴希尔·萨巴格和伊卜拉欣·卡坦，分别担任过第 46 届教育大臣和第 47 届教育大臣。在他们任职期间，教育部开始规划教育监督工作。萨巴格认为监督是发展教育的第一工具，因此教育检查员要经常与教师保持联系。1961 年，教育检查员巡视了数所学校，标志着全国教育检查工作的开始。检查工作持续了一年时间，直到 1962 年杰里科教育大会才中止。根据杰里科教育大会的决定，"检查"的名字变更为"技术指导"，教育检查员变成教师指导员，其职责范围有所扩大，工作内容更加具体，并非单纯的监督员或审查员。

祖坎·辛达维，在第 62—65 届、第 70—71 届任职期间，持续关注并改进教育监督工作。1975 年 2 月，教育部在亚喀巴召开了有史以来规模最大的一次教育会议，会议其中一项内容是确定教育监督工作的发展方向和实施计划。教育部决定用教育督导取代技术指导，将教师指导员变更为教育主管，旨在通过分析影响教育的一切因素来支持教师自身发展，督促教育有序开展。

哈立德·艾勒欧姆里，1993 年 5 月 29 日至 1994 年 6 月 7 日担任教育大臣（第 84 届）。为做好教育监督管理，他在任职期间曾专门负责该项工作，从机制、内容等多方面着手进行改革，取得了一定的成效。此外，他还致力于使学校成为一个独立的行政单位，由地方理事会参与管理，各方共同加强建设和督导。

（五）在教师发展和教师教育方面

穆德尔·巴德兰，1973 年 5 月 27 日至 1974 年 11 月 23 日担任教育大臣（第 69 届）。他在任职期间，对教师待遇与个人发展十分关注，制定了对学校运行模式产生积极影响的政策，其中最突出的是 1974 年教育部决定为教师发放技术津贴。此项决定在很大程度上提高了教师的工作热情与积极性，促进了教育的发展。

穆罕默德·谢菲格，1979 年 12 月 19 日至 1980 年 8 月 27 日担任教育大臣（第 73 届）。他因致力于制定职业行为道德准则而闻名，对提高教育从业者的整体素质发挥了作用。

阿卜杜拉乌夫·拉瓦巴黛，1994 年 6 月 8 日至 1996 年 2 月 4 日担任教育大臣（第 85、86 届）。在他任职期间，教师待遇得到了进一步提高。首先，教育部提高了教师住房贷款额度，并免除贷款利息。其次，根据相关制度，教育部逐步将教师津贴提高了 1 倍。再次，为了鼓励教师发展，他主张建立教师等级制度。约旦教师等级划分就始于 1995 年他的任期之内，遗憾的是教育部制定的教师等级制度至今仍未实现其预期目标，给予教师如专家、顾问等职业称号的想法也未得到全面推广和落实。最后，他还提出了一些有利于教育发展的设想，突破了以大学为主导的约旦教育思想的限制。在他的领导下，教育部开始向各所大学输出先进的教育理念。这种变化无疑提高了教育部的地位与话语权，加深了教育部在教育管理和发展过程中的参与度。

艾扎特·贾拉达特，1999 年 4 月至 2000 年 6 月担任教育大臣（第 91 届）。在任职期间，他重视维护教师权益，号召通过提高教师待遇来激发教师的工作动力。他认为对教师的投资非常必要，呼吁约旦政府保障教师应有的权利和待遇，但与此同时，教师也应承担起分内的责任与使命。在他看来，对教师的投资就是对未来的投资，只有加大对教师的投资，才有可能创造更多更优秀的人力资源。他建议政府批准教育资助计划，每年固定为教师发放不少于工资 10% 的津贴作为奖励，在 10 年内津贴总额达到工资的 2 倍。他认为教育复兴需要走差异化、创新化的道路，为此，国家要采取稳定的政策，每年不断增加教育津贴。他认为，此举是激励教师创新高效地工作的最有效途径之一。

穆罕默德·尚基提，6次担任教育大臣。他在任职期间，着手发展约旦的教师教育。自20世纪50年代以来，约旦以培养教师为目的建立的"教师之家"，被视为约旦高等教育的萌芽，为日后各地成立师范学院打下了基础。此后，约旦相继开设了多家师范学院。成立时间较早的有安曼师范学院，接着是胡瓦拉教师之家和哈尼纳教师之家，再之后成立的比较著名的师范学院有阿利亚师范学院、拉马拉师范学院、阿杰隆师范学院等。师范学院和"教师之家"的运作及推广为培养教师发挥了重要作用，弥补了教育发展过程中师资短缺和教师水平偏低的短板。

伊斯哈格·艾勒法尔罕，1970年10月28日至1973年5月26日担任教育大臣（第68届）。在他任职期间，教育部于1971年成立了教育培训中心，承担起教师技能培训的工作，使教师培训工作逐渐脱离了师范学院。该教育培训中心一直运营到1990年，后来与其他机构进行了整合。

阿卜杜赛拉姆·艾勒穆贾里，1976年11月27日至1979年12月18日担任教育大臣（第72届）。在他任职期间，教育部与约旦大学的关系一度紧张，因为阿卜杜赛拉姆要求约旦大学承担师资培训的任务，但约旦大学教育学院院长赛义德·泰勒以不能破坏大学职能为由拒绝了该要求。1980—1984年，二者互换角色，赛义德出任教育大臣，阿卜杜赛拉姆担任约旦大学校长，赛义德要求约旦大学承担师资培训工作，而阿卜杜赛拉姆以同样的理由拒绝了该要求，这使得当时的教师培训工作一度相当艰难。

赛义德·泰勒，1980年8月28日至1984年1月10日担任教育大臣（第74届）。在任职期间，他对约旦教育进行了一项重大改革，主张建立社区学院，拓展社区学院课程，并用其取代师范学院。对此举带来的成效，人们褒贬不一，但当时教育界大多发出的是批评的声音。约旦学者祖坎·阿比达表示，"我很难对这种变化做出评价，一些人认为社区学院取代师范学院是灾难性的变化，因为这使教师失去了职业身份，使培养教师的环节变得薄弱，以至于很多教育从业者仍然要求恢复师范学院，以便其能再次发挥作用，重新培养教师"。[1] 社区学院虽然有其存在的必要性和独特的作用，但是在教师培训工作尚未由约旦大学承担之前，用其取代师范学院或者说将师范学院转变成社区学院的做法对当时约旦师资培养和教师素质的提高效果甚微，被认为"这最终导致了培养优秀教师环节的停滞，尤其是在教师培训机构在运营期间已经制定好了教师培训计划的情况下"。[2]

穆罕默德·哈姆丹，1989 年 12 月 7 日至 1990 年 6 月 18 日担任教育大臣（第 80 届）。他在任职期间，致力于解决教师教育的遗留问题。在教育部与约旦大学就教师培训问题进行了一番讨论协商之后，1990 年，教师资格培训成为约旦大学的一个学士学位项目，教育部后将其经验在全国高校推广，使教师教育的质量有所提高，教师培训机构趋于稳定，全国师资储备能力得到加强。他于 1998 年 2 月 18 日至 1999 年再次担任教育大臣，其间，教育部工作相对平稳，各界满意度较高。

（六）在职业教育方面

艾迪卜·瓦赫巴，在他任职期间，国家开辟了职业教育的道路。外约旦于 1924 年建立了第一所基础手工艺学校，教授木工、锻造、制鞋和地毯纺织等技术，是约旦职业教育的雏形。1930 年，外约旦建立了第一所技校——商业学校，招收小学毕业后未能进入中学学习的学生。

艾哈迈德·图坎，1953 年 5 月 5 日至 1954 年 5 月 2 日第三次担任教育大臣（第 24 届）。安瓦尔·努赛巴，1954—1955 年担任教育大臣（第 25、26 届）。赛义德·阿拉丁，1955 年 5—12 月担任教育大臣（第 27 届）。上述几位教育大臣在任职期间，见证了约旦职业教育的上升与发展。自 20 世纪 50 年代开始，约旦开始关注职业教育，并逐渐推广职业培训。1953 年，约

---

[1] 资料来源于《明日报》网站。

[2] 资料来源于《明日报》网站。

旦建立了第一所工业学校，培养机械、电气、工程等专业的学生。1955 年，约旦建立了多所商业学校，为学生提供经济、贸易、管理等方面的课程。在这一阶段，教育部将职业教育与培训正式纳入国家现代教育体系之中。

巴希尔·萨巴格不仅在完善约旦教育学制方面做出了贡献，对加强约旦职业教育的发展也起到了推动作用。在他任职期间，教育部在全国范围内大力兴办职业教育，在中等教育阶段实行分科培养，将高中分为普通高中和职业高中两种类型，促使约旦教育向学术化和职业化发展。职业高中设有工业、农业、商业、护理、酒店管理等专业，为学生投入社会工作或接受更高级别的职业教育做准备。同时，职业教育的发展在该时期还得到了法律的支持。1964 年颁布的《教育法》规定，要加强约旦的职业教育，推广中等职业教育，增加职业教育学校数量。

伊斯哈格·艾勒法尔罕不仅在约旦教师发展和教师教育方面做出了贡献，对推动约旦职业教育的发展也起到了很大的作用。在他任职期间，教育部于 1972 年设立了职业教育司，以便更加规范地管理和支持职业教育的发展。20 世纪 70 年代，约旦职业教育继续发展，国家开办了多种职业学校，并成立了专门的职业教育管理机构。

祖坎·辛达维担任教育大臣时，除了关注教育监督工作，还非常关心约旦职业教育的发展。在他任职期间，约旦于 1976 年颁布第 35 号临时法案，组织成立职业培训公司，提供理论和实践方面的职业培训。虽然该职业培训公司隶属于劳工部，但在实际工作中得到了祖坎的大力支持。

在约旦职业教育发展进程中，还有两位教育大臣值得一提：阿卜杜赛拉姆·艾勒穆贾里和曼泽尔·艾勒摩斯里。在前者任职期间，教育部于 1978 年 10 月成立了教育项目理事会，推动了职业教育朝着多样化、科学化的方向发展。后者在任职期间，尊重员工，重视建立崇高的教师职业道德，对发展职业教育表现出了浓厚的兴趣。

（七）在教育现代化和知识经济方面

哈立德·图坎在任职期间为约旦教育做出了许多贡献，其中最重要的就是在技术教育和教育现代化方面投入了大量的精力。他致力于将技术整合到教育之中，为教师组织专题技术培训，为学校配备计算机和互联网，使约旦教育现代化迈出了坚实的一步。在他任职期间，约旦于2002年召开了教育未来愿景论坛，使约旦教育思路开始朝着知识经济的方向发展。他还组织筹备了知识经济教育改革计划，为约旦教育带来了新的理念与机遇。

泰西尔·努艾米，2007年11月至2009年6月、2011年1—10月两次担任教育大臣（第93、97届）。在他任职期间，教育部开始实施《知识经济教育改革计划》。值得注意的是，他特别关注学前教育，将其视为推进知识经济建设的重要一环。"虽然约旦的幼儿园入园率与发达国家相比并不高（2005年为38%），但已比许多阿拉伯国家16%的平均入园率高出一倍多。约旦近年来日益注重早期幼儿教育，其推行的知识经济教育改革计划的一个重点就是借由创立公共幼儿园来增加贫困家庭子女的入学机会，希望通过提供这样的教育倾斜政策能有效地促进社会公平。"[1]在他任职期间，教育部还积极完善教育管理制度与策略，保证面向贫困儿童的公共教育能够更加优质化。

（八）在女性任职方面

在祖坎·辛达维、穆罕默德·艾勒阿米里、曼泽尔·艾勒摩斯里和巴希尔·萨巴格任职期间，教育部出现了任命女性担任主要领导职务的情况。1968年，莱比芭·萨拉赫被任命为地方教育局局长，此后长期担任这一职

---

[1] 冯晓霞，周兢. 构筑国家财富——联合国教科文组织首届世界幼儿保育和教育大会简介 [J]. 学前教育研究，2011（1）：26.

务直至 20 世纪 70 年代末。女性担任教育部门重要领导岗位，在约旦教育领域是一次大胆的突破，而女性异于男性的思维方式和教育观念也给约旦教育带来了新的活力。四位教育大臣，尤其是多次出任教育大臣的祖坎，对女性任职给予了很多关注与支持。

在曼泽尔·艾勒摩斯里任职期间，约旦教育部产生了第一位女性教育主管——瓦特法·艾勒贾比。如今，越来越多的女性在教育部和地方教育局担任重要领导职务。

除此之外，有些教育大臣尽管任期很短，但也取得了一些成就，如 2012 年 4—10 月担任第 99 届教育大臣的法伊兹·苏欧迪。虽然其履职期限仅有 6 个月，但是在工作中仍有一些创新之处。例如，他使用一些著名教育家的名字命名教育部的各个厅堂；曾着手建立一个关于教育的问题库，以便从以往教育大臣的经验中受益，科学地应对约旦教育面临的问题。

上述教育大臣的工作、主张和任期内的举措反映了约旦教育在诸多方面的变化发展，也彰显了他们的贡献和成就。虽然约旦历届教育大臣都履行了自己的职责，但并非每位大臣都成就显著，然而他们给约旦教育带来的种种变化却值得关注。

二、约旦高教与科研大臣

约旦高等教育事业是建立在已故国王侯赛因执政期间打下的坚实基础之上，在阿卜杜拉二世国王执政时期得到了进一步的巩固和发展。约旦高等教育之所以能够迅速发展，很大程度上要归功于阿卜杜拉二世国王的关注与重视。阿卜杜拉二世一直将高等教育作为国家发展的优先事项，致力于树立区域教育强国、世界教育大国的国家形象，主张培养具有创新创造能力和符合时代精神的高质量技术人才。在此理念下，约旦高等教育取得了快速进步，约旦公立和私立高等教育机构进入了"一个全新的黄金时代，一个杰出的伟大时代"[1]。

1980年，约旦颁布《高等教育法》；1982年，高等教育委员会成立；1985年，高等教育委员会更名为高等教育部；2001年，高等教育部重建并更名为高教与科研部。自高等教育委员会成立至2021年，共有24人先后担任高教与科研大臣。尽管他们当中的大部分人并非出身教育专业，但他们在制定高等教育法律制度、建立高等教育机构、推动科研创新方面为约旦高等教育发展做出了卓越贡献，在约旦教育兴国战略中发挥了重要作用。

（一）在制定法律制度、战略规划方面

伊卜拉欣·卡坦，1962年1月27日至1962年12月2日负责高等教育工作。在其任职期间，国家出台了《高等教育政策制度》，成为规范高等教育的初始文件。

穆罕默德·努里·谢菲格，1979年12月19日至1980年8月27日负责高等教育工作。在他任职期间，约旦于1980年颁布了《高等教育法》。该部法律的颁布被认为是约旦高等教育法制化管理的开端。

纳赛鲁丁·艾拉阿萨德，1985年4月4日至1989年4月24日、1989年4月27日至12月6日两次担任高教与科研大臣。任职期间，他作为约旦高等教育委员会成员，参与制定了1985年颁布的《高等教育委员会法》。同年，高等教育委员会修订《高等教育法》，并将高等教育委员会更名为高等教育部，由他担任首位高教与科研大臣。纳赛鲁丁两次担任约旦大学校长，是阿拉伯国家大学中倡导阿拉伯文化教育的先驱，首先提出大学中第一个建立的学院应该是文学院，第一个成立的系应该是阿拉伯语系。正是在他

---

[1] 资料来源于阿蒙新闻网站。

的号召与努力下，阿拉伯语作为民族语言在约旦得到了快速稳定的发展，阿拉伯文化实现了积极健康的传播，使约旦高等教育走在了阿拉伯国家前列。

曼泽尔·艾勒摩斯里，1997年3月19日至1998年2月17日担任高教与科研大臣。此前，他曾担任教育大臣。在其担任高教与科研大臣期间，约旦于1998年颁布修订后的《高等教育法》，取消高等教育部，由高等教育委员会取代，并将其并入教育部，由曼泽尔负责高等教育事务。

哈立德·图坎，三次担任高教与科研大臣。此前，他曾担任教育大臣。2001年8月，阿卜杜拉二世国王下令重建高等教育部，并取名为高教与科研部，哈立德被任命为高教与科研大臣。上任后，他组织制定了《高等教育和科学研究临时法》《约旦公立大学临时法》《约旦私立大学临时法》，用以规范高教与科研部的工作职能和流程。在他第二次出任高教与科研大臣期间，约旦于2007年开始实施《高等教育和科学研究国家战略（2007—2012年）》。

艾萨姆·扎阿卜拉维，2003年10月25日至2005年4月5日担任高教与科研大臣。在其任职期间，约旦于2004年开始实施《高等教育和科学研究国家政策（2004—2006年）》。

瓦利德·艾勒马阿尼，四次担任高教与科研大臣。在其任职期间，约旦于2009年颁布《大学法》并重新修订颁布《高等教育和科学研究法》。2019年1月22日至10月27日，他再次出任高教与科研大臣。其间，约旦于2019年发布《高等教育与科学研究部战略计划（2019—2021年）》。

艾敏·马哈茂德，2013年3月30日至2015年2月28日担任高教与科研大臣。在其任职期间，约旦于2014年实施《高等教育和科学研究国家战略（2014—2018年）》。

瓦吉赫·欧维斯，四次担任高教与科研大臣。在任职期间，他参与制定了《国家人力资源开发战略（2016—2025年）》。该计划包含高等教育部门的发展路线图，即为民众提供公平的学习、就业机会；提高科研产出的标准、质量和教学水平；激励大学在实现国家目标过程中承担更大的责任并实行问责制；在教学过程中采用最佳的国际实践模式；提高有关各方对高等教育重要性的认识。

阿迪勒·图维西，2016年9月28日至2018年10月10日担任高教与科研大臣。在他任职期间，约旦于2018年颁布修订后的《高等教育和科学研究法》，规定了约旦高等教育部门要实现的目标，明确了高等教育委员会及高教与科研部各自的职责和权力，其中包括在高教与科研部成立科研和创新支持基金。2018年，修订后的《大学法》颁布。该法规定了约旦各个大学从建立前期的准备条件，到成立之后每所大学及其各理事会的权力和任务。这部法律赋予了大学更多的财政和行政权力，旨在通过增强大学的独立性实现大学创建的预期目标。除上述法律外，高教与科研部还发布了一系列规范高等教育部门工作的规章制度和准则规范。高等教育管理部门的逐渐成熟和相关法律、战略计划的颁布，为约旦高等教育发展提供了保障。

（二）在高等教育机构建设方面

约旦采用QS世界大学排名标准对国内大学进行定位。2019年，约旦国内有2所大学排名位居阿拉伯世界前10名，分别是约旦大学（排名第8）和约旦科技大学（排名第10）。至于在全球范围内，这2所大学则处于第601—650名。该名次反映出在世界大学排名规则下，约旦高等教育在阿拉伯世界处于领先地位，但是与世界一流大学相比仍有较大差距。因此，高教与科研部的领导者们都在为提高高等教育质量、朝着世界一流大学方向发展不断贡献力量。

纳赛鲁丁·艾拉阿萨德，两次担任高教与科研大臣。他是约旦大学的创始人、第一任校长，高等教育部第一任教育大臣，同时也是第一位对贾希利叶诗歌起源进行理论研究的学者。作为约旦大学第一任校长，他参与并见证了约旦最高学府从酝酿筹备到建立运行的过程。1962年2月，首相瓦斯菲·泰勒组建政府，他制定了一份报告并提交给侯赛因国王，其中提及建立一所大学的必要性。侯赛因国王于1962年2月9日发布皇家法令，要求组建皇家教育委员会。该委员会成立后向美国教育专家借鉴经验，并为高等教育制定了一项发展制度，其中第4条规定："公立部门和私立机构都应致力于建立一所约旦大学，以满足日益增加的高等教育的需求，并可以授予主要教育机构认可的大学学位。"教育委员会建议：建立教育学院，学制4年，开设能授予学士学位的课程；成立农学院，开设两年的课程作为预科；选拔一名具有经验和能力的前政府官员担任校长，大学学术委员会由校长和教师构成。同年，约旦建立了第一所正规大学——约旦大学，也是约旦的最高学府，纳赛鲁丁作为大学创始人被任命为首任校长。因为约旦当时重视农业发展，所以选择了农业部所在地安曼朱拜哈区作为约旦大学的校址，以便未来建立农学院，为国家农业部门发展做贡献。1981年，约旦发布皇家法令，建立穆塔大学军事校区。纳塞鲁丁在任职期间，组织穆塔大学修建了大学民用校区。至此，穆塔大学的军事和民用双职能校区建成，从约旦各大学中脱颖而出。同年，约旦科技大学从雅尔穆克大学分离出来，成为一所独立运作的公立大学。此后，约旦科技大学发展迅猛，不仅在约旦教育领域获得了突出的地位，更成为享誉中东地区的高等教育机构。在纳塞鲁丁最后一届任期内，约旦于1989年成立了第一所私立大学。

艾瓦德·哈利法特，1991年11月21日至1993年5月29日担任高教与科研大臣。1989—1991年，他曾担任穆塔大学校长。其间，他着力提高该大学的声誉，使其能与约旦其他著名高校齐名。尽管学校财政状况不景气，但他还是克服种种困难，对教学楼和报告厅进行了扩建，扩大了学校的建筑规模，并完善了民用校区及其各院系的建设工作。他制定了许多可以充分实施的教学计划和课程，出台了一系列严格的管理规章和明确的教学制度，以规范日常工作，从而使学校在行政管理、教学发展、院系建设方面都有了质的转变。在他的领导下，穆塔大学得以发展壮大，许多学生能更好地潜心学业。在担任高教与科研大臣期间，他见证、参与了阿勒拜伊特大学从筹划到成立的全过程。1992 年 8 月 17 日，约旦发布一项皇家法令，决定成立阿勒拜伊特大学。同年 12 月 16 日，政府又发布一项皇家法令，批准成立阿勒拜伊特皇家委员会，由王储哈桑·本·塔拉勒担任主席，来自约旦和伊斯兰世界其他国家的杰出学者和知识分子担任委员会成员，共同推进学校的建设工作。1994 年 10 月，该校正式开学。

阿卜杜拉·努苏尔，1996 年 2 月 4 日至 1997 年 3 月 19 日担任高教与科研大臣。任职期间，他为拜勒加应用大学的成立与发展做出了实质性贡献。1996 年 8 月 22 日，约旦颁布一项皇家法令，决定建立拜勒加应用大学，并于 1997 年开始招生。经过二十余年的发展，拜勒加应用大学已成为工程学领域应用教育的佼佼者。

艾萨姆·扎阿卜拉维，2003 年 10 月 25 日至 2005 年 4 月 5 日担任高教与科研大臣。在他任职期间，在阿卜杜拉二世的支持下，根据约旦高教与科研部同德国高等教育部签订的协议，约旦于 2004 年 10 月建成约旦德国大学。2005 年 1 月，约旦发布皇家法令，建立塔菲拉技术大学，同侯赛因·本·塔拉勒大学一起，共同促进约旦南部地区各省的高等教育发展。

艾敏·马哈茂德，2013 年 3 月 30 日至 2015 年 2 月 28 日担任高教与科研大臣。此前，他曾担任宰图纳大学、阿拉伯安曼大学和佩特拉大学的校长。在担任高教与科研大臣期间，艾敏注重同波斯湾地区的阿拉伯国家进行高等教育方面的交流，积极学习对方的先进经验，寻求与阿拉伯兄弟国家之间实施联合教育和文化发展项目。他注重发展妇女教育，提出通过增加大学董事会中女性代表的数量来提高妇女在行政和监督体系中的参与度和融合度，通过规范教育和公共部门的政策来加强赋予妇女权利的机制。值得一提的是，在艾敏担任高教与科研大臣期间，中约两国政府签订了高等教育合作计划，中国地质大学（武汉）成为中约大学的中方合作院校，中国首个约旦研究中心成立。在筹备建立中约大学的前期，艾敏在该项目的初始方案、运行机制、院系设置、培训课程、文凭发放等方面积极参与。[1]

拉比卜·哈德拉，2015 年 3 月 1 日至 2016 年 5 月 29 日担任高教与科研大臣。约旦德国大学建成后，拉比卜于 2005—2013 年被任命为该大学校长。在担任高教与科研大臣期间，他积极践行阿卜杜拉二世国王关于改革、民主化、加强廉政的理念，改革意识明确，积极落实教育发展愿景，努力使约旦高等教育的未来朝着正确的方向发展。此外，拉比卜重视通过发展职业技术教育解决青年人就业问题。他积极调整学费政策，减轻学生经济负担；通过公平竞争的方式录取优秀生源；提出通过促进大学与各个经济部门和行业工会协商制定学习计划，为实习生支付薪水，为杰出人才提供工作机会等方式，以促进学生就业。同时，他还促成了王储基金会与高等教育机构和其他国家机构以及专业工会合作，以推进技术教育发展。

阿迪勒·图维西，2016 年 9 月 28 日至 2018 年 10 月 10 日担任高教与科研大臣。1999 年 4 月，约旦发布皇家法令，将穆塔大学马安分校扩建为侯赛因·本·塔拉勒大学，并将其迁至新校区，阿迪勒被任命为侯赛因·本·塔拉勒大学创始校长。2005 年，阿卜杜拉二世国王为他颁发一等独立奖章，以表彰他为建立该大学所做的努力。图维西在担任高教与科研大臣期间，响应阿卜杜拉二世国王的号召，不提高公立大学学费，以帮助学生减轻经济负担。他还推动制定大学医学系的认证标准，号召大学与当地企业合作，呼吁企业将收益的一部分投资大学发展。在教育交流方面，他呼吁约旦高校与其他国家尤其是阿拉伯国家的高校和学术研究机构开展交流，特别是加强教师学术

---

[1] 资料来源于《意见报》网站。

互访、学术会议和研讨会交流，以获取相关领域的成功经验。此外，他欢迎世界各国的留学生到约旦留学，希望通过招收一定数量的留学生来提高约旦大学的国际声誉。

阿兹米·穆哈法扎，2018 年 10 月 11 日至 2018 年 11 月 1 日担任高教与科研大臣。巴萨姆·泰勒胡尼，2018 年 11 月 4 日至 2019 年 1 月 21 日担任高教与科研大臣。瓦利德·艾勒马阿尼，四次担任高教与科研大臣。2018—2019 学年，高教与科研大臣几次变更，反映了该部工作运行的不稳定，但是这三位大臣均致力于扩大高等教育教学规模，使约旦的大学师生数量、留学生数量与以往相比有了显著增加。此外，在确保残疾学生在大学教育中享有平等权利方面，上述大臣也有所贡献。2018—2019 学年，约旦公立和私立大学在校残疾学生数量达到 1 112 人。[1]

除了在上述两方面取得成绩的高教与科研大臣外，约旦其他高教与科研大臣也在高等教育领域做出了相应的贡献。例如，高教与科研部同公立和私立高校一道，每年通过学生支持基金向大学生提供助学金、奖学金和贷款，使他们能够完成学业。这些助学金、奖学金和贷款发挥了重要的作用，每年有 4 万多名学生从中受益，意味着 4 万多个约旦贫困家庭的经济负担得到减轻。高教与科研部一直努力扩大受益学生的规模，从该基金成立至 2017 年，约有 32.2 万名学生获得上述基金，金额约 2.5 亿约旦第纳尔。[2]

高教与科研部及其前身自成立以来，一直致力于提高高校行政管理水平、学术产出质量和学生高阶创新能力，最突出的成就是建立了一批高等教育机构，获得了国际上对约旦高等教育成果的认可。在扩大高等教育规模、提高高等教育影响力方面，高教与科研部着重发展大学和学院，使其成为产出创造性思想、熟练劳动力和先进生产力的"工厂"；不断优化大学学术专业设置，扩大满足劳动力市场需求的应用型专业和技术型专业规模，

---

[1] 资料来源于阿蒙新闻网站。

[2] 资料来源于《意见报》网站。

使发展停滞和饱和的专业招生合理化，以降低大学毕业生的失业率；致力于在健康、科学的基础上提供良好的学术环境，为培养人才做出贡献。在高教与科研部、各高等教育机构和社会各界的努力下，约旦高等教育得到了长足的发展，约旦的毕业生作为区域高质量人才受到了广泛赞誉，对改善国家经济也起到了推动作用。同时，约旦作为高水平人才的重要区域输出国，吸引了大批外国留学生赴约学习，这不仅提高了区域内知识经济的发展，也大大增加了国民收入。在此过程中，历届高教与科研大臣都做出了不懈的努力，虽然他们并非人人都是教育家，但是他们为约旦高教事业创造的成果和做出的贡献却值得肯定与铭记。

第四章 学前教育

学前教育虽非义务教育，但作为约旦完整教育体系的重要组成部分，被视为国民终身学习的起点。近年来，约旦政府和社会都非常重视学前教育，国家推出一系列支持政策，推动学前教育发展。但与此同时，约旦学前教育的高水平可持续发展也受到经济支撑较弱、地区局势动荡、难民涌入等问题的冲击和影响，未来仍面临较大挑战。

第一节 学前教育的发展现状

约旦学前教育学制为两年，分为一年级与二年级（KG1 和 KG2）。学前教育于 1994 年正式纳入国家教育体系，分为公立与私立，私立学前教育起步与发展早于公立，规模也大于公立。现阶段，约旦学前教育得到政府的关注与支持，在数量与质量上均有较大提升。

一、学前教育概况

（一）总体情况

约旦的私立学前教育起步早，是约旦学前教育的主要支撑力量。相比之下，公立学前教育则起步较晚。1994 年颁布的约旦《教育法》对发展学前教育做出规定："学前教育阶段不超过两年，是约旦国民教育体系中的一环。""教育部将制定阶段性计划，在其能力范围内建立公立幼儿园和学前班。"至此，国家开始规划发展公立学前教育。

1999 年，约旦教育部制定并发布学前教育阶段性发展计划，旨在扩大学前教育规模，提高教育质量，提出每年在未被私立幼儿园覆盖的偏远地区和贫困地区开设 50 个学前班。2002 年，约旦教育部要求所有新建成的学校都必须配套建设学前班。2003 年，约旦政府在世界银行等 10 个国际组织的支持下，筹款 3.8 亿美元，实施第一阶段为期五年的"面向知识经济的教育改革计划"，旨在从学前教育阶段开始改革教学内容和教育模式，提高教育管理部门和教育机构的工作效能，进而提高约旦在知识经济中的竞争力。[1] 2009 年，第二阶段的"面向知识经济的教育改革计划"启动，明确提出继续扩大公立学前教育机构数量、提高服务质量并努力实现入园机会平等。此后，约旦《国家人力资源开发战略（2016—2025 年）》以及《教育部战略计划（2018—2022 年）》相继发布，均强调要克服约旦教育体系面临的内外挑战，特别是在教育机会均等、教育质量提升、问责制建设、创新与思维能力培养等方面做出更大努力，提出学前教育应当提高质量，为终身学习铺平道路。

近年来，约旦人口数量增长较快，民众对学前教育重要性的认知逐渐加深，约旦职业女性数量不断上升，以及约旦政府发出将 KG2 纳入义务教

---

[1] 资料来源于联合国教科文组织网站。

育体系的信号，这些因素都使得约旦国内对于学前教育的需求日益增长，对进一步深化改革的呼声也愈发强烈。

（二）学制

1994 年颁布的《教育法》将约旦学前教育正式纳入国家教育体系，但不属于强制性义务教育。在约旦，学前教育学制为两年，分为一年级（KG1）和二年级（KG2），KG1 由社会发展部负责，KG2 由教育部负责。入园儿童的常规年龄为 4 岁或 5 岁。约旦学前教育分为公立和私立，公立学前教育免费，无须缴纳任何学杂费。

目前，约旦政府正致力于将 KG2 纳入义务教育体系中。《教育部战略计划（2018—2022 年）》中曾提出这一发展目标。2019 年 7 月，时任约旦首相奥马尔·拉扎兹在教育部主持会议时，也曾提出"政府将从 2020 年 9 月开始，逐渐将 KG2 纳入义务教育体系"[1]。但由于新冠肺炎疫情暴发，这一举措目前尚未得到落实。

（三）招生

根据约旦现行法律法规，学前教育机构负责人需要通过至少两种途径（广播、公共场所广告等）宣布入园申请季开始。申请季为每年 5 月一整月，申请材料包括儿童的出生证明副本、疫苗接种卡原件、家庭户籍副本、照片、个人信息表、医疗报告（非必需）等。残障儿童需提供官方机构认证的医疗报告。轻度残障儿童经教育主管部门审批后，可与普通学生一同录取和学习，不做区分。

---

[1] 资料来源于约旦王国电视台网站。

公立学前教育机构的入园标准相对单一，年龄是最重要的入园依据。在名额有限时，按年龄从大到小排序录取。幼儿园园长或学前班负责人会组织录取委员会，其成员包括本幼儿园教师一名、非本园当地教师两名、教育局代表一名、其他代表一名（由园长推荐、当地教育局局长批准），委员会成员共同完成招生和录取工作。男女童的入园申请以及录取机会平等，幼儿园各班级不招收插班生。在三种情况下，学生可被优先录取，即家庭条件困难并具有相关证明、家庭住址距幼儿园较近、幼儿园教职工子女，但这部分人数不得超过录取学生总数的 20%。

（四）与基础教育的衔接

约旦儿童一般在 5 岁进入 KG2，经过一年的学习后可进入基础教育一年级（G1）阶段学习。约旦教育部规定，学前教育阶段不组织考试，不颁发证书，只开具一份涵盖儿童在该阶段各方面发展的评估表；学前教育阶段的儿童如满足基础教育入学最低年龄要求（当年 8 月 31 日前需达 5 岁 8 个月）即可转入基础教育一年级进行学习。[1]

约旦的学前教育与初等教育、高中教育的入学率呈现出较大差异。2017 年联合国儿童基金会发布的《2017 年约旦儿童状况分析报告》显示，2014—2015 学年，约旦学前教育 KG2 的毛入园率为 59%，G1 的毛入学率为 96.6%，高中一年级入学率为 81.3%。对此，报告认为："造成这一问题的原因在于，大量家庭经济条件差的儿童和残疾儿童面临较高的失学风险。"[2] 约旦《明天报》认为，KG2 与 G1 入学率的明显差异，主要是因为家庭收入的不同。能否让孩子接受学前教育同家庭收入高度相关，据统计，收入排在后 40% 的家庭，很难为孩子提供学前教育的机会。[3]

---

[1] 资料来源于约旦哈希姆王国教育部网站。

[2] 资料来源于联合国儿童基金会网站。

[3] 资料来源于《明日报》网站。

二、学前教育基本数据

（一）学校数量及类别

约旦的学前教育主要分为公立和私立两种形式。公立学前教育的主体为学前班，绝大多数公立学前班都依托于公立中小学，也有极少数公立学前班由教育系统以外的其他政府部门建立。私立学前教育初期以幼儿园为主，近年来学前班的数量和规模逐渐扩大，成为私立学前教育的主要形式。

约旦公立学前教育起步较晚，但发展相对较快，特别是进入 21 世纪后，数量和质量均有明显提升。2010 年，约旦已拥有 827 个公立学前班。根据约旦教育部发布的《2018—2019 学年统计报告》，截至 2019 年，全国的公立学前班数量增长到 1 831 个，其中 1 825 个属于教育部，6 个属于其他政府部门。2019—2020 学年，这一数字增长到 2 070 个，增长率达到 13.1%。相比之下，约旦的私立学前教育规模更大。如表 4.1 所示，截至 2019 年，约旦私立幼儿园数量达到 1 831 所，学前班数量达到 5 724 个，在整个学前教育体系中占主要地位。

表 4.1 2019 年约旦公立、私立幼儿园及学前班数量（单位：个）

	幼儿园	学前班	总数
公立	2	1 831	1 833
私立	1 831	5 724	7 555

自阿卜杜拉二世继位以来，约旦公立学前教育发展速度较快，每年都实现跨越式发展，特别是自 2015 年起，增长幅度进一步加大。这主要是因为 2015 年在约旦首都安曼举办了全国教育发展大会后，约旦政府出台了若干规划，其中重要的一条便是"深化教育改革，将学前教育全面纳入国

家教育体系"[1]，为国家大力发展学前教育奠定了基础。根据 2018 年提出的
"携手共创儿童未来"计划，约旦将在 2018—2025 年再建 2 520 个公立及私
立学前班，其中公立 1 384 个，私立 1 136 个。由此可见，约旦政府对学前
教育的重视与投入，在发展公立学前教育、增加公立学前班数量方面也采
取了有所倾斜的政策。

（二）学生数量与入园率

总体来看，约旦学前教育的入园人数与入园率在不同阶段存在较大差
异，但男女生入园比率相对平衡。

表 4.2 所示数据来源于约旦教育部《2018—2019 学年统计报告》。在
2018—2019 学年，共有 134 733 名学生接受了学前教育，KG2 阶段的入园
学生数量远大于 KG1 阶段。主要原因在于 KG1 与 KG2 分别归属不同部门
管理，由教育部负责的 KG2 正被逐步纳入国家义务教育体系，与基础教育
G1 阶段接轨。而且，约旦政府也更加重视发展 KG2 阶段，约旦前首相、前
教育大臣拉扎兹曾表示："从 5 岁（KG2 入园年龄）开始义务教育，将有助
于增加儿童在进入 G1 之前获得优质的早期教育的机会。"[2] 此外，KG2 阶段
也获得了从官方到民间更加广泛的认可与接受。

表 4.2 2018—2019 学年约旦学前教育学生数量总体情况（单位：人）

	公立	私立	总数
KG1	33	28 297	28 330
KG2	37 388	69 015	106 403
总数	37 421	97 312	134 733

---

[1] 资料来源于约旦哈希姆王国教育部网站。

[2] 资料来源于约旦王国电视台网站。

在入园率方面，如图 4.1 所示，除 2015—2016 学年有所下降外，其他年份基本保持稳定，男女生之间也基本保持平衡，但由于 KG1 与 KG2 入园率之间的差异，导致总入园率不高。根据约旦教育部发布的数据，2017—2018 学年，约旦 KG2 的入园率为 62.2%，而 KG1 的入园率仅为 14.2%。[1] 主要原因是 KG1 多由私营部门投资建成。与政府部门不同，私营部门对在经济发达、人口密集的主要城市投资兴建幼儿园的兴趣远大于郊区和农村地区，因此非主要城市及偏远地区的儿童 KG1 入园率相对较低。

根据"携手共创儿童未来"计划，约旦教育部将在 2025 年之前分两步走，力争实现 KG2 入园率 100%。第一阶段为 2018—2022 年，于 2022 年实现80% 的入园率；第二阶段为 2023—2025 年，于 2025 年实现 100% 的入园率。

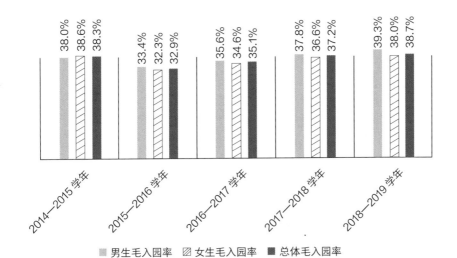

图 4.1 2014—2019 年约旦男女生入园率及总体毛入园率

（三）师生比

约旦教育部的数据显示，在 2018—2019 学年，约旦共有学前教育教师

---

[1] 资料来源于约旦哈希姆王国教育部网站。

8 188 名，其中公立教师 1 832 名、私立教师 6 356 名，从业教师均为女性，如表 4.3 所示。

表 4.3 2018—2019 学年约旦学前教育师生数量和比例

	公立	私立	合计
教师人数	1 832	6 356	8 188
学生人数	37 421	97 312	134 733
师生比	1∶20.4	1∶15.3	1∶16.5

从表 4.3 可以看出，公立学前教育的师生比约为 1∶20，而私立学前教育的教师规模更大，师生比更低，约为 1∶15，这也是约旦私立学前教育质量相对较高并获得民众认可的因素之一。

三、学前教育系统指标

（一）学前教育质量

约旦政府重视教育质量，近年来教育部一直致力于提供能保障儿童全面发展的教育环境，满足儿童身体、情感、心理等方面的成长需求，培养其良好的卫生习惯，促进其社会关系的建设，使儿童积极向上，热爱校园生活。

为此，"面向知识经济的教育改革计划"将提高教育质量作为该改革计划的重要内容，提出支持提供高质量的学习环境、通过优质学前教育为校园学习做好准备等较为具体的安排。其中，支持提供高质量的学习环境着重体现在以下方面：从硬件上改善教学条件，如通过提供计算机设备和科学实验室来升级现有设施；取缔有安全隐患以及生师比过高的幼儿园和学前班；支持知识经济背景下的教学。通过优质学前教育为校园学习做好准备则把工作重点放在教学内容的更新上，由教育部主导推进幼儿园和学前班的课程建设，制定评价标准和评价办法，并督促学前教育机构贯彻落实。

2007 年，约旦教育部建立了公立学前教育质量保障体系，目标是帮助公立幼儿园及学前班改善服务、改革课程、回应社会对高质量学前教育的需求。该体系主要在 7 个领域采取了 20 条措施，着重在管理与领导、卫生健康与营养、硬件设施、教师、教学、评估、同社会以及监护人之间的关系等方面加强建设和管理。此外，教育部还根据评估结果组织相关学前教育机构的管理人员和教师进行专题培训，提高相关人员的教育教学能力。

2016 年，约旦人力资源发展国家委员会发布了《国家人力资源开发战略（2016—2025 年）》。该战略希望到 2025 年，约旦所有儿童都可以接受学前教育，为基础教育做好准备，以确保儿童的健康生活以及促进其未来福祉。此战略对学前教育的发展也做出了安排：一是尽快修订、更新和完善学前教育机构的课程体系和评估体系；二是尽快扩大教师规模，提高从业者的素质。

（二）学前教育资源

1. 国家投入

客观而言，受国力所限，约旦政府对学前教育的投入较小。如表 4.4 所示，2018—2019 学年，约旦政府在学前教育上的实际投入约为 440 万第纳尔，仅占教育部各项经费支出总额的 0.47%，排名第五，仅高于特殊教育、体育与社会活动和扫盲教育这三项支出。

表 4.4 2018—2019 学年约旦教育部各项支出和占比（单位：百万第纳尔）

	初等教育	高中教育	行政投入	职业教育	学前教育	特殊教育	体育与社会活动	扫盲	总计
支出	726	111	54.9	25.7	4.4	3.9	2.9	0.6	929.4
占比	78.12%	11.94%	5.91%	2.77%	0.47%	0.42%	0.31%	0.06%	100%

再如图 4.2 所示，从 2014—2019 年的数据变化中也可以看出，约旦政府对于学前教育的财政投入都是相当有限的，均不到教育部整体投入的 1%，且所占比例总体呈下降态势。

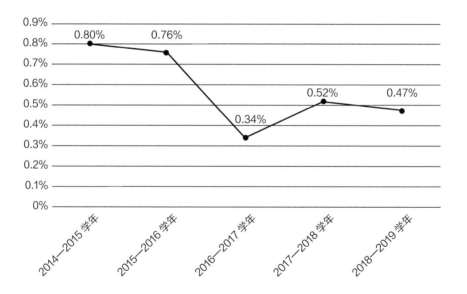

图 4.2 2014—2019 年约旦学前教育投入占教育部总投入比例

此外，如表 4.5 所示，2018—2019 学年，在国家对学前教育的各项投入中，占最大比例的是"薪水与补贴"，为 53.2%；排名第二的是"建设与工程"，占比 16.6%，这与约旦 2025 年之前大力兴建幼儿园和学前班以实现 KG2 义务教育的计划相符合。

表 4.5 2018—2019 学年约旦教育部学前教育的财政投入情况（单位：百万第纳尔）

支出项目	薪水与补贴	社会保障	通信与水电	取暖	文具与书本	建设与工程	建筑维护与翻新	设施设备采购	维护和运营
数额	2 352	525	40	25	43	736	25	600	75
占比	53.2%	11.9%	0.9%	0.55%	1%	16.6%	0.55%	13.6%	1.7%

2．班级规模

根据 2015 年颁布的《公立幼儿园条例》规定，约旦公立幼儿园及学前班需设立在中小学校，主要设立在女校和混合学校。在特殊情况下，经研究批准后也可以设立在男校。约旦的幼儿园及学前班需设立在教学楼一层，不设置台阶，如果有台阶，则不超过 5 阶并且需配备围栏。除此之外，还需为残疾儿童配置特殊通道。每间教室面积不低于 30 平方米，且须具有较好的自然照明和通风条件，2015 年后建成的教室面积须不低于 48 平方米。

从班级学生人数来看，20 世纪 80 年代发布的《幼儿园管理条例》规定，每个班级学生不得超过 30 人，且每个学生人均占有的教室面积不得低于 1 平方米。这一规定在 2015 年改为每个班级学生数不得超过 25 人，且每个学生人均占有的教室面积应在 1.5—2 平方米。如表 4.6 所示，以 2018—2019 学年为例，约旦国内共有 134 733 名学生、7 555 个教学班，平均每个班级 17.8 名学生。相比公立学前教育机构而言，私立幼儿园和学前班的班级平均人数更少。

表 4.6 2018—2019 学年约旦学前教育班级平均人数

	学生人数	教学班	班级平均人数
公立学前教育	37 421	1 831	20.4
私立学前教育	97 312	5 724	17.0
总计	134 733	7 555	17.8

3．师资力量与硬件配套设施

师资力量方面，根据约旦 1964 年颁布的《教育法》第 22 条规定，学前教育机构的负责人和教师应当至少具有高中学历并具有两年以上教育相关领域的学习经历；特殊情况下，仅持高中学历也可从业。如果幼儿园或学前班人数超过 100 人，则负责人应专职从事管理工作，并且应在学前教育或初等教育方面至少有三年的工作经验方可任职。

硬件配套设施方面，各幼儿园及学前班都要求配备有地毯的活动室、室外活动场地以及适当面积的绿地。为保障学生的安全与健康，各幼儿园及学前班需配备医药箱，并且需与一个经卫生部认证的医生签约，由其负责儿童的健康事宜。幼儿园及学前班还须根据自身硬件设施特点，制定突发事件应急预案和安全撤离指南，定期组织教职工以及儿童进行模拟演练。

2018 年发布的"携手共创儿童未来"计划提出，政府将与各类教育基金会合作，着力为私立学前教育机构提供优惠贷款，帮助其完善硬件设施。值得注意的是，当前约旦学前教育中教育技术应用占比仍然较低，2016 年仅达 26%，"携手共创儿童未来"计划提出到 2022 年将这一占比提高至 50%。

（三）教学安排

1．教学设计

约旦采用"交互式课程体系"，该体系由约旦学前教育专家团队制定，1997 年由约旦教育部发布，经试点后从 2003—2004 学年第二学期开始正式执行，内容涵盖道德、社会与情感、语言、身体与健康、心智与认知、美学等多个领域。

《学前教育教师参考》与《儿童实践活动》是教师开展教学设计的主要依据。前者主要针对教师，包括 7 个章节：第一章为国家学前教育的总体方针政策，第二章为学龄前儿童的学习特性，第三章为学龄前儿童易出现的问题、原因与解决办法，第四章为备课、教学方法与评估，第五章为学前教育的社会与物质环境，第六章为教具及制备方法，第七章为家长的参与。《儿童实践活动》共 7 个单元，围绕祖国、家庭、幼儿园、动物、植物、水、土地等主题展开，供两个学期学习使用。每单元包括家长须知、主题活动、教学测验等。教师在授课过程中，对教学目标的设计需要考虑以下 6 个方面：道德、社会与情感、语言、身体与健康、心智与认知、美学，且需要针对每个单元的内容制定具体教学计划。

2．教学活动

学前教育的教学日历与基础教育阶段前 3 年级（G1—G3）相同，儿童的在园时间为早 7∶45 到中午 12∶30。如果儿童未经请假或请假未获批准连续两周旷课，则被视为自动退学。

根据约旦教育部规定，幼儿园或学前班应在当地教育局批准后，每学期根据实际情况至少组织一次外出活动，外出时间一般选择在工作日，地点以安全、就近为主要原则。儿童若想参加外出活动，须有家长的书面同意，母亲可以随行。儿童外出时须佩戴安全卡，标明姓名、幼儿园名称及联系方式。

根据教育部的指导性建议，园内教学活动可包含如下环节：晨间活动、教学活动、室外活动、唱歌与离校等。晨间活动具体包括教师欢迎儿童入园，教师与学生、学生之间相互问候，根据需求进行一些简单的教学活动（如辨别颜色、数字、交通工具，教师与儿童进行对话等）。教学活动是学前教育的主体教学内容，旨在培养儿童的兴趣爱好，帮助他们适应集体生活、学会与他人相处，起到开发儿童技能、能力与脑力的作用。教师会组织不同的活动与游戏，例如听音乐与朗诵、阅读、搭积木、拼图、绘画等，旨在寓教于乐，在活动中向儿童介绍人与物。在室外活动环节，教师会向学生介绍室外活动器材以及使用方式并组织游戏。根据约旦现行条例，每个学前教育机构的室外活动场地面积不得少于 50 平方米，可以根据场地情况配备秋千、儿童玩具车、沙池、儿童园艺工具等。活动场地至少要配有 1.2 米高的安全围栏，同时还需配备遮阳亭或遮阳伞。唱歌与离校环节是儿童离开幼儿园前的最后一个环节，由教师带领儿童歌唱《我的幼儿园》，同时做好离校准备。

第二节 学前教育的特点和经验

作为一个自然资源相对匮乏的国家，约旦认识到人力资源开发在全球知识经济中建立竞争优势的重要性，而包括学前教育在内的早期教育阶段作为人力资源发展的初始阶段和重要一环，近年来日益受到约旦政府的重视。从世界银行 2015 年发布的数据来看，约旦在儿童早期发展的多项指标上领先于中东、北非地区的其他国家。约旦在学前教育方面主要呈现出以下四个特点。

一、起步晚，国家重视程度较高

就国家层面而言，约旦政府对于学前教育的规划和发展起步较晚，至今只有三十余年的历史，此前主要依靠市场的作用和民间的力量。1987年召开的约旦第一届全国教育发展大会强调了支持学前教育的重要性。1991年，约旦签署了联合国《儿童权利公约》，其中提及"确保儿童享有受教育的权利，并在机会均等的基础上逐步实现此项权利"[1]。1993年，约旦举行全国儿童教育研讨会，确定了增加学前教育入学人数的目标，并决定通过立法来确保儿童获得最优的成长空间和发展路径。1994年，约旦颁布了修订后的《教育法》，学前教育被正式纳入国民教育体系，同时，教育部提出将根据阶段性计划在全国范围内兴建幼儿园和学前班，并于1999年正式开始实施。2003—2014年，约旦实行"面向知识经济的教育改革计划"，其间通过与国际组织和其他国家合作，筹措资金大力建设学前教育机构，使公立学前班数量迅猛增加，在很大程度上缓解了国内需求。2016年，约旦发布《国家人力资源开发战略（2016—2025年）》，进一步明确了学前教育的发展目标和实施策略，从国家战略高度为学前教育发展做出谋划。

近几年来，随着学前教育机构数量的攀升，约旦政府更加重视学前教育在"质"与"量"上的共同推进。教育部出台了各类质量标准和指导意见，还为从业教师制定了专业培训计划。截至2016年，约旦已有92%的KG2教师完成了相关培训，教育部计划到2022年将这一数据提升至98%。另外，约旦还提出了"儿童教育阶段读算倡议"，旨在提高儿童应对未来学习的能力。针对这一倡议实施效果的调查显示，加入倡议的幼儿园或学前班中有76%的儿童学习能力明显提升。

---

[1] 资料来源于联合国网站。

二、私立为主体，公立发展较快

长期以来，私立学前教育机构在约旦学前教育体系中占主要地位，在国家力量相对不足的情况下，政府鼓励和支持私立学前教育机构的发展，对其限制措施较少。目前，约旦全国的私立幼儿园和学前班远远多于公立学前教育机构。

相对于私立学前教育庞大的规模，约旦公立学前教育机构所占比重相对较小，但近年来在王室和政府的大力支持下，实现了跨越式发展。约旦公立学前班数量已由 1999 年仅有的 15 个增长到 2019 年的 1 831 个，为提升约旦学前教育普及率，特别是改善偏远地区和贫困地区的教育环境发挥了重要作用。在这一过程中，约旦政府充分借助公立中小学的力量。这种依托公立学校发展学前教育的模式为扩大约旦公立学前教育规模提供了思路，因为约旦在基础教育阶段可利用的公共资源较多，公立中小学校数量约为私立学校的 2.5 倍，可以在短时间内通过改造具备招生条件。当然，从长期来看，这种模式也有弊端，它在一定程度上限制了公立学前教育的规模化发展，因为每所公立中小学能够提供给学前教育的教室和场地都相对有限。

三、性别差异小，群体差异大

根据约旦教育部发布的《2018—2019 学年统计报告》，以私立学前教育机构为例，在约旦的 7 555 个幼儿园和学前班中，有 51 个男生班、54 个女生班，其余 7 450 个班级均为男女混合班，在性别分布方面呈现出相对均衡的态势。从毛入园率来看，约旦男女儿童之间也较为接近，男生的毛入园率仅比女生的毛入园率高出约 1%。性别发展指数（GDI）能够很好地反映男女两性之间在社会各方面的公平程度。根据 2015 年发布的数据来看，约旦性别发展指数为 0.764，在世界范围来看属于第五梯队，即两性公平度较低的国家。但是，从约旦最近五年的学前教育毛入园率来看，在保障男女接受学前教育方面，约旦表现良好，在中东、北非地区处于领先地位。

《教育部战略计划（2018—2022 年）》中提到，约旦人口中有 41% 的约旦公民长期生活在贫困线之下，高贫困率影响了约旦学前教育的发展。贫困家庭往往因为不能承担一些非教育直接开销（如服装费、餐费、交通费等）而无法让孩子接受学前教育，这种情况对约旦学前教育的入园率造成较大影响。此外，私人投资者对于在主要城市投资兴建幼儿园的兴趣远大于在其他地区，这也造成区域间学前教育，特别是 KG1 阶段普及率的差异较大。以安曼省与西北部的阿杰隆省为例，2018—2019 学年，安曼省共有 2 855 个学前班，其中公立学前班 295 个，私立学前班 2 560 个，私立学前班是公立的 8.7 倍；而阿杰隆省共 189 个学前班，其中公立学前班 85 个，私立学前班 104 个，私立学前班仅是公立的 1.2 倍。私人投资者的逐利性使得偏远地区和贫困地区只能依靠国家力量，但公立学前教育机构的不足使得这些地区的很多儿童无法接受 KG1 阶段的教育。

四、多主体发力，推动协同育人

约旦的国际与地区伙伴关系可以对计划与政策的支持和落实起到助推作用。约旦在推进学前教育发展的过程中，常与国际或地区组织缔结伙伴关系，如世界银行、联合国儿童基金会、海湾阿拉伯国家合作委员会、欧盟等组织。这些组织有力地帮助了约旦学前教育与国际标准的对接，为约旦提供了技术指导以及资金援助。

1998 年，约旦政府部门与联合国儿童基金会合作启动了"国家育儿意识计划"，旨在帮助父母更好地参与儿童成长过程，为儿童提供安全、良好的成长环境。[1] 2002 年，联合国儿童基金会对该计划进行了评估。此后，约旦政府进一步做出了调整，将其更名为"国家育儿计划"，重点通过宣传、培训等方式提升父母教育子女的意识、能力和水平。

2006 年，约旦教育部与联合国儿童基金会、约旦河基金会、全国家庭事务理事会等机构合作编写了名为《走进儿童的世界》的教育指南并在全国范围内发行。该指南涵盖如何理解孩子、如何与孩子进行沟通、如何育儿、孩子成长过程中应学习的知识技能等 16 个话题，帮助家长掌握正确的教育理念和育儿方法。约旦贫困人口较多、难民数量多，很多儿童不仅很难得到正式的学前教育机会，而且也面临着家庭教育的缺失。对此，约旦政府重视发挥社会、家庭等在学前教育中的作用，通过多方合作，努力改善家庭教育环境，鼓励、支持父母作为孩子的第一任老师较好地承担教育的责任。在政府和社会各方的推动下，响应"国家育儿计划"、提供育儿培训和早期教育的机构越来越多元，社会各界的广泛参与，为多主体协同发展学前教育创造了条件。

第三节 学前教育的问题和挑战

一、管理体制有待整合

约旦学前教育共两年，分为 KG1 与 KG2 两个阶段，二者皆为约旦学前教育体系的重要一环，但分别由社会发展部和教育部管理，这给学前教育两个阶段的协调和融合发展构成挑战。在规划方面，教育部已宣布要将自

---

[1] 资料来源于金砂会场网站。

己负责的 KG2 阶段在 2025 年纳入义务教育体系，并且已经制定了具体行动计划以实现 100% 的入园率，但无论是社会发展部还是教育部都没有关于 KG1 的专门发展规划。在管理方面，教育部下设教学司儿童教育处负责学前教育，而社会发展部未设立专门的机构来负责学前教育的建设和管理工作。在建章立制方面，教育部已经出台了有关幼儿园和学前班的各类规章制度，但社会发展部在这一领域出台的类似规章制度较少。

KG1 与 KG2 之间的巨大差异直接体现在入园数据上：2017—2018 学年，二者的入园人数分别为 25 383 人和 102 652 人，KG2 的入园人数约为 KG1 的 4 倍；同样存在差距的还有入园率，KG2 为 62.2%，KG1 为 14.2%。KG1 的低入园率使得约旦学前教育平均入园率下降，低于国际平均水平。

不仅如此，教育部与社会发展部之间在协调 KG1 与 KG2 的发展与对接方面也有所欠缺，互通信息不畅。为此，为了加强学前教育的整体性，"携手共创儿童未来"计划中提到，社会发展部将与教育部在学前教育方面展开更多协作，主要围绕两方面内容：一是社会发展部将向教育部提供注册在案的幼儿园信息，二是在管理方面展开协作。

学前教育作为一个整体需要不同部门之间的协同合作。实现 KG2 向义务教育发展，教育部势必会面临挑战，但也能从中积累经验，在实现 KG2 义务教育后与社会发展部交流分享经验或派遣专家小组指导工作。同样，为了加强学前教育行业的整体监管，避免目前"分而治之"所带来的巨大差异，两个部门可协调建立行业协会或相关委员会，成员由两个部门的工作人员共同组成，对学前教育进行协调管理与规划。

二、行业缺乏规范化管理

约旦的学前教育在很多方面都缺乏规范化的管理，中央决策落实到地方的速度往往很慢，有时甚至需要几年才能开始正式执行。正如联合国儿童基金会的报告所显示，尽管约旦教育部已经开始将责任下放到地方与学校，但由于官员们对此持拒绝态度，所以还是很难将其落到实处。[1]在约旦，与教育质量相关的许多倡议或理念都缺乏执行计划，加之客观条件的限制，往往难以落实。另外，在约旦现行的学前教育体系中，没有能够兼容各方的机制或机构，将KG1、KG2的公立、私立教育机构都覆盖在内。

同样，在约旦日益重视提高教育质量的背景下，尚缺为学前教育的"软性"发展制定规范与目标的相关条例。当下的条例都只规定了幼儿园与学前班的硬性条件，且目标对象大多是公立学前教育。对于作为主力军的私立学前教育，约旦对其质量的保障和发展重视程度略显不足。例如，《教育部战略计划（2018—2022年）》提到，要为约旦国内幼儿园设立"卓越与创新奖"，以提高教育质量，但其实能够参评获奖的只有公立幼儿园和学前班。

对此，整合管理机制显得尤为重要。一来可以统筹行业，将各地方的学前教育机构组织起来，保障政府决策的下达与执行，还可以与教育从业者形成互动，给予其表达诉求的渠道。二来可以在其框架下整合学前教育信息与数据，特别是与KG1阶段相关的详尽内容，有利于社会发展部与教育部做决策。三是可以通过这一机制，依据教育部制定的有关教育质量的指标，进行统一的教育质量评估与考察。

三、国家投入不足

2018—2019学年，约旦教育部对于学前教育的拨款仅占全国教育总预

---

[1] 资料来源于联合国儿童基金会网站。

算的 0.47%，并且近五年的预算比例都未超过 1%。虽然约旦学前教育的主力军仍然是私营部门，但是约旦若想在五年之内实现 KG2 的全面普及，仅靠目前的投入水平是远远不够的。

2009 年到 2019 年，公立学前班数量增长了 1 131 个，年均增长 113.1 个。根据"携手共创儿童未来"计划，约旦将在 2018—2025 年建立 2 520 个公立及私立学前班，其中公立学前班 1 384 个。但是，这些学前班并不能够满足全部适龄儿童接受 KG2 教育的需求。根据入园率与适龄儿童的比例计算，约旦目前至少有 6 万名儿童没有入园接受教育，如何分配各地区新建学前班的公立与私立的比例，值得进一步研究。

横向来看，北京师范大学霍力岩教授 2016 年将部分"一带一路"沿线国家学前教育财政性经费占国内生产总值比例做了对比。结果显示：在参与对比的 26 个亚欧国家中，以数据相对完整的 2011 年来看，约旦以 0.028% 的占比名列最后一位，远低于世界 0.36% 的平均水平，同为发展中国家的蒙古在此方面的占比是约旦的 46.5 倍。

纵向来看，约旦教育部应当继续加大对学前教育的投入，特别是用于"建设与工程"的费用，加大公立学前班的建设力度。为了提高学前教育质量，约旦也需要加大拨款力度。《教育部战略计划（2018—2022 年）》指出，当下约旦学前教育对于信息技术以及通信技术的使用仍然较为有限，若希望达成"携手共创儿童未来"计划中所规划的内容，需要国家加大对"设施设备采购"的投入。在此背景下，更不乐观的是约旦教育部对于学前教育的投入跟几年前相比不增反降，2014—2015 学年，学前教育投入占教育部总投入的 0.80%，2015—2016 学年为 0.76%，2018—2019 学年为 0.48%。

约旦要实现一贯追求的学前教育目标，必须加大对学前教育的投入力度，因为无论是学前教育的普及、评估体系的建立、设施设备的完善，还是从业人员培训与教育水平的提高，都需要国家更有力的资金投入。

四、难民涌入形成双向挑战

中东地区不断的冲突使得地区国家持续动荡，来自巴勒斯坦、伊拉克、叙利亚等周边国家的难民大量涌入约旦。截至 2007 年 5 月，约旦的伊拉克难民数量达 45 万—50 万。[1] 约旦长期以来也接收了大量来自巴勒斯坦的难民。据统计，2015 年，约旦 43% 的人口为巴勒斯坦人，此外还有 130 万叙利亚难民。大量难民涌入，特别是近年来叙利亚难民的到来，给约旦带来了极大的困难与挑战。

一方面，联合国儿童基金会发布的报告显示，截至 2017 年 5 月，约旦共有 21.2 万来自叙利亚的学龄儿童，其中只有 12.6 万人在 2016—2017 学年进入难民营或难民社区的公立学校，接受各个阶段的教育。[2] 在约旦，叙利亚难民儿童接受教育的机会远远小于约旦儿童，他们当中，能接受学前教育的儿童的比例非常小，只有不到 20%。[3] 世界银行 2017 年发布的报告呼吁采取相关行动，增加难民儿童接受学前教育的机会。联合国儿童基金会 2017 年发布的报告也提到，有 33% 的叙利亚难民家长表示，不把孩子送进学校的主要原因是无法承担相关开销；17% 的家长表示是因为就近的学校已经满员；14% 的家长表示需要孩子工作以补贴家用。[4]

叙利亚难民儿童在学校中还会遭到一些不公正对待，正如世界银行报告指出的：约旦学生与叙利亚学生为了"竞争有限的教育资源"会在学校中关系紧张甚至发生暴力行为。在约旦，有 70% 的叙利亚难民学生会在学校遭受欺负以及不公待遇，甚至有学生出于个人安全原因或为了维护个人尊严而拒绝上学。[5] 对此，有关部门应加强对管理人员和教师的相关培训，

---

[1] 资料来源于 FAFO 网站。

[2] 资料来源于联合国儿童基金会网站。

[3] 资料来源于《明日报》网站。

[4] 资料来源于联合国儿童基金会网站。

[5] 资料来源于《明日报》网站。

让他们更好地引导学生，促进学生的内部团结与相互尊重，并且更好地应对校园不公和暴力事件。

另一方面，约旦也受到了叙利亚难民涌入带来的冲击。约旦政府对叙利亚难民持开放态度，并且承诺会尽力保障叙利亚难民儿童受教育的权利，向他们提供免费教育。2016年，约旦政府利用国际社会捐助，通过"加快叙利亚难民获得优质正规教育的机会"计划，帮助叙利亚难民儿童接受教育。2016—2017学年，约旦教育部颁布了一项限时豁免政策，允许叙利亚难民儿童在没有办正式身份手续的情况下入学。

大量难民的涌入影响了约旦教育改革计划目标、具体指标的实现以及教育质量的提高。突然增加的入学需求，加大了约旦学校面临的压力。受条件所限，许多学校开始实行"双班制"。"双班制"缩短课堂时间和上学时间，白天与晚上都进行教学工作，由两批教师负责教学，但只有一批行政人员负责管理工作。"双班制"虽然可以让两批学生同时上学，但势必会给教育质量带来负面影响。虽然来自国际社会的捐赠为约旦接收叙利亚难民提供了重要帮助，为叙利亚难民接受教育提供了大量资金援助，但这些援助远远不够，约旦仍面临着叙利亚危机带来的各种影响。针对这种情形，除了继续向国际社会争取对约旦境内叙利亚难民儿童的资金援助，建立更多的学前班，接收更多的叙利亚儿童，约旦在条例落实方面也应更加灵活。例如，在难民相对集中地区，公立学校可以适当放开学前班每班25人的人数限制，以便让更多儿童获得入学机会，同时加强师资、设备、物资的配套建设。

第五章 基础教育

在自然资源十分有限的条件下，约旦以教育立国，不断加大对教育的投入，在经过多次改革和调整后，建立了较为完备的基础教育体系，为培养高素质人才奠定了坚实的基础，也为约旦以人力资源推进经济社会可持续发展做出了重要贡献。

第一节 基础教育的发展历程

一、外约旦酋长国成立前（1921 年以前）

约旦哈希姆王国的前身是外约旦酋长国，成立于 1921 年。在此之前，约旦地区（即今约旦、巴勒斯坦地区）的教育制度沿袭奥斯曼帝国时期的传统教育制度。这种传统教育主要在私塾和清真寺进行，课程以传授《古兰经》为主，学生除学习《古兰经》外，还兼修语法、诗歌和书法等，以加深对经文的理解。私塾主要面向社会下层，是否交学费视教师经济情况而定，有的教师将教育作为善行，不收学费，有的教师则以收取学费或实物为生。

在私塾教育发展的同时，宫廷教育也发展了起来。统治者们选聘最好的家庭教师来宫廷给自己的后代讲授《古兰经》、阿拉伯语、历史知识和治国之道，还经常邀请学者、诗人在宫廷举办学术讨论会，讨论宗教、法律、哲学、历史等话题。后来，贵族和富人也争相效仿，在府邸教育子弟、讨论学术成为社会上层的特殊教育方式。

　　清真寺是阿拉伯人进行传统教育的重要场所，从其产生之日起就是穆斯林宗教生活、社会生活和文化教育的中心。伊斯兰教发展初期，清真寺的主要教育内容是背诵《古兰经》和学习相关的宗教知识、礼仪。后来，清真寺又承担起初、中、高三级教育的重任，教学内容也逐渐分化。一些著名学者和文人纷纷在清真寺内设座讲学，传播各种知识，从而吸引了大批求知者。清真寺教育的基本形式是"学习圈"，即教师坐在讲台上，学生们以半圆形围绕教师而坐。课程和学习年限没有强制性规定，学生可从一个学习圈转到另一个学习圈，甚至到其他地区或者更高层的学校，直至完成学业、自己设座讲学为止。清真寺不仅接受男孩，也鼓励女孩入学，向所有愿意接受教育的人敞开大门，许多寒门子弟也因此获得了受教育的机会，并最终成为著名学者。后来，一些清真寺逐渐将宗教功能和文化教育功能融为一体，成为钻研宗教知识的文化中心，有的甚至发展成为著名的高等教育学府。在一千多年的历史长河里，清真寺成为约旦及其他阿拉伯国家最大的教学机构。[1]

二、阿卜杜拉一世时期（1921—1951 年）

　　约旦是一个资源匮乏、工农业基础薄弱的国家，但近几十年来能够保持社会稳定和经济持续发展，其奥秘就在于实行教育立国的政策。现代约

---

[1] 梁国诗. 当代约旦哈希姆王国社会与文化 [M]. 上海：上海外语教育出版社，2003：260.

旦的创始人阿卜杜拉一世认识到，要改变国家经济、文化发展的落后现状，就必须先从改造国民入手，对国民进行国家意识和现代文明的灌输，而这一切只有通过坚持不懈地发展教育才能实现。因此，阿卜杜拉一世在外约旦成立初期就确立了"一手抓军队，一手抓教育"的基本国策。[1]

外约旦在成立伊始便实行教育兴国战略，筹措资金开办学校，培养师资，通过现代教育增强人民对国家的忠诚和热爱。在传统的宗教教育基础上，外约旦建立起了一套较完整的新的基础教育体系，使外约旦逐渐摆脱了原有宗教教育的束缚，开启了现代化教育的历程。1922 年，外约旦现代基础教育学校的数目从零增加到 44 所，教师达到 71 名。[2] 同年，外约旦第一所女子中学在安曼建立，名为安曼女子学校。该校从叙利亚、黎巴嫩和巴勒斯坦聘请了 6 位教师，第一任女校长为巴蒂阿·扎布拉。自此，外约旦女子现代教育正式兴起。[3]

1923 年，萨拉特市建立了外约旦第一所男子中学，同年在该校召开了第一次教师大会。1926 年，该校有了第一届毕业生。由于当时办学条件差，人们求学意愿不强，导致 1926 年只有 4 名学生毕业，1927 年只有 3 名学生毕业，1928 年只有 4 名学生毕业。[4] 也是在 1923 年，外约旦酋长国教育委员会成立，负责教育事业的推进。同年 8 月，全国教育会议召开，统一了公办学校的教育大纲。[5] 此后，一批高中先后出现在外约旦酋长国的萨勒特市、伊尔比德市和卡拉克市，其中萨勒特市、伊尔比德市各有一所高中被改建为由初中部和高中部组成的完整中学。[6]

1926 年，外约旦第一部临时小学教育法颁布，规定所有适龄儿童接受

[1] 马昌前，孙来麟. 约旦研究 [M]. 武汉：中国地质大学出版社，2016：57.
[2] 梁国诗. 当代约旦哈希姆王国社会与文化 [M]. 上海：上海外语教育出版社，2003：260.
[3] 李茜. 约旦现代化进程研究 [D]. 西安：西北大学，2016.
[4] سليمان الموسى. إمارة شرقي الأردن: نشأتها وتطورها في ربع قرن [M] منشورات لجنة تاريخ الأردن. 1990. ص301
[5] 李茜. 约旦现代化进程研究 [D]. 西安：西北大学，2016.
[6] 梁国诗. 当代约旦哈希姆王国社会与文化 [M]. 上海：上海外语教育出版社，2003：260.

小学免费义务教育；每所村庄或每个街区都须设立一所小学，几个村庄可联合设立一所中学。同年，外约旦建立教育管理局，以规范教师管理和校长选任，监督教学大纲的实施。[1] 由此，外约旦地区的现代基础教育系统正式建立，现代基础教育开始代替传统经堂教育并广泛传播，文盲率下降，人们受教育水平提高。

随着现代教育的兴起，外约旦开始重视学生的素质教育和全面发展，在教育中进一步强化国家认同和爱国、忠诚教育。1925 年，安曼举办了首届中小学运动会，国家鼓励开展"童子军运动"，从小训练学生的体能，并通过集体活动激发学生的集体主义和爱国主义意识。

1928 年，外约旦选派 3 名留学生组成代表团，赴贝鲁特美国大学学习。此后，外约旦每年向该校派遣留学生，以期学成回国执教，在中学进行革新。[2]1930—1931 年，约旦基础教育阶段的学校数量增至 54 所，教师达 122 人，当年全国的教育预算为 2.35 万巴勒斯坦镑，占国家总预算的 6.3%。[3]

1940 年 9 月，约旦知识部着手制定外约旦第一部教育制度。该制度规定：约旦的基础教育分初等和中等两个阶段，两个阶段的学制为 11 年，前者 7 年，后者 4 年。在国家的监督下，基础教育只举行两次统一考试，分别在初等教育和中等教育结束时进行。除此之外的中等技术教育（商业、农业）的学制均为两年。[4]

这一时期，约旦的基础教育除由政府公办外，还广泛利用民间力量来发展教育事业。1940 年，外约旦的民办小学远远多于公办小学，达到 500 余所，其中除了由约旦民间机构和个人出资开办的外，还有不少是由外国驻约旦的外交使团兴办的，如美国、德国、英国、法国、苏联都在约旦开办了自己的学校，这些学校的主要任务是培养驻约外交人员自己的子女，

[1] 李茜. 约旦现代化进程研究 [D]. 西安：西北大学，2016.

[2] 李茜. 约旦现代化进程研究 [D]. 西安：西北大学，2016.

[3] 梁国诗. 当代约旦哈希姆王国社会与文化 [M]. 上海：上海外语教育出版社，2003：260.

[4] 梁国诗. 当代约旦哈希姆王国社会与文化 [M]. 上海：上海外语教育出版社，2003：260-261.

同时也少量招收当地学生。[1]

1946年约旦独立后，现代教育迈入了新阶段，教育体系更加完善，教育制度更加科学，国家成立相关部门，颁布了相关法律，从制度和法律层面规范了教育的发展。此时，约旦文盲率有了较大幅度的降低，国民识字率提高，现代职业学校兴起，培养了一批掌握了知识技能的新型劳动力与人才，为推动约旦现代化整体进程提供了智力和人才支持。

需要指出的是，1921—1948年，巴勒斯坦地区为英国的委任统治地，外约旦酋长国虽建立在约旦河东岸，但当时约旦的领土还包括约旦河西岸地区。在整个委任统治期间，约旦在西岸地区共建有小学250所，初中20所，高中4所。[2] 其中，4所高中不同于一般高中，其实质是讲授商业、工业、农业知识的技校。

1950年，约旦河东西两岸统一，两岸的教育纳入了设于安曼的国家知识部的统一管理之下。知识部把统一后的约旦划分为西岸的耶路撒冷、纳布卢斯、哈利勒（希伯伦）和东岸的阿杰隆、扎尔卡与拜勒加6个教学区。这一时期，东西两岸的学校数量增至691所，教师达3 022名，学生超过12万人。

三、侯赛因时期（1952—1999年）

侯赛因国王一直倍受约旦人民的尊敬和爱戴，这一方面是因为侯赛因国王凭借自身高超的外交能力，在中东动荡的局势中维护了国家的稳定，并充分利用国际资源实现了约旦经济社会的长足发展；另一方面，也归因于他对约旦发展路径和教育重要性的深刻见解。他登基后一直强调要向所

---

[1] 梁国诗. 当代约旦哈希姆王国社会与文化 [M]. 上海：上海外语教育出版社，2003：261.

[2] 梁国诗. 当代约旦哈希姆王国社会与文化 [M]. 上海：上海外语教育出版社，2003：261.

有约旦人提供优质的教育，制定规划优先甚至超前发展教育事业，培养国家急需的人才，并通过大量输出人力资源换取国家急需的外汇，从而带动国内经济的发展。

侯赛因国王时期，约旦基础教育的发展经历了三个重要的阶段。

第一个阶段是 20 世纪 50 年代到 70 年代初。这一时期，政府的主要教育目标是对全体国民实行义务教育。根据法律规定，教育部有义务在全国任何至少有 10 名学龄儿童无法上学的地方开办学校。[1] 这个阶段，农村和城市建立了更多的学校以容纳越来越多的学生，以期为所有儿童提供学校教育。同时，为了满足学生的个人需求及社会需求，政府对各个阶段的学制也做了调整。[2]

1956 年，约旦创办了第一个文化教育刊物《教师的使命》。此刊为季刊，由教育部发行，旨在通过深入的理论研究指导教育教学实践。该刊对半个世纪以来约旦的教育进行了反思，提出了改进方法，明确了教育、教学、教师的使命与责任，为改善教学做出了积极贡献。

1958 年，约旦成立第一家标准化学校图书馆，该图书馆占地面积 140 平方米，藏书 8 137 册，订阅期刊 15 种。图书馆的建立加速了教育的发展和知识的传播，是约旦现代教育走向成熟的象征之一。[3]

1964 年，约旦教育部将原先实行的 7 年义务教育加以延长，在阿拉伯世界率先实行 9 年义务制教育，并规定了义务教育阶段的教学大纲和教材由学校免费发放。

第二个阶段是 20 世纪 70 年代中期到 80 年代中期。在此期间，政府主

[1] SAMIRA A, ACHIM R, SARHAN D. The politics of education reform in the Middle East: self and other in textbooks and curricula[G]. New York: Berghahn Books, 2012.

[2] ALAZZI K F. Historical development of social studies education in Jordanian secondary schools since 1921[D]. Oklahoma: The University of Oklahoma, 2005.

[3] 李茜. 约旦现代化进程研究 [D]. 西安：西北大学，2016.

要致力于实现初等教育和中等教育的多样化[1]，努力改革基础教育体系，使其更加完备，更好地适应国家发展和现代化的需求。在这 10 年中，除了商业、工业和农业课程外，护理和酒店管理等新职业课程也被引入约旦现代基础教育课程体系。

第三个阶段开始于 20 世纪 80 年代后期。从这一时期起，约旦基础教育的重心从增加学校和学生数量转变为包括教师队伍、课程体系、硬件设施、评估体系等在内的全方位的质量提升。

1987 年 9 月，全国教育发展大会举行。这次会议的决议较为完整地阐述了约旦教育的理念、目标和宗旨。教育理念的主要内容如下：约旦哈希姆王国是世袭君主立宪制国家，坚持大阿拉伯起义的原则，以实现阿拉伯民族的团结，这是民族存在和未来的基本需要。对真主的信仰，对阿拉伯民族价值观的信仰，对阿拉伯伊斯兰文化的坚持，对思想、科学、道德和工作的尊重将融合在一起，以塑造健全的公民。不分种族、性别或宗教，为所有公民提供教育，满足国家经济和社会发展的要求，并满足个人的需要和愿望。教育的目标和宗旨是培养公民的素质和能力，使他们信仰真主，热爱祖国，崇尚真理，具有正确的价值观，积极承担社会责任，尊重法律和秩序。教育目标还强调人格、身体、智力、社会、情感和精神的和谐发展，以及开发应对变化的潜力，并为人类文明做出积极贡献。[2]

1988 年，约旦义务教育被延长至 10 年。小学与初中免费发放课本，高中也只象征性地收取费用，如教材纸张、印刷等方面的成本费用。约旦政府实行这一措施的主要目的，是为了让学生更牢固地掌握基础知识和技能，为下一阶段的教育做好准备。同年，为了提高教育质量，约旦政府启动了投资达 10 亿美元、为期 10 年的长期教育计划，对基础教育阶段的课程进

---

[1] SAMIRA A, ACHIM R, SARHAN D. The politics of education reform in the Middle East: self and other in textbooks and curricula[G]. New York: Berghahn Books, 2012.

[2] ALAZZI K F. Historical development of social studies education in Jordanian secondary schools since 1921[D]. Oklahoma: The University of Oklahoma, 2005.

行了改革，强调学以致用，紧密联系实际。[1] 这一计划还辅以其他举措，致力于改善教师技能、学校管理、教育信息系统等教育过程中十分重要的方面。[2] 以上措施取得了良好的成效，约旦的识字率持续攀升。

侯赛因国王在任期间，始终将发展教育作为改革战略的优先事项，并长期执行向基础教育倾斜的政策，基础教育的经费投入通常占到整个教育经费的 3/4，使约旦的基础教育始终保持着良好的发展势头。世界银行 2008 年发布《未来之路——中东北非教育改革》研究报告，以教育的门槛、效率以及质量作为评判标准，对中东、北非各国初等、中等和高等教育状况进行了调查，结果显示，约旦和科威特表现最佳，是该地区教育改革的领跑者。[3]

四、阿卜杜拉二世时期（1999 年至今）

阿卜杜拉二世登基后，约旦国内一系列有关教育体系改革的倡议和措施纷纷出台。其中，知识经济教育改革提出了新的教育政策和教育目标，强调更新教学方法和内容，促进信息技术的推广，加强对全球文化的开放态度以及全球知识的交流，鼓励创新人才的培养。[4]

2003 年 7 月，在世界银行的支持下，约旦开始大力推进以知识经济为中心的教育改革，旨在提高青年人参与知识经济竞争的能力。该改革项目分两个阶段实施：2003—2009 年为第一阶段，2009—2015 年为第二阶段。2010 年，世界银行与约旦政府签署协议，向约旦提供 6 000 万美元优惠贷

---

[1] SAMIRA A, ACHIM R, SARHAN D. The politics of education reform in the Middle East: self and other in textbooks and curricula[G]. New York: Berghahn Books, 2012.

[2] SAMIRA A, ACHIM R, SARHAN D. The politics of education reform in the Middle East: self and other in textbooks and curricula[G]. New York: Berghahn Books, 2012.

[3] 唐志超. 约旦 [M]. 2 版. 北京：社会科学文献出版社，2016：255.

[4] SAMIRA A, ACHIM R, SARHAN D. The politics of education reform in the Middle East: self and other in textbooks and curricula[G]. New York: Berghahn Books, 2012.

款，用于资助项目第二阶段。2010 年，加拿大国际开发署与约旦政府签署
谅解备忘录，为约旦提供 2 000 万加元的援助，用于支持约旦发展面向知识
经济的教育改革。此外，日本国际合作署、国际金融公司等组织也为该项
目提供资助，该项改革得到了世界银行和联合国教科文组织的高度评价。[1]

2009 年，拉尼娅王后教师学院成立。作为一个独立的非营利机构，该
学院的任务是推进拉尼娅王后的愿景，即增强教师、行政人员和校长的素
质和能力，使他们获得必要的技能和支持，从而更好地在各自的岗位上发
挥作用。该学院制定了许多教师培训和专业发展方案，建立了教师技能论
坛，并与教育部合作开发了帮助小学生提高识字水平和计算水平的新教材
和新课程。截至 2017 年 2 月，该学院已使 19 834 名教师受益，而其目标是
在之后的 5 年内使约 30 000 名教师受益。[2]

2015 年，约旦教育部设立专门的教育质量和问责部门，在教育改革方
面又迈出了重要一步。教育质量和问责部门的职责是维护已有的法律法规，
同时通过建立透明的制度，让所有教育相关方充分认识到自己的作用，并
对自己的行为负责。[3]

2016 年，约旦出台了《国家人力资源开发战略（2016—2025 年）》。该
战略确定的基础教育阶段的目标是：到 2025 年，确保所有儿童完成公平和
优质的初等和中等教育，取得有效的学习成果。为了实现这些目标，该战
略提出了一套明确的原则来指导具体项目的设计和运作，包括保证所有学
习者在教育的各个阶段都有公平的机会接受优质教育和培训，以及基于一
套透明的规则对教育系统进行监管等。[4]

此外，为了应对大量叙利亚难民涌入给约旦教育体系带来的冲击，政
府采取了若干措施，其中包括《约旦应对叙利亚危机计划（2016—2017

[1] 唐志超. 约旦 [M]. 2 版. 北京：社会科学文献出版社，2016：255.
[2] 资料来源于拉尼娅王后师范学院网站。
[3] 资料来源于拉尼娅王后师范学院网站。
[4] 资料来源于 FAFO 网站。

年)》。该计划旨在确保为所有难民和受危机影响的约旦弱势群体提供持续的优质教育服务。[1] 近年来，约旦教育部也与一些国际和地区组织进行了合作，如成立机构间紧急教育网络（INEE）等。约旦政府采用机构间紧急教育网络制定的最低教育标准，并依据本国情况进行了调整，以确保所有国民在紧急情况下和危机解除后享有接受优质安全教育的权利。[2]

第二节 基础教育的现状、特点与经验

约旦的基础教育包括初等教育和中等教育，其中初等教育相当于小学和初中，为 10 年一贯制免费义务教育，中等教育即高中教育，为 2 年制非义务教育。

一、基础教育概况

（一）教育理念及目标

约旦教育理念主要源于约旦宪法、阿拉伯伊斯兰文明、阿拉伯大起义精神及约旦民族经验。在教育目标方面，约旦初等教育阶段旨在实现教育的总体目标，使公民在身体、心理、社会和精神等方面做好准备，并达到以下要求：明晓伊斯兰教的历史、原则和价值观，并在道德和行为上予以体现；掌握阿拉伯语，并能熟练使用；了解约旦、阿拉伯国家以及世界自然地理环境的基本情况；尊重社会传统、习俗和价值观；热爱祖国，为祖

---

[1] 资料来源于 FAFO 网站。

[2] 资料来源于联合国教科文组织网站。

国感到自豪，并承担相应的责任；掌握至少一门外语，掌握基础的科学知识，并在日常工作生活中加以应用。[1]

中等教育阶段的目标是培养符合以下要求的公民：能够使用阿拉伯语学习科学和文学知识，了解正确的语言要素，并享受语言艺术；从本民族过去和现在的文明成就中获得文化认同感，并认识到进行文化交流的必要性，自觉向世界文明开放，并为其发展做出贡献；与所在社会的文化环境良性互动，并致力于其改善；为国家的繁荣和卓越而努力，为参与解决社会问题和实现国家安全而努力；履行自己的职责，坚持自己的权利；具有团队精神，秉持社会公平原则，了解协商和民主的基础和形式，并将其应用于与他人的交往中；了解国际问题，并认识建立在权利和正义基础上的国际理解的重要性；至少掌握一门外语；掌握收集、存储、处理信息和数据的能力，并从中获益；热爱艺术，展现艺术才能，创作出符合自己能力和潜力的积极向上的艺术作品；通过自我学习、终身学习发展自我；在行为中体现阿拉伯民族和伊斯兰教的价值观和人性之善。[2]

（二）学制

约旦基础教育由约旦教育部负责，共 12 年。其中初等教育长达 10 年，中等教育为 2 年。基础教育阶段学生可以自由选择是进入公立学校还是进入私立学校学习。

初等教育为 10 年一贯制义务教育，分 1 至 10 年级。约旦起初实行 7 年制义务教育，1964 年改为 9 年制义务教育，是阿拉伯世界最早实行 9 年制义务教育的国家之一。1988 年又延长为 10 年制义务教育，6—16 岁为初等教育阶段，学生在 16 岁之前不得被学校开除，除非有特殊的健康

---

[1] 资料来源于约旦哈希姆王国教育部网站。

[2] 资料来源于约旦哈希姆王国教育部网站。

原因。[1]

中等教育为非义务教育，公立高中免收学杂费。中等教育学制原为 3 年，20 世纪 80 年代末改为学制 2 年。20 世纪 60 年代开始实行分科培养，将学校分为普通高中和应用型职业学校两种，前者分文理科，后者主要提供农业、工业、商业、护理、酒店管理、旅游等职业课程教育。

（三）课程内容及评分标准

约旦的初等教育要求学生掌握基本的算术和语言技能，教授的科目包括：阿拉伯文读写、算术、历史（重点是阿拉伯人的历史和阿拉伯民族的概念）、地理（重点是阿拉伯国家）、科学、音乐、体育。[2] 随着社会和科技的发展，教育部开始要求学生具备计算机知识，并且能够将他们掌握的计算机知识应用于日常学习，特别是科学和数学等课程。

中等教育包括了普通中等教育和职业中等教育两种，普通中等教育为学生接受高等教育做准备，其课程内容一般包括数学、化学、阿拉伯语、伊斯兰研究、计算机、生物、英语、地理、物理等，其中伊斯兰研究是必修课。职业中等教育则为学生进入社区学院或劳动力市场做准备，课程内容主要为酒店服务、商业、护理、工业、家政和农业等职业课程。[3]

约旦基础教育阶段评价标准从高到低依次有 A、A⁻、B⁺、B、B⁻、C⁺、C、C⁻、D⁺、D、D⁻、F、P，共 13 级。A 为 95—100 分，A⁻ 为 90—94.99 分，其余依次往下递减，F 为 0—49.99 分，P 指无成绩通过。

---

[1] 资料来源于约旦哈希姆王国教育部网站。

[2] 资料来源于约旦教育网站。

[3] 资料来源于约旦教育网站。

（四）各阶段升学标准

儿童在入学当年 12 月 31 日之前满 6 岁，即可进入初等教育的第一学年。[1] 完成为期 10 年的初等教育时，学校会以他们在 8—10 年级的学习成绩以及本人志愿为依据，决定他们未来接受何种中等教育。[2]

在两年制普通中等教育结束时，学校将组织中等教育证书考试，根据考试成绩决定是否给学生发放文凭。中等教育证书考试科目包括科学、文学、信息管理、体育等。获得证书的毕业生可以申请进入大学学习。约旦中等教育质量较高，得到了很多国家的大学的认可，学生升入大学就读的比例也在不断上升。职业中等教育证书考试主要涉及农业、工业、医学、教育等内容，[3] 通过考试的学生可以获得中等职业教育证书，并凭借证书进入社区学院深造，原则上也可以升入大学，虽然这种情况在现实中并不常见。

（五）学校类别及入学条件

约旦《教育法》规定，约旦教育部的职责之一是建立和管理各级公立学校并监督私立学校。公立学校隶属于教育部或其他部委，如卫生部、国防部或社会发展部等。私立学校可以由本国公民开设，也可以由外国人出资设立，但不得与任何教派有明确的关联。[4]

教育部鼓励私营部门对基础教育进行投资。私立教育机构的教学计划根据教育部的规定制定并在其监督下实施，其课程内容、招生规则、假期安排等问题也须经教育主管部门审核批准。

---

[1] 资料来源于约旦哈希姆王国教育部网站。

[2] 唐志超. 约旦 [M]. 2 版. 北京：社会科学文献出版社，2016：256.

[3] 唐志超. 约旦 [M]. 2 版. 北京：社会科学文献出版社，2016：255.

[4] CHARLES L G, JAN D G. Balancing freedom, autonomy and accountability in education: Vol 3[M]. The Netherlands: Wolf Legal Publishers, 2012: 243-254.

约旦主要有 4 种类型的学校提供基础教育，分别是隶属于教育部的学校、隶属于其他政府部门的学校、由近东救济工程处管理的学校，以及私立学校，但它们针对的教育对象有所不同。例如，社会发展部主要负责有特殊需要的学生和有学习困难的学生的教育，近东救济工程处负责巴勒斯坦难民学校的管理。此外，还有一些非政府组织提供基础教育，如拉尼娅王后基金会、慈善协会总联合会，以及为有特殊需要的学生提供教育的机构。例如，努尔·侯赛因基金会负责管理成立于 1989 年的朱比利学校，该学校面向基础教育九年级以上的超常学生。[1]

公立学校都必须使用由约旦专家（其中大多数是教育部雇员）编制的国家教材。国家教材之外的书籍如参考书、图书馆藏书等也须经过教育部审核。私立学校使用的所有教材也都必须接受教育部审核。[2]

在入学条件方面，公立学校入学的基本标准是学生家庭住址离学校的距离，家离学校近的学生会被优先考虑，这一标准由教育部制定，学校不能提出异议，也不能根据学业或非学业原因违反这一标准。私立学校可以采取自己的招生政策。例如，大多数私立学校会要求学生进行入学考试。此外，一些精英学校还可能会对家长进行面试。[3]

（六）师资

在约旦，公立学校的教师由教育部任命。教师需求经学校确定后呈送教育部，教育部核准后直接任命教师，校长没有雇用或解雇教师的权力。

---

[1] CHARLES L G, JAN D G. Balancing freedom, autonomy and accountability in education: Vol 3[M]. The Netherlands: Wolf Legal Publishers, 2012: 243-254.

[2] CHARLES L G & JAN D G. Balancing freedom, autonomy and accountability in education: Vol 3[M]. The Netherlands: Wolf Legal Publishers, 2012: 243-254.

[3] CHARLES L G & JAN D G. Balancing freedom, autonomy and accountability in education: Vol 3[M]. The Netherlands: Wolf Legal Publishers, 2012: 243-254.

教师是根据现有需求、专业经验和教育资质通过竞争机制选拔任用的。相关部门会优先考虑某些特殊群体，如军人遗孤、贫困家庭子女和具备学历要求的残疾人，但其比例不超过 5%。[1]

教师每工作满 5 年后即可获得晋升资格。如果教师获得了更高的学历，或者业绩突出，则有可能提前晋升。工资和津贴根据学历、级别和工作性质进行分级。约旦教育部设有督导部门，负责评估教师的业绩。督导部门的学科督导负责监察和评估教师，跟进其工作并提供帮助。督导必须在学年结束前就每位教师的表现撰写评估报告。该报告构成教师整体评估的一部分，影响着教师的排名[2]。

作为教学活动的重要一环，约旦教师受到国家和社会的极大关注和重视。在阿卜杜拉二世提出的一系列教育发展战略和计划中，就包括改善教学条件和提高教师待遇的内容。阿卜杜拉二世对教师住房问题非常关注，并对住房问题的解决给予了大力支持。皇家教师住房基金每年资助名额约为 1 000 人，每名教师可获得的资助额度达 2 万第纳尔。此外，政府每年还为 1 400 名教师提供免息贷款，用于进修和购买住房。[3]

为了体现对教师的尊重，约旦规定每年的 10 月 4 日为教师节。阿卜杜拉二世国王每年都会在这一天向全体教师致以节日的问候。

---

[1] CHARLES L G & JAN D G. Balancing freedom, autonomy and accountability in education: Vol 3[M]. The Netherlands: Wolf Legal Publishers, 2012: 243-254.

[2] CHARLES L G & JAN D G. Balancing freedom, autonomy and accountability in education: Vol 3[M]. The Netherlands: Wolf Legal Publishers, 2012: 243-254.

[3] 唐志超. 约旦 [M]. 2 版. 北京：社会科学文献出版社，2016：255.

二、基础教育基本数据 [1]

（一）学校数量及其分布

1. 纵向变化

表 5.1 反映了 2009—2019 年约旦隶属于不同主管部门的男子学校、女子学校及男女混合学校的数量变化情况。可以看出，2009—2019 年，女校数量总体呈现出下降的趋势，男校数量基本保持不变，与此同时，男女混合制学校数量则逐年上升。

除了隶属于近东救济工程处的学校数量稍有减少外，隶属于其他机构的学校数量均呈上升趋势。私立学校增长速度最快，达到了 48.7%，比隶属于教育部的中小学数量增长率高出了 34.1%。

表 5.1 2009—2019 年约旦各机构中小学学校数量（单位：所）

学年	学校类型	近东救济工程处	其他政府部门	私立学校	教育部
2009—2010	男校	86	25	55	1 221
	女校	73	3	12	584
	混合制	15	3	2 188	1 566
	总计	174	31	2 255	3 371
2010—2011	男校	85	27	58	1 241
	女校	71	3	16	544
	混合制	17	3	2 294	1 648
	总计	173	33	2 368	3 433
2011—2012	男校	85	29	71	1 269
	女校	69	3	12	526
	混合制	19	3	2 395	1 691
	总计	173	35	2 478	3 486

[1] 资料来源于约旦哈希姆王国教育部网站。

续表

学年	学校类型	近东救济工程处	其他政府部门	私立学校	教育部
2012—2013	男校	85	31	64	1 295
	女校	71	3	15	538
	混合制	17	3	2 521	1 712
	总计	173	37	2 600	3 545
2013—2014	男校	86	34	46	1 352
	女校	71	3	20	548
	混合制	17	1	2 642	1 794
	总计	174	38	2 708	3 694
2014—2015	男校	86	34	57	1 365
	女校	73	3	10	544
	混合制	16	3	2 804	1 807
	总计	175	40	2 871	3 716
2015—2016	男校	88	38	55	1 344
	女校	76	3	19	622
	混合制	14	4	2 981	1 717
	总计	178	45	3 055	3 683
2016—2017	男校	82	38	58	1 393
	女校	75	3	17	516
	混合制	14	3	3 146	1 882
	总计	171	44	3 221	3 791
2017—2018	男校	82	40	52	1 391
	女校	70	3	10	496
	混合制	19	2	3 149	1 948
	总计	171	45	3 211	3 835
2018—2019	男校	81	41	49	1 407
	女校	69	3	11	468
	混合制	19	2	3 294	1 990
	总计	169	46	3 354	3 865

2．横向分布

约旦中小学的分布在地理区域上呈现出了较大的差异，以下从 2018—2019 学年约旦南、北、中三个地区的中小学分布情况进行分析。

表 5.2 呈现了 2018—2019 学年约旦中部各省份城市及农村地区中小学分布情况。分布在城市的中小学数目远大于农村，前者为 3 114 所，后者仅为 821 所；分布在安曼省的中小学数量远大于分布在其他各个省份的学校，安曼省的中小学总数最多，为 2 362 所，扎尔卡省次之，为 838 所，继而是拜勒加省，为 500 所，马德巴省最少，为 235 所。

表 5.2 2018—2019 学年约旦中部各省中小学城乡分布（单位：所）

省份	学校类型	近东工程救济处		其他政府部门		私立学校		教育部	
		农村	城市	农村	城市	农村	城市	农村	城市
安曼	男校	3	30	2	2	0	23	99	215
	女校	1	31	0	1	0	7	21	131
	混合制	0	8	0	0	34	1 382	158	214
	总计	4	69	2	3	34	1 412	278	560
拜勒加	男校	5	5	0	1	0	2	59	27
	女校	3	5	0	0	0	1	7	10
	混合制	0	2	0	0	73	149	88	63
	总计	8	12	0	1	73	152	154	100
扎尔卡	男校	0	13	0	3	0	9	37	101
	女校	0	11	0	2	0	2	9	56
	混合制	0	3	0	1	32	381	71	107
	总计	0	27	0	6	32	392	117	264
马德巴	男校	0	2	1	0	0	5	33	15
	女校	0	2	0	0	0	1	5	5
	混合制	0	0	0	0	26	66	54	20
	总计	0	4	1	0	26	72	92	40

四个省份均是男女混合制学校远大于男校和女校的数量，并且男校的数量明显多于女校，这一差异在安曼省体现得最为明显。安曼省共有女校

192 所，男校 374 所，男女混合制学校则高达 1 796 所。

不同管理机构管辖的中小学数量也在不同的省份显示出了明显的差异。隶属于教育部的学校安曼省最多，达到 838 所，马德巴省最少，仅有 132 所。私立学校呈现出了与教育部学校相似的分布状态，但分化更加严重，其在安曼省的数量高达 1 446 所，但在马德巴省仅有 98 所。其他政府部门管理的学校在安曼省和扎尔卡省基本持平，前者为 5 所，后者为 6 所，在其他两个省均只有 1 所。近东救济工程处分布在安曼省的中小学最多，有 73 所，在拜勒加省和扎尔卡省分别为 20 所和 27 所，在马德巴省最少，仅有 4 所。

各个机构在城市和农村的学校分布也不尽相同。隶属于教育部的学校在农村和城市地区的分布较为均衡，前者为 641 所，后者为 964 所，其他机构管辖的学校在城市和农村的分布则呈现出了较大的差异，分布在城市地区的中小学数量远高于分布在农村的数目，其中私立学校差异最大，其分布在城市的学校高达 2 028 所，是教育部学校的 2.1 倍，但分布在农村地区的学校仅有 165 所，仅为教育部学校的 1/4 左右。

表 5.3 呈现了 2018—2019 学年约旦北部各省份城市及农村地区中小学的分布情况。总的来说，北部地区农村和城市的中小学数量基本持平，农村的中小学数量略高于城市，前者为 1 326 所，后者为 1 221 所；在北部四个省份里，伊尔比德省的中小学学校数量为 1 404 所，远高于其他三省，马弗拉克省次之，为 641 所，杰拉什省为 283 所，阿杰隆省为 219 所。

表 5.3　2018—2019 学年约旦北部各省中小学城乡分布（单位：所）

省份	学校类型	近东救济工程处		其他政府部门		私立学校		教育部	
		农村	城市	农村	城市	农村	城市	农村	城市
伊尔比德	男校	2	16	0	1	0	2	138	144
	女校	1	11	0	0	0	0	32	67

省份	学校类型	近东救济工程处		其他政府部门		私立学校		教育部	
		农村	城市	农村	城市	农村	城市	农村	城市
伊尔比德	混合制	2	3	0	0	198	452	189	146
	总计	5	30	0	1	198	454	359	357
马弗拉克	男校	0	1	5	0	0	3	170	28
	女校	0	0	0	0	0	0	23	12
	混合制	0	1	0	0	38	59	263	38
	总计	0	2	5	0	38	62	456	78
杰拉什	男校	2	2	0	0	0	1	50	21
	女校	1	3	0	0	0	0	11	12
	混合制	0	0	0	0	37	57	62	24
	总计	3	5	0	0	37	58	123	57
阿杰隆	男校	0	0	0	0	0	0	26	20
	女校	0	0	0	0	0	0	2	6
	混合制	0	0	0	0	26	62	48	29
	总计	0	0	0	0	26	62	76	55

四个省份均是男女混合制学校数量远高于男校和女校数量，其中男校数量又高于女校数量。这一差异在伊尔比德省最为明显，其男女混合制学校高达990所，男校为303所，而女校仅有111所。

除了由其他政府部门管辖的中小学在马弗拉克省的学校数量高于伊尔比德省外（前者为5所，后者为1所），不论是隶属于教育部的学校，还是私立学校或近东救济工程处治下的学校，均是伊尔比德省的数量高于马弗拉克省。私立学校在两个省的数量差异最为明显，伊尔比德省的私立学校有652所，马弗拉克省的私立学校仅有100所。阿杰隆省的学校数量少于其他三个省份，而且其他政府部门和近东救济工程处均未在阿杰隆省开办学校。

与中部地区的状况不同，教育部分布在北部城市地区的中小学学校数量远小于分布在农村地区的学校数量，前者为 547 所，后者为 1 014 所，隶属于其他政府部门的学校呈现出了相同的状况，其分布在城市地区的中小学仅有 1 所，分布在农村地区的中小学有 5 所。私立学校和近东救济工程处治下的中小学继续保持着城市地区多于农村地区的分布特点，其中城市地区私立学校有 636 所，农村地区有 299 所；近东救济工程处在城市地区的中小学有 37 所，在农村地区仅有 8 所。

表 5.4 呈现了 2018—2019 学年约旦南部各省份城市及农村地区中小学的分布情况。总的来说，南部地区农村的中小学数量要高于城市，前者为 563 所，后者为 389 所。在四个省份里，卡拉克省的中小学数量最多，为 424 所，马安省次之，为 237 所，塔菲拉省与亚喀巴省数量相当，分别是 145 所和 146 所。

南部四个省份依然呈现出男女混合制学校数量远大于男校和女校数量，其中男校数量又显著高于女校数量的分布特点。比起中部地区和北部地区，南部地区这一分化更加明显，各个省份混合制学校的数量均超过了男校的两倍，而男校数量又是女校数量的数倍。

表 5.4 2018—2019 学年约旦南部各省中小学城乡分布（单位：所）

省份	学校类型	近东救济工程处		其他政府部门		私立学校		教育部	
		农村	城市	农村	城市	农村	城市	农村	城市
卡拉克	男校	0	0	1	2	1	0	81	24
	女校	0	0	0	0	0	0	21	11
	混合制	0	0	0	0	63	48	120	52
	总计	0	0	1	2	64	48	222	87
塔菲拉	男校	0	0	1	1	0	0	17	23
	女校	0	0	0	0	0	0	3	4
	混合制	0	0	0	0	12	10	44	30
	总计	0	0	1	1	12	10	64	57

省份	学校类型	近东救济工程处		其他政府部门		私立学校		教育部	
		农村	城市	农村	城市	农村	城市	农村	城市
马安	男校	0	0	8	0	1	0	38	21
	女校	0	0	0	0	0	0	8	4
	混合制	0	0	0	0	9	27	76	45
	总计	0	0	8	0	10	27	122	70
亚喀巴	男校	0	0	13	0	0	2	7	13
	女校	0	0	0	0	0	0	3	5
	混合制	0	0	1	0	6	47	29	20
	总计	0	0	14	0	6	49	39	38

教育部在卡拉克省开办了最多的学校，为309所，马安省次之，为192所，继而是塔菲拉省，为121所，亚喀巴省的教育部所属学校最少，为77所。私立学校在卡拉克省分布最多，为112所，亚喀巴省次之，为55所，塔菲拉省的私立学校最少，为22所。其他政府部门则是在亚喀巴省开设了最多的学校，达到14所，马安省次之，8所，卡拉克省3所，塔菲拉省2所。近东救济工程处未在南部任何一个省份开设学校。

教育部开设的学校在南部地区城乡的分布特点与北部地区相似，即农村的数量显著高于城市，前者为447所，后者为252所。其他政府部门同样如此，其在农村地区开设的学校有24所，而在城市地区仅开设了3所。私立学校的城乡分布依然是城市地区数量高于农村地区，前者为134所，后者为92所。

结合表5.2、5.3、5.4来看，在整个约旦，中部地区中小学学校数量最多，达到了3 935所，北部地区次之，为2 547所，中小学数量最少的是南部地区，仅有952所，呈现出南北中差异较大、中部地区基础教育最为发达的特点。

南北中地区城乡差异情况也各有不同。中部地区的城市共有中小学3 114 所，在整个地区的占比为79.1%，远高于农村。北部地区和南部地区则完全相反，城市中小学数量小于农村的中小学数量，其中北部地区城市中小学数量为1 221 所，占比47.9%，南部地区城市中小学数量为389 所，占比40.9%。

不论是中部地区、北部地区还是南部地区，男女混合制学校都占据了该地区的绝大多数，男校数量次之，女校数量最少，占比不足10%。

在全国范围内，教育部学校占据的份额最大。在全国7 434 所学校中，教育部共有3 865 所，占比52%，远大于其他机构开办的学校。从表5.5 也可以看出教育部学校在全国范围内的分布情况。尽管教育部在安曼省开设了最多的学校，达838 所，但是在安曼省的学校总数中占比却是最低的，仅占35.5%。教育部学校在塔菲拉省和马弗拉克省占比最高，分别为83.4% 和83.3%。这些数据从侧面反映出教育部以外的其他机构对安曼省基础教育的巨大投入。

表5.5 2018—2019 学年约旦教育部学校数量在各地区学校总数中的占比

省份	教育部学校（所）	该地区学校总数（所）	占比（%）
安曼	838	2 362	35.5
拜勒加	254	500	50.8
扎尔卡	381	838	45.5
马德巴	132	235	56.2
伊尔比德	716	1 404	51.0
马弗拉克	534	641	83.3
杰拉什	180	283	63.6
阿杰隆	131	219	59.8
卡拉克	309	424	72.9
塔菲拉	121	145	83.4

续表

省份	教育部学校（所）	该地区学校总数（所）	占比（%）
马安	192	237	81
亚喀巴	77	146	52.7
总计	3 865	7 434	52

（二）学生数量及其分布

1. 纵向变化

表 5.6 反映的是 2009—2019 年隶属于不同类别教育机构的学生数量的变化情况。可以看出，2009—2019 年，始终是男生数量稍高于女生，并且二者以相近的速度逐年增长。

教育部、其他政府部门、近东救济工程处和私立学校的学生数量在此期间均呈现出上升的态势。其中，私立学校学生数量增长最快，2018—2019 学年学生人数比 2009—2010 学年增长了 51%，其次是其他政府部门，增长了 31%，再次是教育部，增长了 26%，近东救济工程处学生数量在此期间仅有 1% 的增长。

表 5.6 2009—2019 年约旦各机构中小学学生数（单位：人）

学年	性别	近东救济工程处	其他政府部门	私立学校	教育部
2009—2010	男	60 888	10 401	214 961	541 653
	女	59 015	2 824	150 944	587 795
	总计	119 903	13 225	365 905	1 129 448

续表

学年	性别	近东救济工程处	其他政府部门	私立学校	教育部
2010—2011	男	60 286	11 292	225 226	545 367
	女	57 671	2 798	157 641	597 641
	总计	117 957	14 090	382 867	1 143 008
2011—2012	男	58 404	11 806	239 004	548 536
	女	55 958	2 797	167 323	606 344
	总计	114 362	14 603	406 327	1 154 880
2012—2013	男	57 384	12 247	250 462	556 910
	女	55 454	2 771	174 537	617 066
	总计	112 838	15 018	424 999	1 173 976
2013—2014	男	58 522	12 886	264 764	595 627
	女	56 403	2 865	186 375	669 521
	总计	114 925	15 751	451 139	1 265 148
2014—2015	男	59 057	13 724	279 205	596 332
	女	57 049	3 116	194 780	673 554
	总计	116 106	16 840	473 985	1 269 886
2015—2016	男	59 482	14 511	294 961	587 775
	女	57 270	3 334	204 506	677 441
	总计	116 752	17 845	499 467	1 265 216
2016—2017	男	63 302	14 577	303 201	625 631
	女	59 380	3 423	212 231	710 736
	总计	122 682	18 000	515 432	1 336 367
2017—2018	男	61 764	14 636	315 185	645 155
	女	58 399	3 392	219 624	733 686
	总计	120 163	18 028	534 809	1 378 841
2018—2019	男	62 542	14 227	325 315	668 251
	女	58 781	3 151	227 215	755 237
	总计	121 323	17 378	552 530	1 423 488

2．横向分布

以下将对约旦南北中三个地区近年来中小学学生的分布情况做进一步分析。

表5.7呈现了2018—2019学年约旦中部各省份城市和农村地区中小学学生的分布情况。总的来说，约旦中部各省份城市地区的学生数量远高于农村地区，前者为1 080 599人，后者为199 672人。安曼省的学生数量最多，并且远高于其他几个省份，达到了780 241人，扎尔卡省次之，为300 522人，然后是拜勒加省，为143 756人，马德巴省中小学学生数量最少，仅为55 752人。

表5.7 2018—2019学年约旦中部各省中小学学生城乡分布（单位：人）

省份	性别	近东救济工程处		其他政府部门		私立学校		教育部	
		农村	城市	农村	城市	农村	城市	农村	城市
安曼	男	2 295	23 346	326	1 209	2 197	165 085	33 271	165 017
	女	465	24 656	0	1 055	1 164	125 989	40 615	193 551
拜勒加	男	3 770	4 858	0	168	6 337	16 102	22 588	19 433
	女	1 757	7 219	0	0	3 682	11 141	20 399	26 302
扎尔卡	男	0	11 407	0	3 042	1 464	34 409	17 638	83 800
	女	0	9 889	0	2 089	961	20 860	19 824	95 139
马德巴	男	0	1 545	144	0	1 580	7 802	8 789	8 607
	女	0	1 357	0	0	955	4 861	9 451	10 661

四个省份均呈现出男女学生数量基本持平、男生数量略高于女生的特点。以安曼省为例，男生数量为392 746人，女生数量为387 495人。

　　教育部管理的学校在安曼省的学生数量最多，为 432 454 人，且远高于其他三省，在马德巴省的学生数量最少，仅为 37 508 人。私立学校和近东救济工程处所属学校的学生数量也呈现出了类似的分布特点，前者在安曼省的学生数高达 294 435 人，在马德巴省最少，仅为 15 198 人；后者在安曼省的学生数为 50 792 人，而在马德巴省仅有 2 902 人。

　　不论是教育部、其他政府部门、近东救济工程处还是私营部门，在其管理下的学校均呈现出城市地区学生数量远高于农村地区的特点。教育部管辖学校的学生在城市达到了 602 510 人，在农村仅有 172 575 人。

　　表 5.8 呈现了 2018—2019 学年约旦北部各省份城市及农村地区中小学学生的分布情况。与中部地区分布悬殊不同的是，北部地区城市的中小学学生数量略大于农村的中小学学生数量，前者为 351 071 人，后者为 280 281 人。伊尔比德省学生数量最多，并且远远高于其他三个省份，达到了 382 238 人，马弗拉克省次之，为 140 207 人，杰拉什省和阿杰隆省分别只有 62 824 人和 46 083 人。

表 5.8　2018—2019 学年约旦北部各省中小学学生城乡分布（单位：人）

省份	性别	近东救济工程处		其他政府部门		私立学校		教育部	
		农村	城市	农村	城市	农村	城市	农村	城市
伊尔比德	男	1 177	10 413	0	235	16 081	35 950	48 374	82 318
	女	1 538	7 453	0	0	8 818	23 948	53 017	92 916
马弗拉克	男	0	205	1 919	0	1 793	4 624	49 894	13 564
	女	0	146	0	0	993	2 807	48 912	15 350
杰拉什	男	1 856	1 670	0	0	1 293	4 566	14 333	7 864
	女	564	3 737	0	0	812	2 556	11 082	12 491

省份	性别	近东救济工程处		其他政府部门		私立学校		教育部	
		农村	城市	农村	城市	农村	城市	农村	城市
阿杰隆	男	0	0	0	0	1 611	4 993	7 618	9 289
	女	0	0	0	0	977	2 582	7 619	11 394

北部四个省份均呈现出男女学生数量基本持平，且男生数量稍高于女生的特点。这一点与中部地区相同。其中杰拉什省的男生数量为 31 582 人，女生数量为 31 242 人，男女生数量只相差了 340 人。

伊尔比德省的教育部学校学生数量最多，且远高于其他省份，马弗拉克省次之。私立学校在这四个省份的学生数量分布与教育部学校的分布情况完全相同。近东救济工程处学校在伊尔比德省的学生数量最多，且远高于其他几个省份，杰拉什省次之。其他政府部门学校的学生分布状态则与前三者差异较大，马弗拉克省学生最多，为 1 919 人，伊尔比德省仅有 235 人，杰拉什和阿杰隆两省未开办隶属于其他政府部门的学校，故没有学生。

教育部学校的学生在约旦北部地区的城市和农村分布相对均匀，数量持平。私立学校和近东救济工程处学校的学生则呈现出城市地区数量远大于农村地区的特点。而其他政府部门的学生数量分布则是农村远大于城市，前者为 1 919 人，后者仅为 235 人。

表 5.9 呈现了 2018—2019 学年约旦南部各省份城市及农村地区中小学学生的分布情况。总的来说，城市地区的学生数量高于农村地区，前者为 105 128 人，后者为 97 968 人。卡拉克省的学生数量远高于其他三个省份，达到了 83 140 人，亚喀巴省次之，为 49 442 人，再次是马安省，学生数量为 41 194 人，学生数量最少的是塔菲拉省，仅为 29 320 人。

表 5.9 2018—2019 学年约旦南部各省中小学学生城乡分布（单位：人）

省份	性别	近东救济工程处		其他政府部门		私立学校		教育部	
		农村	城市	农村	城市	农村	城市	农村	城市
卡拉克	男	0	0	243	257	3 590	4 024	23 538	10 495
	女	0	0	0	0	2 619	2 530	22 124	13 720
塔菲拉	男	0	0	376	217	769	962	4 804	7 510
	女	0	0	0	0	720	662	6 446	6 854
马安	男	0	0	3 098	0	156	1 504	7 835	7 953
	女	0	0	0	0	117	1 154	10 180	9 197
亚喀巴	男	0	0	2 993	0	233	8 190	2 678	11 041
	女	0	0	7	0	85	6 222	5 357	12 636

四个省份的男女学生数量基本持平，但是不同于中部和北部地区各省份均为男生略多于女生，南部地区的卡拉克省和亚喀巴省男生略多于女生，但在塔菲拉和马安两个省份，女生略多于男生。

教育部在卡拉克省拥有的学生数量最多，马安省次之，塔菲拉省最少，但四个省差距不大。私立学校则是在亚喀巴省拥有的学生数量最多，卡拉克省次之，且这两个省份的学生数量远大于其余两个省份。其他政府部门则是在马安省的学生数量最多，亚喀巴省次之，两省数量非常接近，并且远高于其余两个省份。近东救济工程处因未在南部地区开办学校，因此这四省均无隶属于该处的学生。

教育部所属学校的学生在约旦南部地区的城乡分布较为平衡，其在农村有 82 962 名学生，稍高于城市地区的 79 406 名。其他政府部门学校的学生分布呈现出农村地区远多于城市地区的特点，前者有 6 717 人，后者仅有 474 人。私立学校的学生分布状况则与其他政府部门学校的学生状况截然相反，呈现出城市地区学生数量远大于农村地区的特点。

结合表5.7、5.8、5.9来看，在整个约旦，南北中地区中小学学生数量差异较大，中部地区学生最多，达到了1 280 271人，是北部地区的2倍多，南部地区学生最少，仅有203 096人，不到中部地区的1/6。

学生在南北中地区的城乡分布状况也呈现出了较大的差异。学生在北部和南部地区的城乡分布较为均匀，北部地区城市学生数量占整个地区55.6%，稍高于农村地区；南部地区城市学生数量占整个地区的51.8%，与农村学生数量非常接近。然而在中部地区，学生在城市和农村的分布却极不平衡，城市学生数量占整个地区的84.4%，农村地区仅占15.6%。

整个约旦基础教育阶段的男生数量与女生数量基本持平，南北中三大地区均符合这一特点。其中中部地区和南部地区均为男生占比50.5%，女生占比49.5%；北部地区男生占比50.9%，女生占比49.1%。

在全国范围内，教育部管辖下的学生人数最多，在全国2 114 719名学生中有1 423 488名，占比67.3%，远高于其他机构的学生数量。从表5.10可以看出教育部管辖下的学生在各省学生总人数中的占比。尽管教育部在安曼省拥有最多的学生，数量高达432 454人，但其学生数量在安曼省的学生总数中占比最低，为55.4%，而在马弗拉克省，教育部管辖下的学生人数占比最高，达到了91.1%。

表5.10 2018—2019学年约旦各省教育部学校学生人数及其在该省学生总数中的占比

省份	教育部学校学生人数	该省学生总人数	占比（％）
安曼	432 454	780 241	55.4
拜勒加	88 722	143 756	61.7
扎尔卡	216 401	300 522	72.0
马德巴	37 508	55 752	67.3
伊尔比德	276 625	382 238	72.4

续表

省份	教育部学校学生人数	该省学生总人数	占比（%）
马弗拉克	127 720	140 207	91.1
杰拉什	45 770	62 824	72.9
阿杰隆	35 920	46 083	77.9
卡拉克	69 877	83 140	84.0
塔菲拉	25 614	29 320	87.4
马安	35 165	41 194	85.4
亚喀巴	31 712	49 442	64.1
总计	1 423 488	2 114 719	67.3

（三）教师数量及其分布

1．纵向变化

表 5.11 反映了 2009—2019 年隶属于不同教育机构的教师情况的变化。从表 5.11 可以看出，在此期间，约旦的女教师数量始终远大于男教师，且男女教师数量均呈不断增长的态势。

表 5.11 2009—2019 年约旦各机构中小学教师人数

学年	性别	近东救济工程处	其他政府部门	私立学校	教育部
2009—2010	男	2 187	906	3 179	27 558
	女	2 318	266	20 900	42 135
	总计	4 505	1 172	24 079	69 693

学年	性别	近东救济工程处	其他政府部门	私立学校	教育部
2010—2011	男	2 194	1 034	3 180	28 063
	女	2 299	298	22 447	43 118
	总计	4 493	1 332	25 627	71 181
2011—2012	男	2 156	1 130	3 213	28 901
	女	2 301	348	23 642	44 712
	总计	4 457	1 478	26 855	73 613
2012—2013	男	2 145	1 086	3 483	29 281
	女	2 284	274	25 340	46 120
	总计	4 429	1 360	28 823	75 401
2013—2014	男	2 128	1 228	3 401	29 952
	女	2 307	253	26 894	48 754
	总计	4 435	1 481	30 295	78 706
2014—2015	男	2 152	1 420	3 424	30 010
	女	2 284	303	28 413	48 736
	总计	4 436	1 723	31 837	78 746
2015—2016	男	2 153	1 688	3 936	29 462
	女	2 239	364	31 559	49 617
	总计	4 392	2 052	35 495	79 079
2016—2017	男	2 192	1 684	3 781	31 419
	女	2 337	320	32 295	52 234
	总计	4 529	2 004	36 076	83 653
2017—2018	男	2 187	1 574	4 069	32 699
	女	2 175	325	35 925	53 928
	总计	4 362	1 899	39 994	86 627
2018—2019	男	2 139	1 583	4 212	32 656
	女	2 193	369	37 832	55 078
	总计	4 332	1 952	42 044	87 734

教育部、其他政府部门和私立学校的教师数量在2009—2019年也呈现出增长的态势，只有近东救济工程处的教师数量不增反降。其中，私立学校教师数量增长最快，例如，2018—2019学年，私立学校的教师人数比2009—2010学年增长了74.6%，而教育部教师数量仅增长了25.9%。尽管私立学校教师增长率远高于教育部，但教育部教师的绝对数量始终大于私立学校，也大于近东救济工程处和其他政府部门的教师数量。

2．横向分布

表5.12反映了2018—2019学年约旦中部各省份城市及农村地区中小学教师的分布情况。总的来说，城市地区的教师数量远高于农村地区，前者为62 938人，后者为13 522人。安曼省的教师数量最多，达到了48 155人；扎尔卡省次之，为15 567人；再次是拜勒加省，为8 780人；教师数量最少的是马德巴省，仅有3 958人。

表5.12 2018—2019学年约旦中部各省中小学教师城乡分布（单位：人）

省份	性别	近东救济工程处		其他政府部门		私立学校		教育部	
		农村	城市	农村	城市	农村	城市	农村	城市
安曼	男	68	806	82	96	9	3 126	1 674	6 454
	女	21	943	0	129	279	20 448	3 360	10 660
	总计	89	1 749	82	225	288	23 574	5 034	17 114
拜勒加	男	123	159	0	12	60	143	1 168	744
	女	64	235	0	0	638	1 775	1 772	1 887
	总计	187	394	0	12	698	1 918	2 940	2 631

省份	性别	近东救济工程处		其他政府部门		私立学校		教育部	
		农村	城市	农村	城市	农村	城市	农村	城市
扎尔卡	男	0	353	0	178	0	288	889	3 055
	女	0	377	0	240	164	3 617	1 349	5 057
	总计	0	730	0	418	164	3 905	2 238	8 112
马德巴	男	0	49	34	0	0	81	552	428
	女	0	46	0	0	186	832	1 030	720
	总计	0	95	34	0	186	913	1 582	1 148

中部四大省份的女教师数量都高于男教师数量，且在安曼、拜勒加、扎尔卡三省这一情况十分突出。安曼省有 35 840 名女教师，仅有 12 315 名男教师；扎尔卡省有 10 804 名女教师，仅有 4 763 名男教师；拜勒加省有 6 371 名女教师，仅有 2 409 名男教师。

教育部、私立学校和近东救济工程处均是在安曼省的教师数量最多，扎尔卡省次之，然后是拜勒加省，马德巴省最少。其中，私立学校在安曼省的教师数量为 23 862 人，远大于其余三省的教师数量，其余三省私立学校教师数量共计 7 784 人。其他政府部门则是在扎尔卡省的教师数量最多，达 418 人，安曼省次之，为 307 人，拜勒加省的教师数量最少，仅有 12 人。

不论是教育部、其他政府部门、近东救济工程处还是私立学校的教师，其分布均呈现出城市地区数量远高于农村地区的特点。其中私立学校教师的城乡分布最不均匀，城市有 30 310 人，农村仅有 1 336 人。

表 5.13 反映了 2018—2019 学年约旦北部各省份城市及农村地区中小学教师的分布情况。总的来说，城市教师数量略高于农村，前者为 21 189 人，后者为 20 934 人。伊尔比德省的教师最多，共 23 608 人；马弗拉克省次之，共 10 756 人；阿杰隆省教师最少，仅 3 491 人。

表 5.13 2018—2019 学年约旦北部各省中小学教师城乡分布（单位：人）

省份	性别	近东救济工程处		其他政府部门		私立学校		教育部	
		农村	城市	农村	城市	农村	城市	农村	城市
伊尔比德	男	56	402	0	19	57	183	2 787	3 990
	女	45	313	0	0	1 662	4 001	4 311	5 782
	总计	101	715	0	19	1 719	4 184	7 098	9 772
马弗拉克	男	0	13	265	0	6	78	3 091	697
	女	0	14	0	0	203	420	4 646	1 323
	总计	0	27	265	0	209	498	7 737	2 020
杰拉什	男	52	58	0	0	0	24	985	451
	女	22	113	0	0	144	427	1 106	886
	总计	74	171	0	0	144	451	2 091	1 337
阿杰隆	男	0	0	0	0	2	10	530	523
	女	0	0	0	0	188	546	776	916
	总计	0	0	0	0	190	556	1 306	1 439

与中部地区相同，北部地区四大省份也是女教师数量高于男教师数量，伊尔比德省的男女教师数量差异最大，女教师有 16 114 人，男教师仅有 7 494 人。

教育部、私立学校和近东救济工程处均是在伊尔比德省的中小学教师数量最多。教育部在伊尔比德省的教师数量高达 16 870 人，马弗拉克省次之，为 9 757 人，杰拉什和阿杰隆两省分别只有 3 428 人和 2 745 人。私立学校在伊尔比德省的教师有 5 903 人，其他三省共计 2 048 人，并且在这三省分布相对均匀。近东救济工程处在伊尔比德省的教师数量为 816 人，远高于其他三省的教师数量，三省中杰拉什省有教师 245 人，马弗拉克省有 27 人，阿杰隆省因未开办学校而没有教师。其他政府部门则是在马弗拉克省教师数量最多，共 265 人，伊尔比德省次之，仅 19 人，其他两省没有开办学校。

与中部地区教师城乡分布状况不同,教育部和其他政府部门在北部农村地区的教师人数远大于城市地区的教师人数。私立学校和近东救济工程处则依然是城市地区教师人数远大于农村地区。

表5.14反映了2018—2019学年约旦南部各省城市和农村地区中小学教师的分布情况。与中部和北部地区不同的是,在南部地区,农村的教师数量总体上高于城市,前者为9 512人,后者为7 967人。其中,卡拉克省的教师数量最多,达到了7 430人,远高于其他三省,马安省次之,为3 968人,塔菲拉省的教师最少,仅有2 659人。

表5.14 2018—2019学年约旦南部各省中小学教师城乡分布(单位:人)

省份	性别	近东救济工程处		其他政府部门		私立学校		教育部	
		农村	城市	农村	城市	农村	城市	农村	城市
卡拉克	男	0	0	29	45	17	40	1 610	620
	女	0	0	0	0	428	503	2 733	1 405
塔菲拉	男	0	0	45	32	0	0	297	535
	女	0	0	0	0	88	145	790	727
马安	男	0	0	315	0	10	1	569	481
	女	0	0	0	0	13	182	1 387	1 010
亚喀巴	男	0	0	431	0	0	77	144	382
	女	0	0	0	0	23	920	583	862

与中部地区和北部地区相同,南部地区四大省份也是女教师数量高于男教师,卡拉克省的男女教师数量相差最大,女教师有5 069人,男教师为2 361人。

教育部在卡拉克省的教师最多,并且远高于其他三省,马安省次之,在亚喀巴省的教师最少。私立学校则是在亚喀巴省的教师最多,卡拉克省次之,这两省的教师数量远高于其他两省。其他政府部门在亚喀巴省的教师最多，马安省次之，其余两省的教师总数不足马安省的一半。近东救济工程处未在南部地区开办任何学校，因此没有教师。

教育部和其他政府部门在南部农村的教师数量均大于城市，但是教育部教师城乡分布差距较小，其他政府部门教师的城乡分布则极不均匀，农村的教师数量远大于城市。私立学校则依然是城市地区教师人数远大于农村。

结合表 5.12、5.13、5.14 来看，在整个约旦，中部地区中小学教师数量最多，达到了 76 460 人，北部地区次之，为 42 123 人，南部地区最少，仅有 17 479 人，表明南北中差异较大，中部地区师资力量远胜于南部和北部地区。

中小学教师在南北中地区的城乡分布也有较大差异。教师在北部和南部地区的城乡分布较为均匀，北部城市的教师数量占整个地区的 50.3%，略高于农村教师数量；南部则是农村教师占比稍高于城市，为 54.4%。然而在中部地区，教师的城乡分布却极为不平衡，城市教师占整个地区教师总数的 82.3%，农村地区仅占 17.7%。

整个约旦基础教育阶段女教师数量明显高于男教师数量。在中部地区，女教师占比达到了 73%，北部地区的女教师占比为 66.1%，南部地区的女教师占比为 67.5%，基础教育阶段师资力量以女教师为主的特点突出。

在全国范围内，教育部教师占据的比重最大，在全国 136 062 名教师里，教育部教师有 87 734 人，占 64.5%，远高于其他机构的教师数量。从表 5.15 可以看出教育部教师在全国范围内的分布情况。在马弗拉克省，教育部的教师占比最高，为 90.7%；这一数据在安曼省仅为 46%。尽管教育部在安曼省的教师数量最多，高达 22 148 人，但其他机构在安曼省的教师数量在该省占据了较大比例。

表 5.15 2018—2019 学年约旦各省教育部教师人数及其在各省教师总人数中的占比

省份	教育部教师人数	该省教师总人数	占比（%）
安曼	22 148	48 155	46.0
拜勒加	5 571	8 780	63.5
扎尔卡	10 350	15 567	66.5
马德巴	2 730	3 958	69.0
伊尔比德	16 870	23 608	71.5
马弗拉克	9 757	10 756	90.7
杰拉什	3 428	4 268	80.3
阿杰隆	2 745	3 491	78.6
卡拉克	6 368	7 430	85.7
塔菲拉	2 349	2 659	88.3
马安	3 447	3 968	86.9
亚喀巴	1 971	3 422	57.6
总计	87 734	136 062	64.5

（四）入学情况

1. 初等教育入学率

图 5.1 展示了 2012—2019 年各学年约旦初等教育毛入学率的变化趋势。总的来说，当前约旦初等教育毛入学率比 2012—2013 学年有所下降。初等教育阶段男生的毛入学率起伏较大，在 2013—2014 学年有所回升，2014—2015 学年达到最高点，但在 2015—2016 学年突然下跌至最低点，2017—2018 学年又开始呈现逐渐回升的态势，2018—2019 学年基本与上一学年持平，仅下降 0.1%。女生的毛入学率则是从 2012—2013 学年后就一路走低，

直到 2016—2017 学年下降幅度才有所缓和，开始缓慢回升，2018—2019 学年女生毛入学率仅比上一年下降 0.1%。

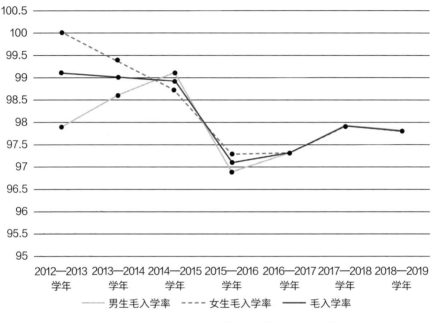

图 5.1 2012—2019 年约旦初等教育毛入学率

2016—2017 学年、2017—2018 学年和 2018—2019 学年，约旦初等教育阶段男女生保持着相同的毛入学率。在此之前，除 2014—2015 学年男生的毛入学率比女生高了不到 0.4% 外，其他学年基本都是女生的毛入学率高于男生，相差最多时高了 2.1%。由此可以看出，在初等教育阶段，女生的入学情况要优于男生。

图 5.2 展示了 2012—2019 年各学年约旦初等教育净入学率的变化趋势。总体而言，2018—2019 学年，约旦的初等教育净入学率低于 2012—2013 学年。其中男生的净入学率在 2014—2015 学年前呈缓慢上升的态势，之后的两个学年大幅度下跌，2017—2018 学年开始回升，到 2018—2019 学年基本稳定，仅比上一学年下降了 0.1%。初等教育阶段女生的净入学率变化情况与男

生相似，依然是自 2012—2013 学年后就一路下跌，2017—2018 学年开始回升，2018—2019 学年基本稳定，比上一学年上升了 0.1%。

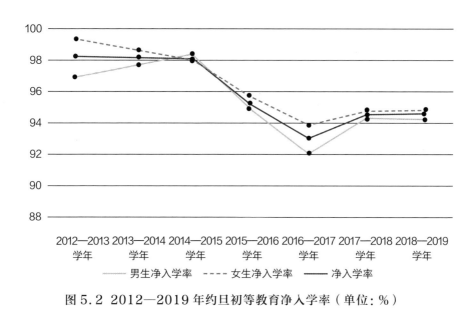

图 5.2 2012—2019 年约旦初等教育净入学率（单位：%）

从 2012 年到 2019 年，除了 2014—2015 学年初等教育阶段男生的净入学率比女生高了 0.15% 外，其他学年都是女生的净入学率高于男生，相差最多时高了 2.2%。所以从净入学率的变化也可以看出，初等教育阶段女生的入学状况好于男生。

2．中等教育入学率

图 5.3 展示了 2012—2019 年各学年约旦中等教育阶段毛入学率的变化趋势。2012—2019 年，约旦中等教育阶段男女生的毛入学率均呈现下降的趋势。2018—2019 学年，约旦中等教育毛入学率为 75.4%，比 2012—2013 学年的 80.4% 低了 5%。其中，男生的毛入学率从 2012—2013 学年到 2016—

2017 学年一直下降，2017—2018 学年稍有回升，其最高点与最低点相差了 6.5%。2018—2019 学年，男生的毛入学率比上一学年下降了 0.3%。中等教育阶段女生的毛入学率从 2012—2013 学年到 2014—2015 学年呈现下降趋势，此后直到 2018—2019 学年一直呈现出缓慢上升的趋势，其最高点与最低点相差了 6.2%。2018—2019 学年，女生的毛入学率比上一学年上升了 0.4%。

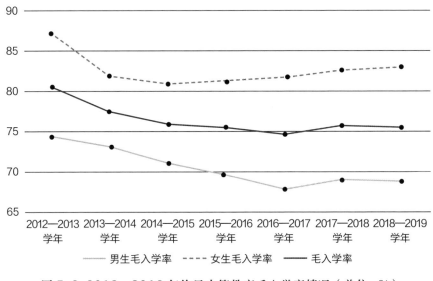

图 5.3 2012—2019 年约旦中等教育毛入学率情况（单位：%）

2012—2019 年，约旦中等教育阶段女生的毛入学率始终远高于男生，相差最大时女生的毛入学率比男生高了 14.2%，相差最小时也有 8.7%，由此可以看出，中等教育阶段女生的入学情况好于男生。

图 5.4 展示了 2012—2019 年各学年约旦中等教育阶段净入学率的变化趋势。与中等教育阶段的毛入学率变化趋势相同，2012—2019 年，约旦中等教育阶段男女生的净入学率总体呈下降态势，虽然 2016—2017 学年以来有所回升，但仍没有回到 2012—2013 学年的水平。2018—2019 学年，约旦

中等教育净入学率为 71.2%, 比 2012—2013 学年的 76.9% 低了 5.7%。男生的净入学率从 2012—2013 学年到 2016—2017 学年持续下降,直到 2017—2018 学年才开始回升。2018—2019 学年,男生的净入学率比上一学年上升了 0.2%。中等教育阶段女生的净入学率从 2012—2013 学年到 2015—2016 学年一直在下降,2016—2017 学年开始回升。2018—2019 学年,女生的净入学率比上一学年上升了 0.2%。

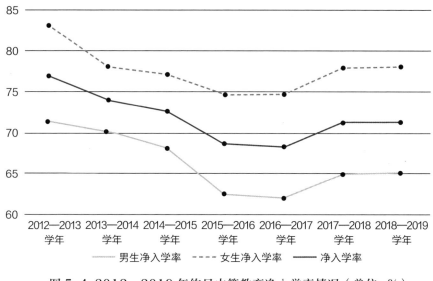

图 5.4 2012—2019 年约旦中等教育净入学率情况(单位:%)

2012—2019 年,约旦中等教育阶段女生的净入学率始终远高于男生,相差最大时女生的净入学率比男生高了 13.1%,相差最小时也有 7.9%。从净入学率可以看出,中等教育阶段女生的入学状况好于男生。

综合以上 4 个曲线图可以看出,目前约旦初等教育和中等教育的入学率均不尽人意。在整个基础教育阶段,女生的入学情况好于男生,其中初等教育阶段二者差距相对较小,到中等教育阶段这一差距则明显拉大,女生无论是毛入学率还是净入学率均远高于男生。

（五）教学成果

约旦普通中等教育证书考试是针对本国学生在基础教育阶段接受教育情况的检测，而国际学生评估项目（以下简称 PISA）作为一项权威的国际评估则反映了约旦学生在国际上的竞争力，以下将从这两方面对约旦基础教育阶段的教学成果进行分析。

1. 约旦普通中等教育证书考试通过情况

表 5.16、5.17、5.18、5.19、5.20 展示了 2009—2019 年约旦中学生在普通中等教育证书考试中 5 个科目的通过情况。

表 5.16 展示了 2009—2019 年约旦中学生在文学科目考试中的通过情况。可以看到，2009 年通过率最高，达 53.1%，2014 年最低，仅 17.4%。2019 年，文学科目的通过率是 52.6%，略低于最高时的通过率。在 2019 年文学科目的考试中，公立学校学生与私立学校学生的通过率持平，均为 52.6%。女生的通过率为 63.3%，比男生高出了 24.6%。

表 5.16 2009—2019 年约旦普通中等教育证书考试文学科目通过情况

年份	性别				类型				总通过率
	女		男		私立		公立		
	通过人数	参考人数	通过人数	参考人数	通过人数	参考人数	通过人数	参考人数	
2009	11 197	18 255	4 273	10 882	3 240	6 822	12 230	22 315	53.1%
2010	8 832	18 218	3 506	11 318	2 538	7 070	9 800	22 466	41.8%
2011	10 157	21 028	4 532	14 540	3 589	9 189	11 099	26 379	41.3%
2012	8 175	20 083	4 202	14 854	2 643	8 549	8 745	25 061	33.9%

年份	性别				类型				总通过率
	女		男		私立		公立		
	通过人数	参考人数	通过人数	参考人数	通过人数	参考人数	通过人数	参考人数	
2013	6 962	17 881	3 363	13 317	3 170	9 389	7 155	21 809	33.1%
2014	1 857	10 001	418	3 097	761	4 127	1 514	8 971	17.4%
2015	1 848	8 834	235	2 237	587	3 910	1 496	7 161	18.8%
2016	1 849	7 797	343	2 112	1 094	3 870	1 098	6 039	22.1%
2017	7 671	17 098	1 996	6 976	2 396	6 918	7 271	17 156	40.2%
2018	20 049	33 972	7 022	18 801	7 363	19 725	19 708	33 048	51.3%
2019	23 717	37 487	11 093	28 676	10 847	20 625	23 963	45 538	52.6%

表 5.17 展示了 2009—2019 年约旦中学生在科学科目考试中的通过情况。可以看到，2009 年通过率最高，达 74.1%，2015 年最低，为 55.6%。2019 年，科学科目的通过率是 70.8%，比最高时低了 3.3%。

在 2019 年科学科目的考试中，公立学校学生的通过率为 71.1%，略高于私立学校。女生的通过率为 77.0%，比男生高出了 13.5%。

表 5.17 2009—2019 年约旦普通中等教育证书考试科学科目通过情况

年份	性别				类型				总通过率
	女		男		私立		公立		
	通过人数	参考人数	通过人数	参考人数	通过人数	参考人数	通过人数	参考人数	
2009	10 693	13 276	9 636	14 176	1 916	3 542	18 413	23 910	74.1%
2010	10 181	14 652	8 490	14 604	1 788	4 092	16 883	25 164	63.8%
2011	10 697	16 165	8 968	16 844	2 144	5 334	17 521	27 675	59.6%

续表

| 年份 | 性别 | | | | 类型 | | | | 总通过率 |
| | 女 | | 男 | | 私立 | | 公立 | | |
	通过人数	参考人数	通过人数	参考人数	通过人数	参考人数	通过人数	参考人数	
2012	11 658	17 243	10 210	17 614	1 973	8 498	18 485	28 245	55.7%
2013	12 122	17 013	9 342	15 960	2 097	5 158	19 367	27 815	65.1%
2014	8 868	14 552	5 619	10 976	1 525	4 050	12 962	21 478	56.7%
2015	9 368	16 052	5 882	11 387	2 614	6 063	12 636	21 376	55.6%
2016	8 580	14 305	5 375	9 180	3 174	6 405	10 781	17 080	59.4%
2017	11 081	18 046	6 947	12 481	3 816	8 558	14 212	21 969	59.1%
2018	15 975	23 090	10 594	17 681	5 780	12 594	20 789	28 177	65.2%
2019	20 193	26 208	14 079	22 177	9 937	14 143	24 335	34 242	70.8%

　　表 5.18 展示了 2009—2019 年约旦中学生在信息管理科目考试中的通过情况。可以看到，2009 年通过率最高，达 61.3%，2015 年最低，仅 25.3%。2019 年，信息管理科目的通过率是 46.3%，比最高时低了 15%。在 2019 年信息管理科目的考试中，女生的通过率为 49.9%，比男生高出了 6.3%。

表 5.18　2009—2019 年约旦普通中等教育证书考试信息管理科目通过情况

| 年份 | 性别 | | | | 类型 | | | | 总通过率 |
| | 女 | | 男 | | 私立 | | 公立 | | |
	通过人数	参考人数	通过人数	参考人数	通过人数	参考人数	通过人数	参考人数	
2009	7 593	10 023	6 213	12 512	2 328	5 892	11 478	16 643	61.3%
2010	7 716	11 318	5 798	14 357	1 957	6 718	11 557	18 957	52.6%

年份	性别				类型				总通过率
	女		男		私立		公立		
	通过人数	参考人数	通过人数	参考人数	通过人数	参考人数	通过人数	参考人数	
2011	10 892	15 951	9 540	21 171	4 301	12 321	16 129	24 801	55.0%
2012	12 978	20 033	10 317	25 318	3 437	12 995	18 657	30 540	50.7%
2013	15 184	23 333	11 673	27 477	5 711	15 902	21 146	34 908	52.9%
2014	7 313	19 957	2 952	14 124	2 118	8 680	8 147	25 401	30.1%
2015	6 063	20 212	2 214	12 467	2 216	12 372	6 061	20 307	25.3%
2016	5 979	17 803	2 606	10 212	3 979	10 609	4 606	17 406	30.6%
2017	2 673	5 507	1 794	4 017	4 467	9 524	—	—	46.9%
2018	1 720	3 286	1 796	3 777	3 516	7 063	—	—	49.8%
2019	476	954	550	1 262	1 026	2 216	—	—	46.3%

表 5.19 展示了 2009—2019 年约旦中学生在体育科目考试中的通过情况。可以看到，2009 年通过率最高，为 55.1%，2016 年最低，仅 27.1%。2019 年，体育科目的通过率是 32.9%，比最高时低了 22.2%。在 2019 年体育科目的考试中，女生的通过率为 40.2%，比男生高出了 19.4%。

表 5.19 2009—2019 年约旦普通中等教育证书考试体育科目通过情况

年份	性别				类型				总通过率
	女		男		私立		公立		
	通过人数	参考人数	通过人数	参考人数	通过人数	参考人数	通过人数	参考人数	
2009	989	1 558	725	1 551	288	714	1 426	2 395	55.1%
2010	760	1 443	329	1 135	184	637	905	1 941	42.2%
2011	943	1 785	331	1 058	256	860	1 018	1 983	44.8%

续表

年份	性别				类型				总通过率
	女		男		私立		公立		
	通过人数	参考人数	通过人数	参考人数	通过人数	参考人数	通过人数	参考人数	
2012	35	153	274	858	164	723	1 041	1 906	45.8%
2013	964	1 701	212	658	220	681	956	1 678	49.9%
2014	388	1 326	52	290	100	418	340	1 198	27.2%
2015	402	1 381	36	218	122	530	316	1 069	27.4%
2016	414	1 495	41	187	221	535	234	1 147	27.1%
2017	268	567	38	94	306	661	—	—	46.3%
2018	167	296	39	103	206	399	—	—	51.6%
2019	35	87	11	53	46	140	—	—	32.9%

　　表5.20展示了2009—2019年约旦中学生在伊斯兰教法科目考试中的通过情况。可以看到，2019年通过率最高，为39.7%，2015年最低，仅14.3%。在2019年伊斯兰教法科目的考试中，公立学校学生的通过率为45.7%，比私立学校高出了9.2%。女生的通过率为41.7%。比男生高出了2.4%。

表5.20 2009—2019年约旦普通中等教育证书考试伊斯兰教法科目通过情况

年份	性别				类型				总通过率
	女		男		私立		公立		
	通过人数	参考人数	通过人数	参考人数	通过人数	参考人数	通过人数	参考人数	
2009	47	129	48	119	34	97	61	151	38.3%
2010	35	118	42	129	33	106	44	141	31.2%
2011	55	161	57	176	52	171	60	166	33.2%
2012	1 009	1 874	50	232	41	193	37	185	20.6%

| 年份 | 性别 | | | | 类型 | | | | 总通过率 |
| | 女 | | 男 | | 私立 | | 公立 | | |
	通过人数	参考人数	通过人数	参考人数	通过人数	参考人数	通过人数	参考人数	
2013	44	164	69	239	59	191	54	212	28.0%
2014	14	78	17	98	18	82	13	94	17.6%
2015	11	73	11	81	10	95	12	59	14.3%
2016	11	41	15	74	16	62	10	53	22.6%
2017	4	16	13	56	15	53	2	19	23.6%
2018	11	31	33	120	29	108	15	43	29.1%
2019	10	24	42	107	31	85	21	46	39.7%

综合以上 5 个表格可以看出，在 2019 年约旦普通中等教育证书考试的 5 个科目中，科学科目的通过率最高，随后是文学、信息管理、伊斯兰教法、体育。在科学和伊斯兰教法两科的考试中，公立学校学生的表现均优于私立学校的学生，在文学一科的考试中，二者实力相当。其他两科因为缺乏 2017—2019 年公立学校的学生成绩数据，因此只能参考 2016 年的数据。2016 年，私立学校学生在信息管理与体育两科的考试中，通过率远高于公立学校的学生。

此外，可以看到，在 5 科考试中，女生的表现明显优于男生。其中文学科目一科二者差距最大，2019 年，女生的通过率比男生高 24.6%。伊斯兰教法一科上二者差距最小，2019 年，女生的通过率仅比男生高出 2.4%。

2019 年，约旦中学生文学科目的通过率比 10 年内的最高值低了 0.5%，科学科目的通过率比最高时低了 3.3%，信息管理科目的通过率比最高时低了 15%，体育科目的通过率比最高时低了 22.2%，伊斯兰教法的通过率则是 10 年来最高。由此可见，当前约旦各个学科建设不平衡，中学生在文学和科学两科的表现差强人意，信息管理一科的掌握程度较好，但是伊斯兰教法和体育两科却不容乐观。

2．约旦学生在 PISA 中的表现

PISA 是一个由经济合作与发展组织（OECD）筹划的针对全世界 15 岁学生学习水平的测试计划，最早开始于 2000 年，每 3 年进行一次，是目前世界上最具影响力的国际学生学习评价项目。

表 5.21 反映了 2018 年参评成员的 PISA 成绩及其 2018 年分数与 2015 年分数的差值。可以看到，在 2018 年度的 PISA 评估中，约旦在参评成员中处于中等水平，在参评的阿拉伯国家里，平均分仅低于阿联酋，位居第二。

表 5.21　2018 年 PISA 参评成员分数及其与 2015 年分数的差值

	2018 年平均分			2018 年与 2015 年的差值		
	阅读	数学	科学	阅读	数学	科学
OECD 平均分	487	489	489	−3	2	−2
中国	555	591	590	—	—	—
新加坡	549	569	551	14	5	−5
克罗地亚	479	464	472	−8	0	−3
俄罗斯	479	488	478	−16	−6	−9
白俄罗斯	474	472	471	—	—	—
乌克兰	466	453	469	—	—	—
马耳他	448	472	457	2	−7	−8
塞尔维亚	439	448	440	—	—	—
阿联酋	432	435	434	−2	7	−3

续表

	2018 年平均分			2018 年与 2015 年的差值		
	阅读	数学	科学	阅读	数学	科学
罗马尼亚	428	430	426	−6	−14	−9
乌拉圭	427	418	426	−9	0	−10
哥斯达黎加	426	402	416	−1	2	−4
塞浦路斯	424	451	439	−18	14	6
摩尔多瓦	424	421	428	8	1	0
黑山	421	430	415	−6	12	4
保加利亚	420	436	424	−12	−5	−22
约旦	419	400	429	11	20	21
马来西亚	415	440	438	—	—	—
巴西	413	384	404	6	6	3
文莱	408	430	431	—	—	—
卡塔尔	407	414	419	5	12	2
阿尔巴尼亚	405	437	417	0	24	−10
波斯尼亚和黑塞哥维那	403	406	398	—	—	—
阿根廷	402	379	404	—	—	—
秘鲁	401	400	404	3	13	8
沙特	399	373	386	—	—	—
泰国	393	419	426	−16	3	4
北马其顿	393	394	413	41	23	29
哈萨克斯坦	387	423	397	—	—	—
巴拿马	377	353	365	—	—	—
印度尼西亚	371	379	396	−26	−7	−7
摩洛哥	359	368	377	—	—	—
黎巴嫩	353	393	384	7	−3	−3
多米尼加	342	325	336	−16	−3	4
菲律宾	340	353	357	—	—	—

其阅读一科的成绩低于中国、俄罗斯等参评成员，高于马来西亚、巴西等参评成员，也高于卡塔尔、沙特、摩洛哥和黎巴嫩等阿拉伯国家；在数学一科，约旦学生的成绩高于巴西、阿根廷等参评成员，也高于沙特、摩洛哥和黎巴嫩，但是卡塔尔在这一科的成绩高于约旦，低于中国、俄罗斯、新加坡等参评成员；在科学一科，约旦学生的成绩高于巴西、阿尔巴尼亚等参评成员，也高于卡塔尔、沙特、摩洛哥、黎巴嫩这四个参评的阿拉伯国家，但低于中国、俄罗斯、新加坡等。

就发展趋势来看，2015—2018年，在大部分参评成员PISA成绩均有所下滑的形势下，约旦PISA三科的评估成绩却均有明显的增长。在阅读一科，其分数的增加值在所有成员中排第三位，在数学和科学两科中，其分数的增加值在所有成员中排第二位，其三科成绩的增长高于参评的其他5个阿拉伯国家。

此外，如表5.22所示，在2018年PISA评估的参评成员里，阅读和科学两科几乎都是女生的表现优于男生，数学一科中，部分参评成员男生的表现优于女生，但约旦在三科的评估中均是女生表现优于男生，并且在阅读和科学两科中女生的平均分远远高于男生。在阅读一科中，约旦女生的成绩比男生的成绩高出51分，是此科男女分差最大的国家之一；在科学一科，约旦女生的成绩比男生高出了30分，其分差在参评成员中仅低于卡塔尔，由此可见约旦基础教育阶段男女生之间的差距。

表 5.22 2018 年 PISA 参评成员阅读、数学、科学三科平均分统计

	阅读		数学		科学	
	男生	女生	男生	女生	男生	女生
加拿大	506	535	514	510	516	520
卢森堡	456	485	487	480	475	479

	阅读		数学		科学	
	男生	女生	男生	女生	男生	女生
丹麦	486	516	511	507	492	494
文莱	393	423	426	434	427	435
黑山	407	437	434	425	413	418
瑞士	469	500	519	512	495	495
爱沙尼亚	508	538	528	519	528	533
多米尼加	326	357	324	327	331	340
澳大利亚	487	519	494	488	504	502
波兰	495	528	516	515	511	511
拉脱维亚	462	495	500	493	483	491
克罗地亚	462	495	469	460	470	474
捷克	474	507	501	498	496	498
乌克兰	450	484	456	449	470	468
罗马尼亚	411	445	432	427	425	426
瑞典	489	523	502	503	496	503
斯洛伐克	441	475	488	484	461	467
塞尔维亚	422	458	450	447	437	442
阿尔巴尼亚	387	425	435	440	409	425
立陶宛	457	496	480	482	479	485
泰国	372	411	410	426	415	435
摩尔多瓦	404	445	420	422	423	434
保加利亚	401	441	435	437	417	432
冰岛	454	494	490	500	471	479
斯洛文尼亚	475	517	509	509	502	512

续表

	阅读		数学		科学	
	男生	女生	男生	女生	男生	女生
希腊	437	479	452	451	446	457
挪威	476	523	497	505	485	496
塞浦路斯	401	448	447	455	429	450
以色列	445	493	458	467	452	471
马耳他	425	474	466	478	447	468
约旦	393	444	397	403	414	444
芬兰	495	546	504	510	510	534
北马其顿	368	420	391	398	404	423
沙特	373	427	367	380	372	401
阿联酋	403	460	430	439	420	447
卡塔尔	375	440	402	426	400	439
西班牙	—	—	485	478	484	482

（六）公共教育支出

2018 年度约旦教育部的经常性支出达到了 853 081 000 第纳尔，资本性支出为 75 848 000 第纳尔，后者不到前者的 1/10。在经常性支出中，工资及津贴占据了绝大多数份额，达到了经常性支出总和的 83.9%，其次是社会保障方面的支出，占比 8.15%。在资本性支出中，工程和建筑费用占据了最大比重，达到了资本性支出总和的 75.86%，其次是房屋维修费用，占比 9.72%。

在不同形式和阶段的教育中，基础教育阶段的支出占据了绝大多数份额，达到了总支出的 90.05%，其中初等教育阶段的支出为 78.15%。由此可见，约旦教育部对整个基础教育阶段的重视程度。

三、基础教育的特点与经验

（一）约旦基础教育的特点

通过对约旦基础教育各项数据的解构和分析，可以发现约旦基础教育具有以下鲜明的特点。

1．以教育部学校为主，但私立学校发展快

在 2009—2019 年的 10 年里，教育部的学校数量、学生数量、教师数量始终大于其他政府部门、近东救济工程处和私立学校。

2018—2019 学年，全国 7 434 所中小学中，教育部学校占比 52%，其中塔菲拉省教育部学校占比高达 83.4%；全国 2 114 719 名中小学生中，教育部学生占比 67.3%，其中马弗拉克省占比高达 91.1%；全国 136 062 名教师中，教育部教师占比 64.5%，其中马弗拉克省占比达到了 90.7%。基础教育形成了以教育部为主体，其他政府部门或机构和私立学校为辅的特点。

尽管教育部学校一直占据着最大的份额，但就这 10 年的发展趋势来看，私立学校的发展速度很快，且其增速远大于教育部和其他机构的学校。2009—2019 年，私立学校的数量增长了 48.7%，学生数量增长了 51%，教师数量增速高达 74.6%，这 3 项数值均远高于其他 3 个部门或机构。

2．中小学地区分布差异大，城乡分布不均衡

在整个约旦，中部地区中小学学校数量最多，达到了 3 935 所，北部地区次之，为 2 547 所，中小学数量最少的是南部地区，仅有 952 所。基础教育南北中地区差异较大，中部地区最为发达。

在全国范围内，城市地区的学校占比高达 63.5%，远高于农村地区。但在不同地区城乡差异的体现也各有不同。北部地区城乡差距最小，农村中小学占比达到了 52.1%，略高于该地区城市学校。中部地区城乡差异最大，学校分布最不均衡，该地区城市学校占比高达 79.1%，私立学校对这一比例贡献最大，因其在中部地区的城市里数量最多。

3．师资以女教师为主体，且女教师增速大于男教师

2018—2019 学年，在全国 136 062 名中小学教师中，女教师有 95 472 名，是男教师的 2 倍多。中部地区女教师占比达到了 73%，北部地区女教师占比为 66.1%，南部地区女教师占比为 67.5%。基础教育阶段师资力量形成了以女教师为主的特点。不仅如此，就二者的增长态势来看，也是女教师的增速远高于男教师。

4．入学率和高中结业成绩提升空间大

在入学率方面，2012—2019 年，无论是约旦的初等教育毛入学率、净入学率，还是中等教育毛入学率、净入学率，均呈现出了下降的趋势。例如，2018—2019 学年，中等教育净入学率比 2012—2013 学年低了 5.7%。

在学科表现方面，根据约旦 2009—2019 年普通中等教育证书考试结果，2019 年，约旦学生除了伊斯兰教法一科的通过率为 10 年内最高以外，其他学科的成绩都不如人意。其中，文学科目的通过率比 10 年里的最高值低了 0.5%，科学科目的通过率比最高值低了 3.3%，信息管理科目的通过率比最高值低了 15%，体育科目的通过率比最高值甚至低了 22.2%，由此可见，除伊斯兰教法以外的其他学科的发展形势都不乐观，且各个学科建设不平衡。

5．女生入学状况和学业表现均优于男生

2009—2019 年，初等教育阶段除了 2014—2015 学年男生的毛入学率和净入学率稍高于女生外，其他学年都是女生的毛入学率和净入学率高于男生，相差最多时女生的毛入学率比男生高出 2.1%，净入学率比男生高 2.2%。

2009—2019 年，中等教育阶段女生的毛入学率和净入学率始终远高于男生，相差最大时女生的毛入学率比男生高 14.2%，净入学率比男生高 13.1%，相差最小时毛入学率和净入学率也分别差了 8.7% 和 7.9%。

无论是从毛入学率还是净入学率来看，在整个基础教育阶段，女生的入学情况均好于男生，其中初等教育阶段二者差距相对较小，到了中等教育阶段，这一差距则明显拉大。

在 2019 年约旦普通中等教育证书考试的 5 个科目中，女生的表现明显优于男生。其中，文学一科二者差距最大，女生的通过率比男生高了 24.6%，体育一科女生的通过率比男生高出了 19.4%，科学一科女生的通过率比男生高出 13.5%，信息管理一科女生的通过率比男生高出 6.3%。伊斯兰教法一科二者差距最小，女生的通过率比男生高出 2.4%。

约旦 2018 年 PISA 的评估结果也证明了基础教育阶段约旦女生的表现要优于男生。在阅读、数学和科学三科中，女生的平均分均高于男生，在阅读一科中，女生的成绩比男生的成绩高出了 51 分，是此科男女分差最大的国家之一；在科学一科，女生的成绩比男生高出了 30 分，这一分差在参评成员中仅低于卡塔尔。

（二）约旦基础教育的经验

当前约旦的教育水平在整个中东地区名列前茅，特别是约旦的基础教育，不论是国家层面长期以来的战略指引和政策倾斜，还是在具体实施中

采取的发展策略，均可圈可点，值得其他国家借鉴与思考。

1. 政府大力投资教育事业，优先发展基础教育

发展教育必须保证较大规模的财力与物力的投入，尽管约旦资源贫乏，财力、物力都十分有限，但历届政府都特别重视对教育的投资。约旦前首相马贾利曾对访约中国记者说：教育投资是约旦最重要的投资，约旦从这一投资中所得到的回报是无法单纯地用金钱来衡量的。[1] 在这种思想的指导下，相对于有限的财力，约旦政府一直保持着较高比例的教育拨款。20 世纪 70 年代中期到 80 年代中期的十余年间，其教育支出一直维持在国家预算 10% 的水平。此后受大环境影响，约旦经济出现困难。在这种情况下，教育拨款比例虽然有所下降，但仍然保持在 5% 左右。这一比例大大超过许多发展中国家的教育支出比例。

在整个教育体系中，约旦对基础教育给予了最大程度的重视，制定了优先发展基础教育的国策。这一国策体现在三个方面。一是优先立法保障基础教育的地位。1952 年，约旦就颁布了《普通基础教育法》，而约旦的《教育法》在 1964 年才颁布实施。由此可见，约旦把基础教育作为教育事业发展的首要任务优先加以保障。二是在经济十分困难的局面下，约旦依然坚定实施免费义务教育。1952 年的《普通基础教育法》规定实施 7 年义务教育制，旨在普及基础教育，提高学龄儿童的文化素养。三是不断延长免费义务教育年限。约旦于 1964 年和 1988 年分别将免费义务教育的年限延长到了 9 年和 10 年 [2]。

在 2018 年约旦教育部的各项支出中，基础教育阶段的支出占据了绝大部分，达到了总支出的 90.05%，其中初等教育阶段的支出为 78.15%。从中

[1] 梁国诗. 当代约旦哈希姆王国社会与文化 [M]. 上海：上海外语教育出版社，2003：277.

[2] 马昌前，孙来麟. 约旦研究 [M]. 武汉：中国地质大学出版社，2016：57.

可以看出约旦政府对于基础教育的高度重视。

2．公私双管齐下，多途径兴学办教

许多发展中国家在获得国家独立后，往往把教育纳入国家的统一规划中，主要由政府办学。约旦在教育发展的早期阶段就采取了借助社会各界与国际组织的力量共同办教育的办法，多年来已形成由教育部和政府其他部门、私营部门、社会团体、宗教界、联合国难民救济署等多方联合办学，且各有分工、各有侧重的办学格局。[1]

根据前文统计的数据，2018—2019 学年，在全国范围内，教育部开办的中小学数量占学校总数的 52%，教育部学生数量占学生总数的 67.3%，教育部教师数量占教师总数的 64.5%。

约旦社会各界积极参与教育事业，在某些省份和地区，私人教育投资甚至远远超过国家的投资。比如，在安曼总共 2 362 所中小学里，私立学校就达到了 1 446 所，占安曼中小学总数的 61.2%，且近年来呈现出了良好的发展态势。2009—2019 年，私立学校的数量增加了 48.7%，比教育部学校的增长率高出了 34.1%。这样的办学格局充分调动了社会各界的积极性，保证了基础教育的高投入，从而确保了基础教育的稳步发展。

3．重视教师在教育发展中的基础地位

教育的目标需要通过教师才能实现，师资质量的高低直接影响着教育的效果。约旦在发展教育的过程中，一直强调师资储备和培训，大力兴办各级各类师范学校与教师培训中心，逐步规范对不同层次教师专业水平和

---

[1] 梁国诗．当代约旦哈希姆王国社会与文化 [M]．上海：上海外语教育出版社，2003：278．

资格要求的认证。例如，约旦教育部 20 世纪 80 年代就发文规定：小学教师应有大学本科学位，中学教师还应接受为期一年的大学教育课程的学习。同时，政府还实施各种优惠政策稳定教师队伍，吸引优秀人才从教，为教师提供住房、交通等方面的便利。此外，为了体现对教师的尊重，约旦政府规定每年 10 月 4 日为教师节。每年这天，阿卜杜拉二世国王都会向全体教师致以节日的问候。

在 2018 年教育部的经常性支出中，工资及津贴占据了绝大多数份额，达到了经常性支出总和的 83.9%，由此可以看出，政府对教师待遇保障这一环节给予极大重视。较高的社会地位和稳定的收入使得约旦不像某些阿拉伯国家那样长期缺少师资，而是相对较早较好地解决了师资力量不足的问题。约旦的教师不仅可以满足国内的师资需求，还有相当数量的教师输出国外，成为约旦智力输出的一个重要方面。[1]

4．与时俱进，不断推进教学改革

约旦与其他阿拉伯国家一样，由于长期受宗教与传统文化等诸多因素的影响，在国家获得独立的初期，教育面临很多问题。例如，初等教育只注重读、写与表达能力的培训，中等教育则重文轻理，职业教育发展滞后；社会普遍崇尚熟读与背诵《古兰经》，鄙视从事技术工作的"工匠"；教学实际中重机械记忆，轻动手实践。这些对约旦的基础教育不可避免地产生了负面影响。

此外，约旦还存在着教育体制单一、教学方法与教材陈旧、难以适应本国学生升学与就业的不同要求、人才培养不能满足社会经济高速发展的需求等问题。对此，约旦政府从 20 世纪 60 年代开始就对本国的教育体制、课程设置、教学方法与教材进行了多次重大改革。

---

[1] 梁国诗. 当代约旦哈希姆王国社会与文化 [M]. 上海：上海外语教育出版社，2003：278.

20 世纪 60 年代，约旦开始在中等教育阶段实行分科教育，把中学分成两种不同的类型：一种是普通中学，分文科和理科，这类学校主要是满足那些有志于继续升学深造的学生的需求；另一种则是职业学校，设有工业、农业、商业、护理、管理等专业，为学生就业或接受更高一级的职业教育做准备。20 世纪 80 年代又对基础教育体制进一步改革，取消了原有的小学毕业考试，改为以学生在初等教育最后三年（8—10 年级）的成绩为依据，并结合学生本人志愿来决定后续的中等教育。中等教育的学制则由三年改为两年。在课程设置上，力求做到紧密联系实际，反映最新的科学研究成果，增加了会计、计算机、人口与环保科学等新课程；在教学方法上，引进最新的教学研究成果和先进的教学手段；在教材建设上，由教育部组织专门的教材编写团队，重新编写了 500 余种教材。[1]

第三节 基础教育的挑战及对策

20 世纪 90 年代以来，约旦政府将教育改革列为优先事项。在过去的 30 年里，尽管政府和有关各方采取了一系列举措来改善基础教育，并在多个领域取得了显著的成就，但随着时代的发展和国际国内局势的变化，约旦基础教育仍然面临着诸多挑战。

一、义务教育的落实还需加强

《世界人权宣言》《经济、社会、文化权利国际公约》《取缔教育歧视公

---

[1] 马昌前，孙来麟. 约旦研究 [M]. 武汉：中国地质大学出版社，2016：57.

约》都强调初等教育应是义务教育。根据国际标准，父母、监护人和国家无权决定是否为儿童提供初等教育，也不能剥夺儿童接受初等教育的权利。义务教育不仅限于为普通学龄儿童提供教育，还包括帮助辍学儿童解决其接受义务教育的障碍，如消除教育中的性别歧视、解决当地社区或学校中暴力侵害儿童特别是女童的问题，以及消除与教育费用相关的财政障碍。

约旦《宪法》第20条强调了初等教育的义务性质，规定初等教育为义务教育，在公立学校接受初等教育是免费的。这一条款完全符合初等教育的国际标准。

约旦《教育法》的条款符合其宪法对应条款。《教育法》第10条规定：公立学校的初等教育是义务和免费的；如果儿童在被录取的当年的12月底前满6岁，则应被录取为基础教育阶段一年级学生；除有特殊病症并向主管医疗委员会报告的学生外，16岁以下的学生不得被开除学籍。

虽然在法律上有着明确的规定，但如前所述，受地区间发展不平衡、贫富差距、地区局势动荡等因素的影响，目前约旦本国公民以及在约叙利亚难民辍学现象还较为严重。如何保障所有青少年享有受教育的权利是摆在约旦政府面前的一项重要课题，也是关系到约旦社会稳定、经济可持续发展的重要因素。解决这一问题的关键是尽快稳定地区局势，争取叙利亚难民早日重返家园，同时加快发展经济，充分利用国内外资源和支持，加大教育投入，解决普及义务教育的资金瓶颈问题。

二、地区差异大

不仅约旦的中小学学校、学生及教师在地理分布上呈现出较大差异，约旦教育系统的关键指标在地理分布上也呈现出较大差异。就约旦的学校规模、班级规模和师生比这几项关键教育系统指标而言，尽管整体上与

OECD 的平均水平相当，但这几项指标却呈现出明显的区域差异。中部地区的指标始终是最高的，其次是北部地区，最后是南部地区。在一些省的城市存在着班级规模偏大、教室过度拥挤的问题，与此同时，在许多地区的农村又存在着学校规模普遍偏小的情况。

学生素质、学校规模、班级规模和师生比也会对教学效果产生一定的影响。例如，城市和农村的学生表现就有较大差异，大城市学生表现通常优于大城市郊区和中等城市的学生，后者又优于小城镇和农村地区的学生。

解决这一问题的关键在于师资。尽管约旦已经开始着手应对这一挑战，设立了奖金和住房补贴鼓励优秀教师到人员配备有困难的学校任职，但力度还不够大，效果还不够明显。

在这方面，美国加利福尼亚州的经验或许对约旦会有参考价值。2000—2002 年，加州推出了"州长教学研究金"。这是一项旨在吸引优秀新教师到偏远地区学校任教的奖励措施。该奖金的申请是竞争性的，需要进行选拔，有意者需要提交成绩单、推荐信、简历和个人陈述，并参加面试。申请成功者将获得 20 000 美元的奖金，条件是他们必须到偏远地区一所条件较差的学校任教 4 年。[1]

三、教师激励措施有待优化

约旦中小学教师的薪酬不论是在 OECD 国家还是在世界范围内，都属于较高水平。在约旦，一名有文凭的教师的最低月薪为 405 第纳尔。如果入职教师有学士学位，那么最低月薪为 455 第纳尔。由此可知，获得文凭或学士学位的教师的起始年薪分别为 4 860 第纳尔和 5 460 第纳尔。

一个常用的评估教师工资相对吸引力的指标，是用教师工资和受过高

---

[1] 资料来源于世界银行网站。

等教育的全职工作者的收入进行比较。一般情况下，这里采用的教师工资指 25—64 岁教师的实际工资，包括奖金和津贴，或者指有 15 年经验和接受最低培训后的法定工资。就 OECD 国家而言，学前教育、小学教育、初中教育和高中教育的教师的平均收入是受过高等教育的全日制工作者的 0.80、0.85、0.88 和 0.92 倍。[1] 教师相对工资最高的国家是韩国。在韩国，学前教育教师的收入是其他受过高等教育的劳动者的 1.32 倍，其他教师的收入是受过高等教育的劳动者的 1.36 倍。[2]

而在约旦，根据约旦就业和失业调查以及家庭收入和支出调查的数据，居住在城市地区，并在私营企业或信息技术领域工作的约旦人的起始月工资约为 342 第纳尔，也就是年薪 4 104 第纳尔。相比之下，拥有学士学位的初任教师的收入为 5 460 第纳尔，是前者的 1.26 倍。[3] 虽然这一比较与上述 OECD 国家的结果不完全相同，但在一定程度上表明了约旦教师的工资相对较高。

学生的家庭背景如家长受教育程度、社会经济地位和家庭条件是学生学习成果的重要影响因素，但就校方而言，最关键的因素还是教师的素质。美国一项针对教师个人能力在一个学年的课程中产生的"附加值"的研究表明，能力弱的教师的学生可能掌握 50% 或更少的课程内容；能力较好的教师的学生可以掌握本学年的全部课程；而优秀教师的学生平均可以实现 1.5 倍的知识附加值。[4] 世界银行最近的一项研究发现，约旦教师为达到专业标准所做的努力还不够。[5] 这项研究的重点是教师努力程度的 4 项衡量标准，标准来自教育部制定的约旦教师专业标准。这 4 项标准分别是要求教师向学生提供持续的反馈、以支持学生学习的方式回答学生的问题、提供形

---

[1] 资料来源于经济合作与发展组织网站。

[2] 资料来源于世界银行网站。

[3] 资料来源于世界银行网站。

[4] 资料来源于世界银行网站。

[5] 资料来源于世界银行网站。

式多样的学生评估、在课程设计中考虑学生的表现和需求。研究报告显示，在约旦低年级教师中，只有20%的教师在学生的作业本上提供持续的反馈，而大约25%的教师只在几页上做标记，3.4%的教师一页标记也不做；大多数教师对无法回答问题的学生的反应是简单地重复问题而不予解答，5.4%的教师甚至会因为学生无法提供答案而对其进行惩罚；近2/3的教师采用有限的评估方法，仅有1/4的教师利用评估来制定教学计划。

虽然约旦有教师专业标准，但实际上教师的工资等级只和最初的资历挂钩，没有对绩效的奖惩，因此教师遵守专业标准的积极性很低，在现实中也很难贯彻落实。如何以更好的方式激励教师、改善教学效果，已成为约旦基础教育阶段亟待解决的首要问题之一。

在激励教师方面，近年来，约旦已经迈出了积极的一步——引入教师评估制度。评估制度要求教师参加年度绩效评估，其中包括对校长和教育主管的评估，中央一级将通过这些评估结果来决定是否给教师晋升和加薪。然而，现有的教师评估制度不能有效评估教师的表现，更无法将职业晋升和薪酬与教师的表现联系起来。世界银行在约旦进行的一个案例研究显示，在所有受访学校中，教师普遍反映，无论他们的表现如何，他们将于4—6年后自动获得晋升和加薪。[1]造成这一现象的一个主要原因是，评估教师绩效的标准往往集中在教师出勤率、及时性和对教案的形式审查上，忽视了教师的教学实践、内容更新和学生的学习成果。评估指标不足以有效区分教师的表现，大多数教师在年度绩效评估中都被评为"优秀"。在这种情况下，激励机制也很难奏效。

在这方面，智利的教师绩效工资方案具有参考价值。自1997年以来，智利制定了一项集体激励薪酬计划（SNED）。根据该方案，所有教师都可能在基本工资之外获得额外的奖金，能否获得奖金主要取决于其学生在全

---

[1] 资料来源于世界银行网站。

国标准化考试中的表现。SNED 奖金的其他参考因素包括留级率、辍学率、公平政策和工作条件。为了公平发放奖金，该计划会将同类学校进行比较，以确保所有学校都能公平竞争。据估计，SNED 奖金可有效地将教师每年的平均月薪提高 5%—11%。该计划自实施以来，不仅对教师起到了很好的激励作用，而且学生的标准化语言和数学成绩也分别提高了 0.23 和 0.25 个标准差。[1]

四、学校与家庭缺少协调与配合

实现优质教育的一个重要路径是家长、社区、学校和教育管理部门之间的良好沟通、协调与配合。联合国儿童基金会认为，沟通对于建立积极的学习环境至关重要，学校应该"积极地让学生、家庭和社区参与学校政策及管理的所有方面"[2]。

在马弗拉克省进行的一项调查对基础教育阶段家长与学校之间的关系进行了探究。在该研究的非正式访谈和小组讨论环节中，受访者表示对教育过程中的不同利益相关者（如学校、家长、社会等）之间缺乏沟通非常失望。约旦许多家长和学校的接触和沟通很少。一些难民家长则表示，他们不相信学校的工作人员会保护他们的孩子，也不相信他们会提供高质量的教育。与此同时，教师对学生家长没有充分参与教育过程也感到失望，因为他们认为孩子的表现与父母对家庭作业的跟进之间存在很大的关系。调查显示，近 40% 的父母几乎不认识孩子的同学和父母，只有 7% 的家长经常与其他家长讨论子女教育问题，41% 的家长有时会这样做，而 52% 的家

---

[1] 资料来源于研究之门网站。
[2] 资料来源于联合国儿童基金会网站。

长从不参与。[1] 当被问及学校是否有家长教师沟通机制时，75% 的受访对象说没有，23% 的人说有，2% 的人表示不清楚。[2] 由此可见，学校和家长之间缺乏沟通。

要改变这种家校缺乏沟通协调的现状，可以采取以下措施。首先，在整个教育过程中推广公民概念，强调公民在推动积极变革、促进发展进程以及加强问责方面的重要作用。其次，建立教师与家长之间的沟通机制，加强学校工作人员与家长之间的信息交流。再次，赋予家长委员会、教师协会等组织或机构更多的权力，使其在学校规划、预算和人事管理方面有更多的监督权，还可以通过招募家长来帮助规模较大的班级的教师进行管理，引入集体责任分担的概念，从而增加家长在教育过程中的主人翁意识。最后，在制定相关教育法律和政策时，建立相应的咨询程序，积极征求教育利益相关者（如民间组织、学校、教师、家长、学生）的意见和建议。例如，对于某一项正在审查的有关基础教育的问题，应当通知教育利益相关者，并在规定时间内征求反馈意见。

[1] 资料来源于 FAFO 网站。
[2] 资料来源于 FAFO 网站。

第六章 高等教育

地处阿拉伯半岛西北部的约旦地域狭小，自然资源匮乏，因此约旦王室和政府根据自身特殊的国情制定国家发展战略，即通过大力发展高等教育来积聚知识资本，走以人力资源为本的强国道路。正如约旦国王阿卜杜拉二世所言，"发展高等教育是我们工作的重中之重，因为约旦真正的、最大的资源就是人力资源。我的政府将致力于在知识经济的框架下加强人力资源领域的投资，培养优秀教师，加强课程建设，提升科学研究和高等教育的水平。"[1] 经过几十年的发展，约旦高等教育的规模不断扩大，水平日益提升，已成为公认的中东地区的教育中心之一，既为国家发展战略的实施提供了有效支撑，也为地区经济发展做出了重要贡献。同时，随着时代的发展，约旦高等教育面临的主客观环境也正发生重要变化，面临着诸多新的挑战和调整压力。

第一节 高等教育的历史发展与动因

与埃及、黎巴嫩等阿拉伯传统教育强国相比，约旦的高等教育起步较

---

[1] 资料来源于约旦哈希姆王国高教与科研部网站。

晚。1958 年，约旦两年制"教师之家"的成立被认为是约旦高等教育的开始，而 1962 年成立的约旦大学则是约旦第一所真正意义上的现代高等教育机构。尽管起步晚，但在约旦王室、政府的高度重视和大力推动下，约旦高等教育发展较快。经过几十年的发展，约旦已成为中东地区高等教育规模最大、培养质量最高的国家之一和重要的教育中心之一。纵观约旦高等教育的发展历程，可以将其主要分为三个阶段。

一、初创期（20 世纪 40 年代中期至 70 年代初期）

如前所述，约旦高等教育起步较晚，尽管外约旦哈希姆王国 1946 年已宣布成立，但直到 1958 年，约旦才成立两年制教师专科学校"教师之家"，1962 年开始建设第一所现代意义上的大学——约旦大学，而第二所大学——雅尔穆克大学则直到 1976 年才成立。之所以出现高等教育发端迟缓的现象，主要原因归结于历史因素以及动荡的地区局势和国内局势。

第一是历史因素的影响。约旦曾长期处于奥斯曼帝国以及英国的殖民统治之下。奥斯曼帝国 1516 年占领约旦，直至第一次世界大战结束，历经 400 年之久。尽管历史上的约旦曾经作为连接东西方的要道而较为繁荣，但到奥斯曼帝国时期，约旦只是统治者眼中前往麦加朝觐道路上的一个边远地区和军队前往阿拉伯半岛镇压起义的行军驿站，其战略地位已被周边地区所取代，从而导致经济社会凋零、人口不断外迁、传统的城镇和村落被遗弃。这种情况一直持续到 19 世纪初奥斯曼帝国修建从大马士革途经约旦通往麦地那的汉志铁路后才有所改变。第一次世界大战结束后，奥斯曼帝国瓦解。1921 年，外约旦酋长国建立，当时全国人口不到 40 万人，其境内的基础设施主要有清真寺、军事要塞，以及少量的私塾、诊所、孤儿院等。清真寺和私塾承担了"教育"的职能，而系统化的正规教育并没有建立起来。

虽然 1921 年外约旦酋长国建立，但是英国殖民主义的介入使得外约旦的"独立"形同虚设。英国利用国际联盟授予的对巴勒斯坦的委任统治权以及随后与外约旦签订的《英约协定》《外约旦基本法》等，控制了约旦的政治、经济、文化、军事、外交等各项大权，外约旦酋长国只是英国委任统治下的一个半独立埃米尔国。此后，经过谈判和斗争，外约旦于 1946 年5 月 15 日宣布成为完全独立国家，阿卜杜拉一世被拥戴为国王，并将国名改为外约旦哈希姆王国。不过，这并不意味着英国对其控制的结束。1948 年3 月，英国与外约旦签订了为期 20 年的《英约同盟条约》。该条约一方面承认英国放弃对外约旦的宗主权，另一方面又保留了英国的多项经济和军事特权，导致约旦各项重大决策依然在很大程度上受制于英国。这一状况直到 1956 年第二次中东战争结束、英法势力在中东地区受挫而不得不从该地区收缩后才发生实质性变化。在英国殖民者控制约旦的几十年中，约旦国内经济社会发展缓慢，英国人更多地从维护自身势力范围和殖民体系的角度来设定约旦的角色，将其视为控制中东的桥头堡和巴以问题的缓冲地，对其文化、教育等基础性事业则漠不关心。事实上，约旦领导人一直高度重视教育事业的发展，1940 年就成立了知识部，即今天教育部的前身；1952年颁布了第一部《普通基础教育法》。特别是侯赛因国王，他登基后开始积极谋划约旦高等教育，但由于财力有限，财政上受制于英国，几次提出建设 4 年制正规大学的想法均被英国拒绝。直到 1956 年英国人彻底撤出约旦后，约旦才开始自主谋划各项事业发展，特别是文化教育事业。1958 年，约旦建立了 2 年制的教师专科学校"教师之家"，为高等教育的起步奠定了基础，也为 1962 年约旦大学的成立积累了经验。

高等教育的发展需要必要的基础和条件，而受历史因素的影响，近现代的约旦在教育事业上并不具备深厚的积淀和良好的传承。对于一个新独立的发展中国家而言，从零开始，在重重压力下艰难起步很大程度上是历史的必然。

第二是地区局势的影响。1945 年,第二次世界大战结束。1946 年,外约旦哈希姆王国成立。然而随着冷战大幕的开启和阿以问题的持续升级,中东地区成为世界的"火药桶",约旦所面临的地缘安全局势也长期处于紧张状态。自 20 世纪 40 年代中后期至 70 年代初期短短的二十余年时间内,中东地区接连爆发了四次大规模战争,无论是出于自身利益的考虑,还是受大国介入的裹挟,与巴勒斯坦、以色列接壤,并与埃及、伊拉克、叙利亚等地区强国为邻的约旦都无法独善其身,不可避免地处于战争的前沿和漩涡的中心。1948 年、1956 年、1967 年、1973 年的四次中东战争都以阿拉伯国家的失败而告终,包括约旦在内的阿拉伯国家遭受重大人员伤亡和财产损失,主权和领土完整也受到严重威胁。约旦国王阿卜杜拉一世曾经在第一次中东战争中作为阿拉伯联军的统帅对以色列作战,但受实力的限制以及现代阿拉伯民族国家纷纷独立的影响,此后的约旦哈希姆家族已不具备领导阿拉伯世界的能力,只能在复杂的矛盾中尽力维护领土完整和国家安全。

与此同时,接连不断的战争导致数次大规模难民潮,数以百万的巴勒斯坦难民涌入约旦。历史上,约旦曾是巴勒斯坦的一部分,因此尽管约旦实现了独立,但双方之间仍然有着深厚的血缘和情感联系,约旦政府基于人道主义原则和负责任的态度,对难民给予妥善安排,约旦也因此成为世界上接纳巴勒斯坦难民最多的国家,难民人数甚至一度超过本国公民人数。约旦政府每年约将财政收入的 20% 用于难民的基本民生,这对经济基础薄弱的国家而言无疑又是一笔巨大的支出。

在这样的历史背景下,长期紧张的安全局势迫使这一时期约旦几任国王不得不将工作重心放在应付地缘安全困境和保障国内基本稳定上,因此教育,特别是高等教育等基础性、长期性事业的发展必然受到较大影响。

第三是国内政局的影响。20 世纪 50 年代至 70 年代初,中东局势剧烈变化,而这一时期,也是约旦国内政局最动荡的阶段,威胁王室和国家体制的暗杀、政变、骚乱等接连不断。1951 年 7 月 20 日,阿卜杜拉一世国王在耶路撒冷阿克萨清真寺参加聚礼活动时，遭巴勒斯坦激进青年暗杀身亡。阿卜杜拉一世在约旦乃至整个阿拉伯世界都享有极高的威望，他的突然离世，给约旦政局的稳定带来极大挑战，最终其长子塔拉勒王储于1951年9月被议会拥戴为国王。塔拉勒国王在内政外交方面均有一些新思想和新作为，但他的健康状况一直不佳，登基不到一年即前往欧洲治病。后来医生诊断，认为其健康状况已不适合担任国王。1952年8月，约旦议会通过了废黜塔拉勒国王并立王储侯赛因·本·塔拉勒为国王。1953年5月，侯赛因正式登基，开启了长达47年的侯赛因时代。

在侯赛因国王执政的前半期，即20世纪50年代初至70年代初，约旦政局仍然面临诸多重大挑战。首先，美苏争霸加剧，两国积极在中东地区扶持各自的代理人，身处中东地区南北中间地带的约旦成为双方争夺的重点。两大阵营都竭力避免约旦落入对方阵营。虽然侯赛因国王凭借高超的外交技巧维护了国家的基本安全，但来自美苏及其各自阵营的地区大国的威胁、干涉持续不断。在这一背景下，约旦国内的各种政治力量也逐渐分化，国王的权威受到挑战。约旦内阁、军队中出现一大批亲苏、亲纳赛尔的人，他们有意走埃及道路，并多次发动政变，严重威胁到约旦的政治体制和政治稳定。其次，这一时期，巴解组织也成为威胁约旦王室和国家安全的重要因素。巴解组织于1964年5月成立，以解放巴勒斯坦为目标，总部设在安曼。巴解组织以约旦为基地，多次向以色列发动袭击，引发了以色列针对约旦的持续报复。更严重的是，1967年第三次中东战争后，原来部署于约旦河西岸的巴解组织主力全部撤至约旦境内，巴解组织在约旦的力量大增，在约旦很快成为国中之国，与约旦政府和军队时常发生摩擦和冲突，甚至企图通过刺杀侯赛因国王取得约旦的控制权。1970年，巴解组织劫持国际民航客机到约旦安曼机场，对约旦的国家形象造成严重伤害。种种因素迫使侯赛因国王下定决心彻底驱逐巴解组织。经过一年多的交锋，多数巴解组织游击队转移至黎巴嫩，约旦的政局才开始趋于稳定。

综上所述，受历史因素、地区安全局势和国内政治局势的影响，这一时期，尽管约旦政府在法律、组织、机制上积极推进教育事业，努力筹措资金建设教育体系，同时利用国内政治宗教团体的力量弥补政府力量的不足，但总体而言，薄弱的基础和动荡的局势在很大程度上影响了政府的社会治理，特别是在教育、文化领域的作为。这一时期的约旦教育主要在基础教育、职业教育上有所突破，并先后在 1952 年和 1964 年颁布了《普通基础教育法》和《教育法》，但高等教育发展仍然相对缓慢，从 1946 年约旦独立到 1973 年第四次中东战争结束，约旦只艰难地建设了约旦大学这一所高等教育机构。当然，约旦大学在这一阶段作为约旦唯一的大学，在学科建设和人才培养能力上都有显著提升，为此后约旦国家发展，特别是高等教育的发展提供了经验和人才保障。

二、快速发展期（20 世纪 70 年代中期至 20 世纪末）

20 世纪 70 年代中期至 20 世纪末，是约旦国王侯赛因 47 年执政历程的后半段。相比 50—60 年代的艰难起步，这一时期，约旦高等教育实现了快速发展，其中的重要原因在于约旦利用国际和地区局势出现的新变化，及时调整了内外政策，从而为约旦各项事业，特别是高等教育事业的发展创造了条件。

外交方面，在经历了长时间的冲突、战争后，约旦王室和约旦人民都认识到和平与稳定的珍贵。为了争取和平，侯赛因国王确定了约旦对外政策的基本原则。第一是和平。约旦处于中东"火药桶"的中心，长期以来饱受战火威胁，因此维持和平是约旦生存的首要法则。第二是平衡。约旦国力较弱，因此在险恶的周边环境与复杂的地区和国际格局下维持对外关系的平衡，对约旦的国家安全和发展至关重要。第三是国家的阿拉伯和伊斯兰属性。约旦既是阿拉伯国家，同时哈希姆家族还是伊斯兰教先知穆罕默德的嫡系子孙，因此必须坚持自己的阿拉伯和伊斯兰属性。第四是现实主义。约旦奉行温和的外交战略，反对极端主义和激进主义，同时从变化的国际局势出发，以自身的利益为基础处理国际问题。第五是开放。约旦领土狭小，资源有限，因此必须推行开放政策，争取国际资源和支持。[1] 在这些原则的引导下，约旦外交活动呈现出新的特点，为自身的发展赢得了主动和空间。其中最突出的三个特点是：第一，积极推进中东和平，支持阿以和谈，并成为继埃及之后第二个与以色列实现和平的国家；第二，加强与西方国家的关系，成为美国在中东伊斯兰国家中唯一的"非北约盟友"，加入"欧洲-地中海伙伴关系"，与欧洲国家的关系日益紧密；第三，改善、密切与地区国家的各领域友好关系，积极维护阿拉伯伊斯兰世界的团结，成为地区问题不可或缺的重要协调方。这些举措使得约旦的国际地位明显提升，同时也为约旦创造了和平与稳定的发展环境。

政治方面，如前所述，20世纪50—60年代威胁约旦政治稳定的主要因素包括巴解组织在约旦形成国中之国以及国内亲苏、亲纳赛尔力量企图改变国家政权性质的威胁和挑战。到了20世纪70年代中期，约旦面临的这两个主要威胁已经基本消除。巴解组织撤出约旦，大大减弱了约旦面临的来自巴解组织和以色列的军事威胁，同时约旦作为中东和平进程的重要参与方，积极推动阿以、巴以政治谈判，赢得了各方的尊重和认可。此外，随着阿拉伯国家屡次在中东战争中失败、纳赛尔主义宣告破产，加之萨达特担任埃及总统后开始转向美国，约旦国内亲纳赛尔力量、亲苏力量瓦解，侯赛因国王面临的政治和意识形态压力减弱。在此基础上，侯赛因国王通过成立全国协商委员会、解除党禁、制定《国民宪章》等方式，扩大了社会各个层面的政治协商和民主参与度，使国内政治局势进一步趋稳，逐步

---

[1] 唐志超. 约旦 [M]. 2版. 北京：社会科学文献出版社，2016：290.

成为"中东和平的绿洲"。

经济方面，这一时期，约旦确立了开放、自由经济的原则，积极鼓励私人投资，大力吸引外国投资。1973—1999 年，约旦先后实施了一个三年计划和四个五年计划，在增加侨汇、旅游、外援收入的同时，通过市场化机制大力开发磷酸盐、碳酸钾等矿产资源增加国家收入，还通过与西方国家合作建立工业区的方式提高本国经济的造血能力。其中，约旦资格工业区、哈桑工业区等提高了约旦的工业化水平。此外，侯赛因国王还大力发展约旦的金融业，凭借开放、高效的金融体系和和平稳定的国内环境，使约旦迅速成为中东地区重要的金融中心之一。总之，20 世纪 70 年代中期到 90 年代末，约旦经济实现了长足的发展，人民生活水平显著提高，形成了广泛的中产阶层，从而带动了教育的发展，尤其是高等教育的发展和需求。

稳定的国内外环境以及日益繁荣的经济使约旦高等教育事业踏上了发展的快车道。在侯赛因国王的领导下，约旦确立了优先发展高等教育的基本国策，王室、政府和社会力量共同努力，致力于向全体国民提供平等、优质的高等教育机会。1973 年后制定的"三年规划"和"五年规划"，都对高等教育事业做出了明确、细致的安排，一些新政策、新举措也不断出台。1980 年，约旦政府颁布《高等教育法》；1982 年，高等教育委员会成立；1985 年，《高等教育委员会法》颁布，同年成立了高等教育部；1987 年，约旦第一届全国教育发展大会召开；1989 年，高等教育委员会决定允许设立私立大学；1998 年，《高等教育法》修订。得益于以上举措，约旦高等教育机构如雨后春笋般涌现，约旦现有的 10 所公立大学中的 7 所、24 所私立大学中的 14 所都是在这一时期建立的。约旦受过高等教育的人数也随之大幅增加。约旦大学 1962 年成立时只招收了 167 名学生，而到 1999 年，仅约旦各公立高校每年的招生规模就达到 22 216 人，是 1962 年的 133 倍。到 20 世纪 90 年代，约旦已经成为中东地区公认的教育大国和强国，约旦高校培养的各类人才，特别是工程师、医生、教师，在波斯湾地区的阿拉伯国家中享有良好的声誉。

三、升级调整期（21世纪以来）

1999年2月7日，约旦国王侯赛因因病逝世，阿卜杜拉二世继位，开启了约旦新的历史时期。阿卜杜拉二世登基之时正值新世纪到来之际。新世纪呈现出诸多新的发展特征和趋势，这给约旦的高等教育既带来了重大机遇，也带来了严峻挑战。

21世纪是知识经济的新时代。知识经济是以知识为基础，以现代科学技术为核心，建立在知识和信息的生产、存储、使用和消费之上的经济，其特点是知识逐步取代资本、劳动力等传统要素，成为经济发展的核心要素和主要动力。一个拥有持续创新能力和大量高素质人力资源的国家，将具备巨大的发展潜力，而一个缺少科学储备和创新能力的国家，将错失知识经济带来的机遇，并日益处于全球化的边缘地位。阿卜杜拉二世国王作为年轻一代的君主，自幼接受全面、严格的教育，既有国内传统教育的经历，也在英美接受过西方现代教育，对在全球化条件下如何克服约旦的自然资源瓶颈，推进以人力资源立国的发展战略和加强高等教育在国民经济中的优先地位有着清晰的认识。正如他在多个官方文件中强调的："发展高等教育是我们工作的重中之重，因为约旦真正的、最大的资源就是人力资源。"[1] 世界范围内知识经济的快速发展给约旦带来了机遇，特别是21世纪的前10年，得益于全球经济上行和国际油价高涨，中东各国，特别是海湾国家都加快了经济建设的步伐，约旦培养的各类高素质技术人才供不应求，

---

[1] 资料来源于约旦人力资源发展委员会网站。

侨汇收入也有较大增长。

与此同时，知识经济对高等教育也提出了更高的要求，而约旦高等教育受既有的老问题和新的内外部因素的影响，很难支撑知识经济的可持续发展。内部教育扩张政策下的教育投入不足，重应用型技术人才培养轻创新型科技人才培养，教学内容不适应新科技发展要求，高水平国际合作欠缺，以及阿拉伯世界的革命浪潮造成的地区动荡、经济衰退和难民涌入，波斯湾地区阿拉伯国家劳动力政策变化等问题，都对约旦高等教育的进一步发展构成了严峻挑战，而解决这些问题不能靠传统的思路和范式，需要进行更深层次的调整。

在此背景下，阿卜杜拉二世国王领导约旦政府在高等教育领域开展了一系列改革。2001 年，重新组建高教与科研部，为统一协调、管理全国的教学、科研事业提供了组织基础；同年重新修订《公立大学法》和《私立大学法》，赋予了大学更大的独立性和自主权。此后，进一步整合相关法律，于 2009 年颁布了针对所有公立高校和私立高校的统一的《大学法》，为各类高等学校的发展提供了法制保障。2007 年，颁布《高等教育机构认证委员会法》，并成立高等教育机构认证委员会，责成该机构负责制定、实施相关质量标准，提升高等教育机构的办学质量；成立国家科研与创新支持基金，用于鼓励创新型科学研究的发展；设立留学基金，用于支持约旦籍学生赴世界一流大学深造；调整和完善大学录取方式，成立国家考试中心，构建兼顾公平与特殊的录取机制；充分利用国际合作和国际援助，与世界一流大学合作开办联合培养项目；根据世界科技发展趋势，主动调整学科布局，在巩固医学、药学、农学、工程学等学科的基础上，重点发展信息技术、生物工程、生命科学、新能源等学科。在阿卜杜拉二世国王的亲自推动下，约旦制定和实施了《国家人力资源开发战略（2016—2025 年）》。该战略实际上就是国家教育发展战略，对各级、各类教育的发展目标、实施路径都做了详细的规划。从战略规划可以看出，新时期的约旦高等教育既追求规模的稳中有增，更重视质量的提升和结构的升级，从而为知识经济的长远发展奠定了更坚实的基础。

第二节 高等教育的发展现状

一、主要高等教育机构

根据约旦高教与科研部的数据统计，截至2020年，约旦共有36所大学，其中10所公立大学，24所私立大学，另有2所区域性大学。公立大学包括约旦大学、雅尔穆克大学、穆塔大学、约旦科技大学、哈希姆大学、阿勒拜伊特大学、拜勒加应用大学、侯赛因·本·塔拉勒大学、塔菲拉技术大学、约旦德国大学。私立大学包括阿拉伯安曼大学、中东大学、贾达拉大学、安曼国民大学、应用技术大学、费城大学、伊斯拉大学、佩特拉大学、宰图纳大学、扎尔卡大学、伊尔比德国民大学、杰拉什大学、苏玛雅公主技术大学、约旦音乐研究院、阿姆恩应用学院、马德巴美国大学、阿杰隆国民大学、教育学与文学学院、亚喀巴技术大学、侯赛因技术大学、鲁米努斯技术学院、哈瓦尔兹米技术学院、阿拉伯技术学院、塔拉勒·阿布卡扎勒创新学院。区域性大学为世界伊斯兰科学大学和阿拉伯开放大学（约旦）。

此外，约旦还有各类社区学院。其中由拜勒加应用大学直接进行行政、财务、教学管理的有13所，分别是安曼金融与管理学院、技术工程学院、艾米拉高等学院、萨拉特人文科学学院、扎尔卡政府学院、伊尔比德学院、哈斯尼工程职业学院、卡尔克学院、阿杰隆学院、穆阿尼学院、舒比克学院、拉哈玛公主社会服务学院、亚喀巴学院。隶属于拜勒加应用大学，但独立运营的学院有 26 所，分别是卡迪西亚学院、哈瓦尔兹米学院、阿拉伯社区学院、耶路撒冷学院、哈推尼学院、萨尔瓦特公主学院、伊斯兰社区学院、卡尔塔巴学院、扎尔卡国民学院、卡尔纳特学院、麦弗拉格国民学院、约旦科技学院、托莱多国民学院、约旦旅游与酒店专科学院、努拉公主民航学院、皇家烹饪研究院、拉菲黛医学护理与助产职业学院、奈斯白·玛兹尼亚医学护理与助产职业学院、塔菲拉中等技术学院、马德巴马赛克学院、国王医疗服务职业学院等学院。另有 2 所隶属于约旦国家救援署的社区学院，分别是瓦迪·赛伊尔学院和安曼培训学院。社区学院为高等教育的一部分，但更多地承担着职业教育、成人教育的职能，因此本书将另辟章节专门论述。现将约旦主要大学做如下简介。

（一）约旦大学

1962 年，约旦国王侯赛因颁布敕令，决定在首都安曼市中心建立约旦大学。1965 年年底，约旦大学开始正式招生授课。成立之初，约旦大学的办学条件非常艰苦，只有 5 万第纳尔的办学经费，三栋低矮的小楼，文学院一个教学单位，167 名学生，其中女生 17 名。

经过几十年的发展，约旦大学目前已成为约旦历史最悠久、规模最大、层次最高、专业最齐全，在中东地区乃至世界范围内都享有较高声誉的综合性公立高等学府。约旦大学现有在校生约 4.5 万人，在职教师 1 200 余人，其中约 1/3 的教师毕业于欧美高校或亚洲其他国家的知名学府。截至 2018 年，约旦大学培养的优秀毕业生超过 20 万名，为国家发展做出了重要贡献。约旦大学目前共有 24 个院系，250 余个专业。其中本科专业 94 个，优势专业包括医学、药学、护理学、教育学、农学、工程学、信息技术、阿拉伯语语言文学、工商管理、法学、体育学、艺术设计、国际问题研究、外国语言文学、旅游与遗产等专业。在研究生教育层面，约旦大学共有 111 个硕士专业、38 个博士专业，其拥有的硕士专业点和博士专业点数量分别占全国的 25% 和 50%。学校还设有 5 个研究中心，分别是细胞诊疗中心，哈马迪·曼库科学研究中心，传染病与疫苗研究中心，水资源、能源与环境研究中心。除安曼校区外，约旦大学还在 2009 年成立了亚喀巴校区。该校区目前共有 5 个学院，分别为管理与投资学院、旅游学院、外国语学院、海洋科学学院、信息技术学院。

在 2019 年的 QS 排名中，约旦大学获得"五星"评级，在约旦排名第一，在阿拉伯国家中排名第九。其药学、农学专业进入全球前 300 名，机械工程、工商管理、计算机与信息技术专业进入前 350 名，电力工程专业进入前 400 名，医学专业进入前 450 名。另外，约旦大学"毕业生声誉"指数也排名全球前 300 名。[1]

（二）约旦科技大学

约旦科技大学位于伊尔比德市，成立于 1986 年，时任国王侯赛因曾亲自为学校命名并一直关心学校的发展。经过三十余年的发展，约旦科技大学已成为约旦最负盛名的以理工科为主的研究型大学。现任国王阿卜杜拉二世称赞其为约旦最好的科研机构。目前，约旦科技大学共设有 13 个学院，分别是工程学院、医学院、口腔医学院、药学院、护理学院、农学院、兽医学院、文学院、计算机与信息技术学院、应用医学学院、建筑与设计学院、纳米技术学院和研究生院。上述 13 个学院下设 61 个系，45 个本科专业，98 个硕博专业。截至 2019 年，学校共培养了 77 462 名毕业生，其中 12 534 名为来自 51 个国家的外国留学生。学校现有教师 1 006 名（其中女性教师 288 人），行政管理和技术人员 1 282 人，校工 781 人。该校的教师

---

[1] 资料来源于约旦大学网站。

结构较为国际化和多元化，50% 毕业于美国高校，20% 毕业于欧洲高校，7% 毕业于加拿大高校，4% 毕业于澳大利亚和新西兰高校，17.5% 毕业于本国高校，1.5% 毕业于其他国家高校。

在 2019 年的 QS 排名中，约旦科技大学在约旦排名第二，在阿拉伯国家中排第 13 位，在世界排名第 651—700 位。约旦科技大学以研究见长，近几年来学校每年的科研投入都超过 800 万第纳尔。自成立以来，该校被 SCOPUS 数据库收录的教师论文达到 11 154 篇，被引用量在约旦居第一位。约旦科技大学还获得 ISO9001-2015 质量认证，其下属的多个学院也获得了相关认证。例如，工程学院、计算机工程系、软件工程系获得了 ABET 认证，医学院获得了 AVICENNA、JCI、WFME、RCP 认证，口腔医学院获得了 RCSI 认证，药学院获得了 ACPE 认证，应用医学学院获得了 ASIC 认证，兽医学院获得了 EAEVE 认证，护理学院获得了 ACEN 认证，生命科学与遗传工程系获得了 ASIIN 认证。相关认证为约旦科技大学提升教学质量和国际化水平提供了保障，也使该校毕业生获得了国际就业市场的认可。[1]

（三）拜勒加应用大学

拜勒加应用大学是以培养应用型技术人才为主要目标的公立综合性大学，隶属于约旦高教与科研部。该校成立于 1996 年，1997 年正式开学，校址位于距首都安曼 47 公里的萨拉特市。校本部共设有 10 个学院，分别是工程学院、医学院、通信与信息技术学院、理学院、农业技术学院、商学院、法学院、人文科学学院、人工智能学院、萨拉特技术学院。截至 2019 年，该校共培养了 15 万余名毕业生。目前在校生约 5 万人，教师 1 400 余名。拜勒加应用大学虽然成立较晚，但其下属的多个独立学院历史较为悠

---

[1] 资料来源于约旦科技大学网站。

久，其中安曼金融与管理学院的前身为成立于 1958 年的"教师之家"，该学院被认为是约旦现代高等教育的萌芽。[1]

（四）约旦德国大学

2004 年，约旦高教与科研部与德国联邦教育和科研部签署了《合作建设约旦德国大学的谅解备忘录》。2005 年，该校在约旦首都安曼正式成立，隶属于约旦高教与科研部，由德国政府在师资、资金、学术等方面提供支持。目前该校共有 9 个学院：应用技术学院、自然资源工程与管理学院、应用医学学院、计算机工程与信息技术学院、管理与物流学院、建筑与环境学院、人文与语言学院、工商管理学院、基础科学学院。上述 9 个学院共有 20 个本科和硕士专业，2018 年在校生人数为 4 229 人，其中留学生约 600 人。本科生中，女生所占比例为 41%；研究生中，女生占比为 55%。学校教职员工共有 583 人，其中教师 268 人。该校依托德国政府的支持，积极借鉴德国在教育、科研、管理方面的经验，以及在制造业方面的优势，致力于培养高水平的应用型技术人才。该校与多家德国高校和企业建立了合作关系，学生有机会到德国知名企业实习。该校核心课程使用德语教学，学校为学生提供语言培训。[2]

（五）雅尔穆克大学

雅尔穆克大学成立于 1976 年，位于伊尔比德市中心，是一所隶属于约旦高教与科研部的综合性公立大学。雅尔穆克大学学科门类较为齐全，共设有 15 个学院，分别是药学院、医学院、教法与伊斯兰研究学院、新闻学

---

[1] 资料来源于约旦拜勒加应用大学网站。

[2] 资料来源于约旦德国大学网站。

院、美术学院、文学院、理学院、经济与管理学院、哈贾维技术工程学院、教育学院、体育教育学院、法学院、信息技术与计算机科学学院、遗产与人类学学院、旅游与酒店管理学院。此外还设有拉尼娅王后社会服务与约旦研究中心、难民研究中心、费萨尔亲王信息技术研究中心、巴斯玛公主约旦女性研究中心等研究机构。上述学院共建有 225 个实验室，设有 53 个本科专业和 27 个研究生专业。目前在校生约 4.5 万人，其中 90% 为本科生，男生占 48%，女生占 52%。[1]

（六）哈希姆大学

哈希姆大学于 1991 年根据王室敕令宣布建立，1995 年正式招生授课，是隶属于约旦高教与科研部的综合性公立大学。哈希姆大学位于扎尔卡市。该校共有 19 个学院，分别是医学院、药学院、工程学院、理学院、艺术学院、经济与管理科学学院、联合健康科学学院、护理学院、体育教育与体育科学学院、教育学院、拉尼娅王后儿童教育学院、拉尼娅王后旅游与遗产学院、自然资源与环境学院、研究生院等。该校建有 225 个实验室，共设有 53 个本科专业和 27 个研究生专业，在校生约 2.6 万人。[2]

（七）侯赛因·本·塔拉勒大学

侯赛因·本·塔拉勒大学成立于 1999 年，位于约旦南部城市马安，距离首都安曼约 211 公里，是现任国王阿卜杜拉二世继位后决定成立的第一所公立大学，隶属于约旦高教与科研部。该校设有 9 个学院，分别是文学院、理学院、信息技术学院、工商管理与经济学院、工程学院、教育学院、阿

---

[1] 资料来源于约旦雅尔穆克大学网站。

[2] 资料来源于约旦哈希姆大学网站。

伊莎护理学院、佩特拉旅游与遗产学院、法学院，2个研究中心，分别是可再生能源研发中心和遗产研究中心。该校设立的初衷是建设一批约旦已有高校中相对稀缺和薄弱的专业，以及符合约旦南部地区经济社会发展需要的专业，例如矿业、可再生能源、旅游开发与遗产保护等。2020年，该校在校生约7 500人，专业教师约250人。[1]

（八）穆塔大学

穆塔大学成立于1981年，最初为独立的军事院校。1986年，约旦政府决定扩建穆塔大学，设立军事、民用两个校区，军事校区位于穆塔市，民用校区位于首都安曼以南135公里的卡拉克市，距离著名的古迹卡拉克城堡约12公里。目前，该校设有15个学院，分别是医学院、药学院、护理学院、工程学院、理学院、信息工程学院、农学院、文学院、商学院、法学院、社会学院、教法学院、教育学院、体育学院，致力于培养军民两用人才。上述学院共有105个专业，其中53个为本科专业，42个为硕士专业，9个为博士专业。目前，穆塔大学在校生人数约为1.76万人，其中包括1.48万名本科生、2 800余名硕士生和博士生。穆塔大学约有1 400余名留学生，占学生总数的8%。截至2020年，该校有教师626人，行政人员1 786人。[2]

（九）阿勒拜伊特大学

阿勒拜伊特大学位于约旦东部的麦弗拉格市，是一所隶属于约旦高教与科研部的综合性公立院校。该校成立于1993年，1994年10月正式开学。目前，该校设有10个学院，分别是侯赛因·本·阿卜杜拉亲王信息技术学

---

[1] 资料来源于约旦侯赛因·本·塔拉勒大学网站。

[2] 资料来源于约旦穆塔大学网站。

院、萨勒玛公主护理学院、经济与管理学院、教法学院、法学院、文学与人文科学学院、理学院、工程学院、教育科学学院、航空科学学院；4个研究院，分别是智慧宫研究院、天文与太空科学研究院、伊斯兰研究院、土地与环境科学研究院。上述学院和研究院共设有39个本科专业、36个硕士专业和2个博士专业。2020年，该校在校生约1.7万人，其中研究生约1 700人，女生约占55%。[1]

（十）塔菲拉技术大学

塔菲拉技术大学成立于2005年，是约旦设立的第九所公立大学，校址位于首都安曼以南187公里的塔菲拉省。目前，学校设有6个学院，分别是工程学院、理学院、文学院、商学院、教育学院和中等技术学院。该校可授予专科、本科、硕士文凭，2020年，该校在校生约6 000人，教师237人，行政后勤人员631人。[2]

（十一）苏玛雅公主技术大学

苏玛雅公主技术大学成立于1991年，由约旦历史最悠久的应用研究中心——皇家科学协会出资建设，也是位于安曼的侯赛因科学城的一部分。苏玛雅公主技术大学与约旦王室和政府关系紧密，被认为是兼具公立和私立大学特征的高校。目前该校共设有4个学院，分别是侯赛因国王计算科学学院、阿卜杜拉二世国王工程学院、塔拉勒国王商业技术学院、阿卜杜拉一世国王高等研究院。学校可授予本科学位和硕士学位，优势学科为信息技术，在约

---

[1] 资料来源于约旦阿勒拜伊特大学网站。

[2] 资料来源于约旦塔菲拉技术大学网站。

旦高校中财力相对雄厚，可为约旦学生提供部分奖学金或全额奖学金。[1]

（十二）费城大学

费城大学成立于1989年，1991年正式招生，位于首都安曼市郊通往古城杰拉什的高速公路旁，是一所私立综合院校，综合实力位居约旦私立高校第一，在阿拉伯世界排名前30位。费城大学下设8个学院，分别是商学院、文学与艺术学院、工程与技术学院、信息技术学院、理学院、法学院、药学院、护理学院。上述8个学院共开设29个专业，其中5个专业拥有硕士点，目前在校生约7 000人，国际化程度较高，留学生约占30%，仅来自科威特一国的留学生就达到500人。2011年9月，费城大学成立孔子学院，2012年9月正式揭牌运营，是继安曼TAG孔子学院之后中国在约旦开设的第二个孔子学院。[2]

（十三）中东大学

中东大学成立于2005年，位于约旦首都安曼，是一所私立大学。2005年起开始招收研究生，2009年开始招收本科生。中东大学目前设有9个学院，分别是文理学院、法学院、商学院、信息技术学院、教育学院、工程学院、新闻学院、建筑与设计学院、药学院。上述学院开设21个本科专业、11个硕士专业，另外专门为留学生开设了11个本科专业、2个硕士专业、2个博士专业。该校重视国际合作，与英国多所高校开展联合培养项目，其中与斯特拉斯克莱德大学共建药学专业。该校还通过了ISO9001-2015认证。截至2019年，该校共培养了7 202名毕业生。[3]

---

[1] 资料来源于约旦苏玛雅公主技术大学网站。
[2] 资料来源于约旦费城大学网站。
[3] 资料来源于约旦中东大学网站。

（十四）马德巴美国大学

约旦拉丁裔移民最早提出在马德巴建立一所大学的想法。2005 年，马德巴大学获得约旦高教与科研部的批准。2009 年，马德巴大学开始建设，教皇本尼迪克特十六世致信祝贺，希望该校成为增进理解和对话之地。2011 年，约旦高教与科研部批准该校更名为马德巴美国大学。2013 年 5 月，马德巴美国大学在美国新罕布什尔州高等教育委员会注册。目前，马德巴美国大学共设有 7 个学院、18 个专业。7 个学院分别为工程学院、理学院、健康科学学院、信息技术学院、艺术与设计学院、商务与金融学院、语言与交流学院。该校国际化程度较高，采取美国高校的管理体制，教师中有 2/3 以上的人在欧美高校获得学位，主要课程均使用英语教学。[1]

（十五）阿拉伯安曼大学

阿拉伯安曼大学 1997 年成立，1999 年正式招生，是一所营利性的私立大学。2009 年以前，阿拉伯安曼大学只招收硕士研究生和博士研究生。从 2009 年起，该校开始招收本科生。该校目前在校生约 4 000 人，设有教育学与心理学学院、商学院、法学院、计算机与信息科学学院、文学院、文理学院、工程学院、药学院、航空学院。学校建筑面积约 15 000 平方米，其中广场、体育场占地约 5 000 平方米。[2]

（十六）阿拉伯开放大学（约旦）

1996 年，时任海湾发展项目主席的沙特亲王塔拉勒·本·阿卜杜勒阿

---

[1] 资料来源于约旦马德巴美国大学网站。

[2] 资料来源于约旦阿拉伯安曼大学网站。

齐兹倡议，建立多国共同建设的区域性高等教育机构。2002 年，阿拉伯开放大学正式成立。该校总部设在科威特，共有 8 个校区，分别是科威特校区、沙特校区、埃及校区、约旦校区、黎巴嫩校区、巴林校区、苏丹校区、阿曼校区。约旦校区成立于 2002 年。目前，阿拉伯开放大学约旦校区主要开设工商管理、教育研究、英语、信息技术、会计、多媒体与图形技术、新闻与传媒等专业，可授予专科、本科、硕士文凭，以继续教育为主。[1]

二、主要数据与指标

根据约旦高教与科研部 2017 年发布的报告，约旦高等教育领域的主要数据和指标如下。

学制方面，本科学制为 4 年，但牙医、药学、工程类专业学制为 5 年，其他医学专业为 6 年，本科生毕业一般需修满 126—146 学分。硕士研究生学制为 1—2 年，需完成 24 个课程学分和 9 个研究学分，或 33 个课程学分和 1 个综合考试，并通过硕士毕业论文答辩方可获得学位。博士研究生学制 3—5 年，需完成 24 个课程学分和 24 个研究学分并通过博士论文答辩方可获得学位。

学生人数方面，2017 年，约旦高等教育机构在校学生总数为 278 571 人，包括 254 750 名本科生和 23 821 名研究生。其中公立大学学生总数为 204 556 人，包括 185 671 名本科生和 18 885 名硕士生；私立大学学生总数为 66 430 人，包括 63 049 名本科生和 3 381 名研究生。区域性大学学生总数为 7 585 人，包括 6 030 名本科生和 1 555 名研究生。在男女生比例方面，女生数量多于男生数量。以 2017 年为例，61 342 名本科毕业生中，女生为 33 958 人，

---

[1] 资料来源于阿拉伯开放大学（约旦）网站。

男生为 27 384 人；4 577 名硕士毕业生中，女生为 2 464 人，男生为 2 113 人。2017 年，约旦最大的综合性大学——约旦大学共有 44 576 名学生，其中女生 28 983 人，男生 15 593 人。在以理工科著称的约旦科技大学，女生人数也超过男生人数，该校学生总数为 24 445 人，其中女生 13 680 人，男生 10 765 人。[1]

留学生人数方面，2017 年，共有来自 106 个国家的 39 552 名留学生在约旦各大学学习，其中，公立大学在校留学生有 18 265 名，占留学生总数的 46.18%；私立大学在校留学生为 20 068 人，占总数的 50.74%；区域性大学在校留学生为 1 219 人，占总数的 3.08%。留学生人数排在前 30 名的国家是巴勒斯坦（8 673 人）、伊拉克（7 100 人）、叙利亚（6 614 人）、科威特（3 441 人）、马来西亚（1 890 人）、也门（1 317 人）、安曼（1 268 人）、沙特（1 214 人）、埃及（956 人）、巴林（695 人）、利比亚（512 人）、泰国（424 人）、菲律宾（361 人）、中国（355 人）、卡塔尔（345 人）、美国（302 人）、土耳其（269 人）、黎巴嫩（196 人）、阿尔及利亚（190 人）、尼日利亚（180 人）、加纳（165 人）、新加坡（147 人）、苏丹（126 人）、加拿大（117 人）、德国（86 人）、韩国（84 人）、印度尼西亚（73 人）、文莱（62 人）、摩洛哥（62 人）、俄罗斯（61 人）。在外国留学生中，本科生占绝大多数，研究生所占比例相对较少，不到 10%。2002—2011 年，赴约旦接受研究生教育的外国学生从 1 109 人（788 名男生，321 名女生）增长到 3 668 人（2 504 名男生，1 164 名女生）。2012 年，学生人数明显下降，为 2 307 人（1 490 名男生，817 名女生）。此后虽有增加，但仍没有恢复到 2011 年的最高水平。[2]

高校教师人数方面，截至 2017 年，约旦高校教师总数为 10 921 人，其中公立高校教师 7 611 人，占教师总数的 69.7%；私立高校教师 3 016 人，占教师总数的 27.6%；区域性大学教师 294 人，占教师总数的 2.7%。[3]

---

[1] 资料来源于约旦哈希姆王国高教与科研部网站。

[2] 资料来源于约旦哈希姆王国高教与科研部网站。

[3] 资料来源于约旦哈希姆王国高教与科研部网站。

高校科研人员人数方面，2004—2015 年，约旦科研人员数量有了较大幅度的增长，总数从 5 696 人（4 784 名男性，912 名女性）增长到 10 675 人（7 839 名男性，2 836 名女性）。[1]

高校规模方面，按照招生规模排序，约旦公立高校中，约旦大学排名第一，第二名到第十名分别是拜勒加应用大学、雅尔穆克大学、约旦科技大学、哈希姆大学、阿勒拜伊特大学、穆塔大学、侯赛因·本·塔拉勒大学、塔菲拉技术大学、约旦德国大学。约旦私立大学中，招生规模最大的是佩特拉大学，第二名到第十名分别是伊斯拉大学、扎尔卡大学、宰图纳大学、应用技术大学、费城大学、安曼国民大学、杰拉什大学、中东大学、苏玛雅公主技术大学。[2]

专业分布方面，2017 年，在约旦各大学的专业体系中，按学习人数计算，排在前 10 位的专业类别分别为：工商管理类专业（57 791 人）、工程类专业（48 728 人）、人文科学与文学类专业（25 332 人）、数学与计算机类专业（23 698 人）、教育类专业（22 002 人）、药学类专业（15 683 人）、自然科学类专业（15 252 人）、医学类专业（15 252 人）、伊斯兰教法类专业（11 763 人）、法学类专业（8 643 人）。[3]

第三节　高等教育的特色与经验

约旦高等教育经历了 20 世纪 50—60 年代的筚路蓝缕、艰难起步，70—90 年代的快速发展、奋起直追，以及 21 世纪以来的提质升级、特色发展。时至今日，约旦已成为中东地区公认的教育强国，约旦高校为本国和

---

[1] 资料来源于约旦哈希姆王国高教与科研部网站。

[2] 资料来源于约旦哈希姆王国高教与科研部网站。

[3] 资料来源于约旦哈希姆王国高教与科研部网站。

其他阿拉伯国家培养了一大批优秀人才。总体而言，目前约旦高等教育具有以下五大特色。

一、在国家发展战略中的地位高

受自然、地理等因素的制约，约旦不具备大规模发展资源密集型或人力密集型现代加工业和制造业的基础和条件，而仅仅依靠传统农业和旅游业等第三产业又很难带动就业，推动经济的可持续发展。因此，在 20 世纪 70 年代国内外政治、安全局势得到缓解之后，约旦立即着手确立具有约旦特色的发展道路，根据地区经济社会发展需求和自身传统与特色，制定了以人力资源立国的基本国策，着力打造地区文化、教育中心，以向其他中东国家和欧洲国家输出应用型技术人才带动经济发展。无论是侯赛因国王，还是阿卜杜拉二世国王，都在法律、政策、资金等方面向高等教育领域倾斜。在约旦 20 世纪 70 年代以来实施的"三年规划""五年规划"和《约旦可持续发展 2025 年规划》《国家人力资源开发战略（2016—2025 年）》中，高等教育都占据了重要而突出的地位。约旦社会各界也形成了教育为百业之根、高等教育是社会发展第一推动力的共识。约旦的高等教育虽然面临重重困难和挑战，但确实给约旦经济社会发展注入了动力，在海湾国家、欧洲国家工作的技术人才给约旦带来大量侨汇收入，同时高等教育培养的人才储备也为约旦实现从"消费型社会"到"生产型社会"的转变提供了智力支撑。

二、规模大，普及面广

如前所述，与很多阿拉伯国家相比，约旦的高等教育起步较晚，但自

20世纪70年代以来，约旦王室和政府高度重视高等教育的发展，在政策扶持和资金支持下，各类高等教育机构在短短几十年里如雨后春笋般涌现。到20世纪90年代初时，约旦大学生人数已经达到8.3万人，每万人中有330名大学生，这一比例超过了当时的日本和苏联。目前，根据约旦高教与科研部的数据，约旦已拥有36所大学，每百万人拥有5.14所大学，远高于22个阿拉伯国家平均每百万人2所大学的水平。高等教育机构数量的增加带来的是高等教育受教育人数的不断增长。仅阿卜杜拉二世国王登基以来的二十多年里，就有超过100万名学生完成了各类型的高等教育，[1]这对于当时仅有700万人口的约旦而言，无疑是一项巨大的成就。

三、教育培养目标明确

约旦《高等教育法》明确了约旦高等教育事业所应当承担的使命和完成的目标，具体包括：第一，培养符合社会需求的、合格的各领域专业人才；第二，深化伊斯兰信仰、价值与道德，加强国家认同与民族认同；第三，培养和加强民主、学术自由、话语权以及对他人意见的尊重意识；第四，培养团队意识和担当精神，提高科学思维、批判思维的能力；第五，为实现创新、创造、卓越和人才成长在学术、心理、社会层面提供支撑环境；第六，提高学生对国家遗产、民族文化和世界文化的重视，以及对公共文化的关心；第七，推广阿拉伯语作为高等教育阶段的学术语言和教学语言，鼓励使用阿拉伯语进行学术创作和学术互译；第八，为文学、艺术、科学等领域知识的发展做出贡献；第九，使学生至少掌握一门其专业领域会涉及的外语，并熟练使用相关领域的信息技术；第十，鼓励、支持、发

---

[1] 资料来源于《宪章报》网站。

展科学研究，特别是服务社会、有利于社会发展的应用科学研究；第十一，建设一支有能力发展科学研究、技术生产的专业科研力量；第十二，加强与其他阿拉伯国家、伊斯兰国家以及世界各国有关机构在高等教育、科学研究领域的合作，根据最新的发展趋势扩大合作领域。[1]

由此可见，约旦高等教育的目标非常明确和具体，具有鲜明的约旦特色，即除强调高等教育应当承担的加强国家与民族认同、树立道德与价值观、提升科学精神与思辨能力等目标外，还特别注重各领域应用型专业技术人才的培养。同时，还从应用科学研究、外语能力培养、信息技术使用等方面做了具体要求，来保障应用型专业人才培养目标的实现。这种目标在中东各国的高等教育中是少见的。在这一原则的指导下，约旦各高校普遍将培养应用型专业技术人才作为主要目标，重点发展理工科的本科层次教育，适度发展文科教育和硕士研究生教育，控制博士研究生规模。这一发展路径与很多阿拉伯国家不同，但符合约旦人力资源战略的总体目标，成为约旦高等教育的底色之一。

四、多渠道办学，注重国际合作

约旦政府的财政收入相对有限，随着高等教育规模的不断扩大，仅仅依靠政府的力量已不足以支撑教育事业的发展。因此，约旦王室和政府积极拓展资源，通过多种方式推动高等教育提质增量。

方式之一，鼓励社会资源办学。为更好地发展高等教育，约旦王室、政府多方面筹措资金，通过在全领域征收教育税等方式增加教育投入。此外，约旦私营经济较为发达，因此约旦王室和政府积极利用私营资本创办私立大学。自

---

[1] 资料来源于约旦哈希姆王国高教与科研部网站。

20 世纪 80 年代从法律上为私立大学打开大门后，约旦私立大学如雨后春笋般涌现。虽然私立大学的规模都没有公立大学大，但凭借高水平师资、特色专业和优质国际合作办学项目吸引了大批优秀学生，有力地弥补了国家教育投入的不足，并越来越受到社会的认可和青睐。除鼓励社会资本直接办学外，约旦王室还成立了多个教育基金，吸纳社会力量支持高等教育发展，其中比较典型的有约旦科研与创新支持基金。该基金聘请专业团队管理，每年吸纳并分配给各高校的资金已占各高校科研投入总额的 5% 以上。

方式之二，秉承开放办学的理念，积极利用欧美国家的教育资源，通过国际合作项目带动本国高等教育发展。其中规模较大、影响广泛、效果最好的是欧盟 TEMPUS 教育项目和约旦德国大学项目。

TEMPUS 教育项目由欧盟于 1990 年发起，最初的目的是促进巴尔干地区国家以及东欧和中亚地区国家高等教育发展改革，以便使这些转型国家的教育能够适应市场经济需要，后来扩展到世界其他地区。TEMPUS 项目三个优先考虑的工作重点是：教育计划的发展与调整，改革高等教育结构、机构和管理体制，开发使转型国家能够跟上先进技术发展的培训项目。约旦于 2002 年加入该项目，2002—2016 年，约旦各高校利用欧盟的资金支持在本科、硕士、博士以及教师等多个层次开展联合培养项目，其中公立高校的项目数量达到 135 项，以约旦大学为最多，有 31 项；私立高校共有 37 个项目，苏玛雅公主技术大学排在第一位，共有 20 个项目。[1] 通过联合培养项目，约旦的教师和学生享受到了欧洲大学先进的教育资源，约旦高等教育的国际化水平和办学质量得到了提高。

约旦德国大学是利用德国政府减免的债务建立起来的。该校的性质虽为公立大学，隶属于约旦高教与科研部，但德国政府、相关高校和企业在资金、师资派遣、教学管理、实习实践等方面都投入了大量资源。该校以

---

[1] 资料来源于伊拉斯谟 +（Erasmus+）网站。

德语授课，重点培养德国和欧盟需要的新一代应用型技术人才。该校毕业生通过在约旦和德国的贯通学习与实习实践，综合素质和就业质量在约旦都名列前茅。该校被约旦政府誉为最成功的国际合作办学项目，在国内也被公认为约旦教学质量最高的大学。[1]

五、以留学生教育带动高等教育产业化

在经历了 20 世纪 50—70 年代的动荡后，约旦国内政局日益稳定，与世界大国和地区大国的关系持续改善，经济社会发展水平不断提升，被称为"中东和平的绿洲"。安全稳定的环境以及高水平的教育体系使得约旦成为世界各国，特别是周边阿拉伯国家留学生的重要目的地。留学生教育在约旦教育体系中占有重要位置，一方面留学生招收能力是约旦国家软实力和文化教育水平的具体体现，留学生群体在学成回国后又成为传播约旦良好国家形象的重要桥梁；另一方面，对于资源有限、经济发展路径相对较窄的约旦而言，留学生教育也是增加国家财政收入、补充教育经费的重要来源。因此，约旦政府和高校均高度重视发展留学生教育，通过多种途径大力吸引外国留学生。

近年来，赴约旦留学的学生人数实现了较快增长。2006 年，约旦的留学生人数为 21 054 人（15 258 名男生，5 796 名女生），2010 年为 25 739 人（17 353 名男生，8 386 名女生），2015 年为 34 195 人（20 834 名男生，13 361 名女生）。2019 年，约旦留学生数量已经达到 44 734 人，他们来自 105 个国家，人数占约旦各高校学生总数的 13.5%，其中来自海湾地区的阿拉伯国家的学生相对较多。与此同时，来自西方发达国家的留学生也在增加，他们到约

---

[1] 资料来源于约旦德国大学网站。

旦主要是学习阿拉伯语并开展中东问题研究。2018 年，约旦高校中来自美国的留学生数量达到 1 017 人，比 2017 年增长 34%。[1] 日益扩大的留学生教育带动了约旦教育的国际化和产业化，也增加了约旦的财政收入。2019 年，留学生为约旦创造了约 2.5% 的国内生产总值。约旦政府计划进一步扩大留学生教育，希望到 2022 年将留学生数量提升到 7 万人，国内生产总值贡献率增长到 5%。

为做好留学生教育，约旦高教与科研部根据约旦高校的特点，有针对性地加强了与相关国家政府的国际合作，目前已与沙特、伊拉克、阿联酋、突尼斯、阿尔及利亚、黎巴嫩、摩洛哥、叙利亚等 12 个阿拉伯国家和地区签署了文化教育协定，与中国、乌克兰、巴基斯坦、葡萄牙、巴拉圭、保加利亚、马来西亚、匈牙利、格鲁吉亚、吉尔吉斯斯坦、巴西、希腊、罗马尼亚、西班牙、韩国、意大利、塔吉克斯坦、秘鲁、古巴等 24 个非阿拉伯国家签署了文化教育协定，通过各类政府间奖学金项目扩大赴约旦的留学生人数。

除政府间合作项目外，约旦还特别重视吸引自费留学生。为此，约旦高教与科研部除设有国际合作与项目局、出国留学司外，还设立了来约留学司，专门负责留学生的招生和管理工作。为增加留学生人数，约旦政府各部门和约旦驻外使领馆都将推介约旦高校作为工作重点之一。例如，约旦驻外使领馆经常举办约旦高等教育推介会，外交官们还主动走访所在国高校，介绍相关信息，加强教育合作。约旦高教与科研部利用现代传媒技术建立了专门的留学生招生宣传网，还在多个社交媒体开设账号，发布各类招生信息和宣传视频。这些举措对提高约旦高等教育知名度、扩大留学生教育规模都发挥了积极的作用。

---

[1] 资料来源于美国驻约旦大使馆网站。

第七章 职业教育

职业教育对社会经济发展和人力资源开发具有重要意义。作为一个青年人口快速增长且缺乏自然资源的国家，约旦将发展教育作为国家建设的优先事项，建立了相对全面和连贯的教育体系，以提高国民素质，充分开发和利用青年人口红利。约旦职业教育起步较早，自独立以来，约旦政府便确立了优先发展基础教育，扩大义务教育年限，加强职业教育和扫盲教育，大力发展高等教育的教育指导方针。在此基础上，约旦的职业教育不断发展，体系不断完善，形成了独具特色的办学模式，为本国和周边国家培养了大批专业技术人才。

第一节 职业教育的发展历程

一、起步阶段（20 世纪 50—70 年代）

1924 年，外约旦建立了第一所基础手工艺学校，主要教授木工、锻造、制鞋和地毯纺织等技术，标志着约旦现代职业教育起步。1946 年，外约旦哈希姆王国成立。此后，经济不断发展，各种新兴产业相继出现，对不同领域和不同层次的专业人才的需求大增。为适应这一变化，约旦政府加强技术人才培育，从 20 世纪 50 年代起，开始加大力度推广职业教育与培训，于 1953 年成立了第一所工业技术学校，之后又成立了名为"教师之家"的教育学院，提供公共文化教育及职业培训，从而将职业教育与职业培训正式引入国家教育体系。从 20 世纪 60 年代起，政府开始在全国范围内大力兴办职业教育，并在中等教育阶段实行分科培养，将高中分为两种类型：一种为普通高中，分文理两科，主要培养有志于继续深造的学生；另一种为职业高中，设有工业、农业、商业、护理、酒店管理等专业，为学生就业或接受更高一级的职业教育做准备。[1] 这一时期，约旦中等教育学制为 3 年，毕业时两种类型的学生均须参加考试，以决定其是否可以获得文凭。同一时期，职业教育的发展还得到了国家在法律上的支持，1964 年颁布的《教育法》明确提出加强职业教育、推广中等职业教育、增加职业教育学校数量等内容。

职业教育与普通教育的划分是约旦职业教育发展历程的一大转折点，中等职业教育从此有了更大的发展空间。此后，约旦国内开设了多所职业学校，并于 1972 年在教育部下设职业教育司。1976 年，约旦内阁颁布第 35 号临时法案，在劳动部下设职业培训公司，作为一个半自治机构提供理论和实践两方面的职业培训。1978 年 10 月，教育项目理事会成立，推动教育多样化，职业教育与普通教育开始并行发展。

二、改革发展阶段（20 世纪 80—90 年代）

20 世纪 80 年代，约旦政府对教育体制进行了进一步改革。为适应经济

---

[1] 王波. 教育在约旦国家建设中所起的作用 [J]. 比较教育研究，1994（5）：31.

和科技的不断发展，职业教育增设了会计、计算机、经济管理、医药学等专业，并引入先进的教学手段，加快编写职业教育教材，以培育满足市场需求的专业人才。同时，从1988—1989学年起，中等教育学制由3年改为2年，中等教育阶段接受普通教育还是职业教育则根据学生基础教育最后三年的成绩及个人意愿决定。值得一提的是，这一时期，约旦国内成立了一批学制2—3年、面向中等教育毕业生招生的社区学院，如1980年在安曼成立的阿拉伯社区学院。此外，原有的部分职业培训机构也在经教育部批准后完成了向社区学院的转型，共同推动高等职业教育的发展。1996年8月，拜勒加应用大学成立，1997年正式开展教学工作。该大学由遍布约旦各省的数所学院合并而成，下设应用科学系、工程系、农业技术系、计划和管理系、研究生院和传统伊斯兰艺术研究所等院系。拜勒加应用大学成立后负责管理约旦国内的社区学院，培养了一大批专业技术人才。

社区学院针对劳动力市场的需求开设了各种专业，是为社会提供技术型人才的最主要教育机构之一。社区学院的成立使约旦职业教育体系更加完善，学生在取得中等教育文凭后可进入社区学院学习，获得毕业文凭后可以直接参加工作，也可以通过考试的方式进入普通大学接受学术教育。

此外，政府还于1985年出台了《职业培训公司法》（2001年修订），对职业培训公司的职责做了进一步规定，包括提供各种短期和长期培训、提高技术人员的专业能力、为建立和发展中小企业提供支持服务、促进职业培训多样化等。在法律和政策的支持下，约旦的职业教育体系更加完善。

三、扩张和完善阶段（21世纪以来）

进入21世纪后，经济的飞速发展和全球化进程的推进使约旦对高素质技术人才的需求增大，职业教育也受到更多关注。政府开始着手提高职业教育教师素养、增大职业教育设备投入，并将更多权力下放给教育机构来改革职业教育领域的组织和管理模式，以提高职业教育水平。虽然大学数量的增加导致了社区学院增长缓慢，但数据显示，约旦的社区学院数量从 2003 年的 21 所增加到 2010 年的 54 所，类型包括公立、私立、军事学校等，共开设 100 多个专业，学生超过 2.8 万人。[1] 这一时期，职业教育规模持续扩大。2013 年，约旦国内提供职业技术教育的高中和学院共计 288 所，中部地区、北部地区和南部地区的占比分别为 51%、36% 和 13%。[2]

在行政管理方面，2000 年以前，约旦的职业教育管理较为分散，不同阶段的职业教育分别由教育部、劳工部、高教与科研部管理，每个部门都制定了自己的发展战略和管理体系。除了 1999 年内阁批准的一项人力资源开发战略外，没有针对职业教育的总体国家战略。进入 21 世纪，政府意识到松散的管理体系不利于统筹职业教育发展，于是开始制定与之相关的国家战略。2006 年，约旦通过《国家议程》，提出了新的职业教育管理框架。该议程建议成立人力资源开发理事会、就业与职业技术教育理事会、就业培训基金会，并赋予职业培训公司更大权限等。《国家议程》的颁布意义深远，为职业教育改革奠定了基础。在此框架下，约旦于 2008 年颁布了《就业与职业技术教育理事会法》，正式成立就业与职业技术教育理事会、就业与职业技术教育基金会、认证与质量控制中心。就业与职业技术教育理事会隶属于劳工部，旨在提高职业技术教育和培训水平，开发人力资源，提供就业机会。该机构由来自政府部门、工商会及私营部门的 15 名代表组成，负责职业教育领域各部门的协调工作，并与教育部、高教与科研部合作，制定与就业和职业技术教育有关的一般政策、计划和方案并提交给内阁。此后，劳工部、教育部、就业与职业技术教育理事会等部门又陆续提出了《就业与职业技术教育战略（2008—2013 年）》《国家就业战略（2011—2020 年）》《就业与

---

[1] 资料来源于阿蒙新闻网站。

[2] 资料来源于 HEYA 公共政策中心网站。

职业技术教育战略（2014—2020 年）》《国家人力资源开发战略（2016—2025 年）》《约旦 2025 年愿景》等与职业教育有关的国家战略，为约旦职业教育的发展指明了方向。

得益于各种法律政策的实施，自 2008 年以来，约旦职业教育改革已经取得了令人瞩目的成果，其中包括就业与职业技术教育理事会的成立和运作，认证与质量控制中心的发展，职业培训公司的重大改革，以及就业与职业技术教育基金会的成立等。2019 年春，议会又通过了《技术和职业技能发展法》，对职业技术教育与培训体系进行了重大改革。根据该法，约旦成立了技术和职业技能发展委员会。该委员会具有独立法人资格，由内阁任命其主席，同时将就业与职业技术教育基金会、认证与质量控制中心的工作、资产、人员整合其中。该委员会的成立加强了约旦职业教育系统各部门的统筹与协作，改变了各部门各自为政的工作局面。

第二节　职业教育的现状与特点

一、办学理念与办学模式

约旦致力于建立适应劳动力市场和技术发展变化的职业教育体系，根据学生的能力和意愿满足个人需求，并使其有机会接受高等教育。《约旦 2025 年愿景》提出，职业教育发展的目标包括"完善劳动力市场的政策，着重通过职业培训，尤其是针对青年人的培训来培养劳动力，从而逐步减少外籍劳工，并鼓励妇女加入劳动力市场"；"引导更多约旦年轻人接受职业教育，将职业教育入学率从 2014 年的 13.12% 提升至 40%。"[1]

约旦的职业教育采取集中办学的模式，在中等教育和高等教育阶段兴办职业学校和培训中心对学生进行教育和培训，同时依靠与企业和高等院校等多方合作的渠道提升入学率和教育质量。例如，职业培训公司与思科国际等公司签署了培训合作协议，制定联合培训计划，提供专业设备，并聘请相应领域的专家为学生进行短期理论和实践培训，以提高就业率；拜勒加应用大学则与私营企业、商会签署了 28 项培养输送毕业生的协议，向法国、德国、韩国等国家的职业教育学校学习教育经验并在约旦推广。

约旦的职业教育治理体系由多个主体构成。2008 年以来，由劳工大臣领导的就业与职业技术教育理事会一直是约旦职业教育的协调机构。在约旦，教育部、劳工部、高教与科研部下属的高等教育委员会分别负责管理综合高中、职业培训公司、拜勒加应用大学及社区学院，就业与职业技术教育理事会则负责各方的协调指导工作。此外，改革前的理事会还负责认证与质量控制中心的工作。该中心是对职业技术教育机构和从业人员资格进行认证的国家机构，负责组织理论和实践方面的专业考试，颁发职业技术教育和培训机构以及从业人员的执照，考察相关机构对有关规定的遵守情况，保证职业教育的质量等。但是，由于教育部和高教与科研部的下属机构要分别遵守其所属部委适用的法律和标准，因此理事会和中心的影响力主要针对劳工部下属的职业培训公司和私立培训机构。随着 2019 年技术和职业技能发展委员会的成立，职业教育体系有了新的协调监督机构。该委员会下设理事会和基金会，理事会由劳工大臣领导，成员由委员会主席、5 名部委或公共机构代表、8 名私营部门代表组成，基金会则负责为职业教育与培训、就业培训、理事会批准进行的培训提供资金。该委员会的职责是对职业教育与培训体系中的各个部门及其项目进行整合、批准和监管，

[1] 资料来源于约旦哈希姆王国首相府网站。

旨在监督职业技术培训提供者，组织其工作，评估及认证其绩效，并激励青年人选择职业教育，从而解决贫困和失业问题，促进经济增长等。在该委员会的运作下，职业教育治理体系各部门得到了进一步整合，内部职权划分更加清晰，运作更加高效。

资金来源方面，职业教育治理体系中不同性质的机构资金来源不同，公立机构主要依赖政府投入、社会捐助和少量的学生学费，私立部门则主要依靠自行筹措的办学经费。[1] 以公立部门为例，其主要通过固定拨款流程获得财政部批准的国家预算。每年，各学校根据其在培训、人员管理、设备和材料等方面的需求向教育部职业教育司提交预算申请，职业教育司形成总体意见后反馈至教育部计划和预算司，由计划和预算司将包括职业教育在内的教育部总预算提交至财政部，由内阁和国王最终审核批准。总体而言，职业教育机构通过国家预算获得的资金较为短缺。据统计，截至2016 年，政府向所有职业技术教育项目和机构提供的资金仅占教育总支出的 3.6% [2]，低于国际平均水平。除了政府固定拨款外，就业与职业技术教育基金会也是各职业教育机构的资金来源之一，该基金会促进了私营部门与职业技术教育提供者之间的合作。基金会建立之初，其资金主要来自企业税收，2009 年后则主要来自外国劳工所缴纳的工作许可费，每年约有 2 000万第纳尔。此外，各机构也通过其他方式筹集资金。例如，职业培训公司等半公立的培训机构通过收取学费筹集，拜勒加应用大学及社区学院通过税收和接受国外捐赠筹集。在正在进行的职业教育体系改革中，政府也正在寻求职业技术教育资金来源多样化的方式，以满足教学及运营需求。

[1] 董莉莉. 欧盟伙伴国职业教育治理体系比较研究——以巴勒斯坦、约旦为例 [D]. 天津：天津职业技术师范大学，2018.

[2] 资料来源于联合国教科文组织国际职业技术教育培训中心网站。

二、法律法规与教育战略

近年来，约旦更加重视职业教育的发展，并致力于为其提供更有力的政策支持。目前约旦国内与职业教育有关的现行法律包括《教育法》《职业培训公司法》《技术和职业技能发展法》等。《教育法》最早为促进职业教育发展提供法律依据，开拓了职业教育的发展空间，在《教育法》的推动下，约旦职业教育学校数量和学生入学人数不断增长。在《职业培训公司法》《就业与职业技术教育理事会法》《技术和职业技能发展法》的指导下，约旦先后建立了职业培训公司、就业与职业技术教育理事会、就业与职业技术教育基金会、认证与质量控制中心、技术和职业技能发展委员会等机构，使职业教育体系更加完善，权责更加明确，运行更加高效。

除颁布法律外，国家还制定了多项发展战略支持职业教育的发展。约旦的职业教育系统目前正在根据《就业与职业技术教育战略（2014—2020年）》《国家人力资源开发战略（2016—2025年）》《教育部战略计划（2018—2022年）》《约旦2025年愿景》等发展战略进行改革，其中前两者是目前最关键的改革和政策议程。

《就业与职业技术教育战略（2014—2020年）》旨在开发和实施以需求为导向的职业和技术教育与培训体系，使约旦公民能够实现自己的职业愿望，并为经济增长和社会发展做出贡献。该战略研究了《就业与职业技术教育战略（2008—2013年）》的实施成果，并将治理、职业教育与就业关联性、职业教育体系包容性、绩效评估、持续有效的资金确定为职业教育领域需要建设和发展的五大支柱。

《国家人力资源开发战略（2016—2025年）》在职业教育领域做出了如下规划：通过对职业教育教师进行培训、调整教育培训机构的质量认证标准、与私营部门进行更紧密的协调来提高职业教育的质量，建立健全职业教育部门的问责机制，通过公私合作伙伴关系拓宽职业教育资金来源等。

该战略是职业教育部门首次系统地参与人力资源开发。2019 年技术和职业技能发展委员会的成立是此战略在职业教育领域实施的第一步。

《教育部战略计划（2018—2022 年）》将职业技术教育与培训作为其六个优先领域之一，重点发展教育部管理下的职业教育（11 年级和 12 年级），增进学生和家长对职业教育的认识。该战略针对职业教育提出了三个重点建设方面，即提高管理水平、增加学生人数和提高教学质量。计划到 2022 年，选择职业教育的 10 年级学生的百分比将从 2017 年的 11% 增加到 17%，受过培训的教师比例将从 25% 增加到 100%，新建的 15 所职业学校（包括 7 所女子职业学校）可有效增加教育供给，并改变职业教育中的性别不平等现象。[1]

《约旦 2025 年愿景》指出，目前相对于职业教育，约旦人更倾向于接受学术教育。公共教育系统中只有 13% 的学生正在学习职业课程，远低于国际水平。在地区失业率尤其是青年人失业率高的情况下，加强职业技术教育和培训，培养市场需要的劳动力，对提高就业率有着重要的意义。

三、升学体系与学制学费

约旦的职业教育包括中等职业教育和高等职业教育，中等职业教育包括高中职业教育和职业培训公司提供的应用教育，高等职业教育则主要由社区学院提供。

学生在接受完为期 10 年的初等教育后，根据综合成绩和个人意愿进行分流，成绩较好者升入综合高中，选择接受综合中等教育，分通识教育和职业教育两类，学制 2 年；成绩不理想的学生则进入职业培训公司开设的各职

---

[1] 资料来源于约旦哈希姆王国教育部网站。

业培训中心，接受为期 3 个月至 2 年的系统职业培训。约旦的中等教育不属于义务教育，学生需按教育类型缴纳学费。通识教育学费为每年 365 第纳尔，职业教育学费为每年 813 第纳尔，职业培训中心学费较高，为每年 1 300 第纳尔，2016 年调整为每年 900 第纳尔。[1] 在综合高中接受职业教育的学生需学习文化知识，并由学校组织实习，毕业后需参加普通中等教育考试，通过者进入社区学院或大学接受高等职业教育或学术教育，未通过者进入劳动力市场就业。近年来，随着大学录取政策的调整，招收职业教育毕业生的普通大学不断缩减招生规模，导致大多数学生只能进入社区学院学习，只有部分成绩优秀的学生可以进入拜勒加应用大学接受应用技术学科的高等教育。而进入职业培训中心的学生以学徒制的方式接受实践培训，完成培训后可获得技术文凭，但无法继续接受更高等的教育，只能选择就业。

社区学院提供高等职业教育，学制 2 年，所有取得中等教育证书的学生均可入学，开设课程涵盖许多领域，如艺术、科学、工商管理、工程学等，相当于中国的大专院校。约旦国内现共有 41 所社区学院，包括 12 所公立学院、5 所政府办学学院、6 所军事学院、16 所私立学院和 2 所近东救济工程处创办的难民学院。社区学院形式上均由拜勒加应用大学管理，但在行政、财务和学术上直接隶属该大学的只有 13 所。社区学院开设行政类和技术类课程，学生毕业后需参加综合考试，通过者可获得技术文凭。另外，部分学院也提供学士学位。2017 年，拜勒加应用大学将社区学院学生的学费统一，按照专业化程度分为三类，并对本国和外国学生进行区分。专业化程度由低到高排列，本国学生的课程学费分别为 20、25、30 第纳尔 / 学时，外国学生的课程学费分别为 75、100、125 美元 / 学时。从社区学院毕业后，学生可直接就业或通过考试进入大学学习，但升学考试难度较大，通常只有很少学生能通过。

---

[1] 资料来源于约旦经济与社会理事会网站。

四、招生规模与著名院校

约旦的教育系统较周边国家更加完善，在国家的政策支持下，职业教育办学水平也有所提高。但目前来看，与学术教育相比，职业教育对学生仍缺乏吸引力，综合高中接受职业教育的学生比例、职业培训机构及社区学院入学率仍然较低。

约旦共有 197 所高中提供职业教育，每年招收约 2 万余名学生，招生规模相对于普通中等教育来说较小。据教育部统计，2016—2017 学年，中等职业教育（包括综合高中和职业培训机构）共招收 25 231 名学生，其中女生 10 860 名，招生人数较上一学年减少 3 500 人。大多数学生在 10 年级结束后选择接受普通中等教育。2017 年，普通中等学校入学率为 63%，而接受职业教育的学生所占的比例仅为 14%，其中女生占 41.1%，男生占 58.9%。[1] 在专业方面，工业和家庭经济两类专业招生人数相对较多。2016—2017 学年，两类专业的学生数量占比超 3/4（见图 7.1）。2018—2019 学年，两类专业在全国各开设了 500 个班级，其中工业类专业招收男生较多，家庭经济专业（包括美容、时尚、保育等）招收女生较多，此外还开设了 98 个农业专业班级和 95 个酒店管理专业班级。除了开设职业课程的高中外，约旦还有 42 个职业培训机构和中心，遍布全国各个省，由职业培训公司管理，下设 338 个配备有专业设备的培训实践工坊，可容纳约 10 000 名学生，为未能升入高中的学生提供职业培训。据约旦经济与社会理事会统计，2016—2017 学年，参加职业培训的学生数为 5 885 人，其中男生 4 755 人，女生 1 130 人，占基础教育毕业生总数的 5.6%。[2]

高等职业教育也面临同样的问题，社区学院招生规模与普通大学相差较大。由于约旦高等教育不断发展，大学数量增加，录取分数线降低，导

---

[1] 资料来源于联合国教科文组织国际职业技术教育培训中心网站。

[2] 资料来源于约旦经济与社会理事会网站。

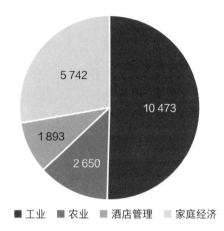

■ 工业　■ 农业　■ 酒店管理　■ 家庭经济

图 7.1 2016—2017 学年约旦中等职业教育各专业学生数（单位：人）

致社区学院招生压力增大。2010—2015 年，约旦关闭了 8 所社区学院，2014—2015 学年，在社区大学注册的学生人数从 29 724 人下降至 23 544 人，减少了 21%，夏季学期入学人数仅为 13 856 人。[1] 根据高教与科研部数据，2015—2016 学年，约旦公立和私立大学在校生共 268 851 人，而社区学院和职业培训中心的学生人数分别只有 1.3 万人和 1 万人。近年来，约旦高教与科研部将减少四年制大学的入学人数，同时增加接受技术和职业教育的人数，作为约旦高等教育发展战略的主要目标，以扩大职业教育招生规模，使职业教育学生人数达到约旦所有接受高等教育学生总人数的 25%—30%，加强技术职业人才储备。2016—2017 学年，约旦社区学院在校学生数增加至 18 194 人，高等职业教育招生规模在国家支持下不断扩大。

约旦著名的社区学院包括伊斯兰社区学院、技术工程学院等，各学院以其优良的师资和丰富的课程，为社会培养了大批高素质技术型人才。

伊斯兰社区学院位于扎尔卡省，1980 年由伊斯兰慈善中心协会成立，成立之初名为伊斯兰教师学院，后更名为伊斯兰社区学院。学院设有药学、

---

[1] 资料来源于《约旦时报》网站。

护理、图形设计、会计、工商管理、翻译、社会工作和伊斯兰教法等专业，自成立以来共培养了 1.4 万余名毕业生。学院定期开展实地考察、慈善活动，举办科学论坛、宗教周、艺术和科学展览以及教育讲座，致力于提高学生的能力，使其更好地服务社会。

技术工程学院成立于 1975 年，是约旦最早成立的工程学院之一，1997 年与拜勒加应用大学合并，成为其行政上的附属机构。该学院是一所工科类的公立社区学院，由精密工程系、计算机与网络工程系、机械工程-热力机械和汽车电子学系、电气与通信工程系、土木工程系、化学工程系 6 个院系组成，开设土木、化学、机械、电气和机电工程等领域的专业，并向符合要求的毕业生颁发应用工程学士学位。

五、课程设置与教学资源

约旦职业教育采用实践与理论相结合的方式，课程设置的目标是在打好理论基础、提高学习能力的同时培养学生的实践能力，使之与劳动力市场需求相适应。中等教育阶段在综合高中选择职业教育的学生仍以理论学习为主，为接受高等学术教育或高等职业教育夯实基础。学生可选择工业、农业、酒店管理和家庭经济学四个专业之一，同时也需要学习基本的高中课程，如计算机、英语、阿拉伯语等。职业课程占所有课程的 30% 左右，实践培训有限，且不允许在校外实习。如果学生有志于毕业后考大学，则需根据其选择的专业选修固定科目，如选择工业专业的学生需选修物理。

职业培训公司管理下的各职业培训机构以就业为导向，主要对学员进行技术实践培训，除接收未升入综合高中的学生外，还面向社会招生。课程以实践课为主，较少开设通识课程，以学徒制方式进行授课。目前职业培训公司主要开设 5 类课程：针对初等教育毕业生开展的基本工作技能培训、针对在职员工开展的提高技能水平的长期培训、根据社会和学员需求开设的短期培训、职业安全与健康培训、教师培训等，涉及建筑、木工、制药、电子、能源、信息技术、水利环境、酒店旅游等十余种专业的培训。此外，职业培训公司还与拜勒加应用大学合作，针对取得中等教育证书的学生开设了技术培训课程。

高等职业教育则在巩固理论学习的基础上加强对学生职业技能的培养。社区学院作为高等职业教育的主要实体，以"实践为主，理论为辅"的教育原则优化课程设置。近几年，拜勒加应用大学为满足经济社会发展需要，对各社区学院的教学目标和教学方式进行了重新定位，改革了课程设置，取消了大部分与教育和人文学科有关的课程，重点培养具有实践能力的技术人才，开设了包括工程、医学、酒店旅游、信息技术、药学、应用技术等领域的近200个专业的课程。改革后的技术课程占全部课程的70%。

为进一步优化课程设置、丰富教学资源、提高教学水平，近年来，约旦政府着力开发和利用国内外资源，取得了一定的成果，采取的主要举措如下。

首先，加强教师技能培训。师资是优质教育资源的核心，约旦目前职业教育的师资相对短缺，质量也参差不齐。2017年，约旦各综合高中共有1 600名职业教师，社区学院共有1 215名教师。约旦的职业教师和培训人员具备基本的学术背景和理论知识，但通常缺乏足够的行业经验和技术专长。对此，教育部、劳工部、高教与科研部根据各自职责，对教师开展了持续的技能培训。例如，教育部与拉尼娅王后教师培训学院合作，启动了一项教师培训计划，旨在对初等和中等教育的教师进行岗前培训，其中就包括对中等职业学校的教师进行培训。职业培训公司和拜勒加应用大学也合作建立了多个教师培训中心，为教师尤其是职业教师搭建研训一体的专业发展平台，提高其教学能力。此外，约旦还发起了"约旦教育倡议"，旨在通过有效利用信息通信技术改善约旦的教育，培养一支熟练运用网络工具教授课程的教师和培训人员队伍，提升教师专业化水平。

其次，积极利用国外资源。尽管约旦政府已出台多项战略政策支持职业教育发展，但目前用于职业教育的政府预算相对紧张，因此很难满足职业教育全面发展的需要。对此，约旦积极推动国际合作，接受来自欧洲等方面的外部捐助以推进职业教育改革进程。由约旦劳工部在德国技术合作公司（GIZ）支持下展开的调查显示，2019 年，约旦正在进行的就业和技能开发项目有 38 个，共收到十多家外国机构提供的 3.35 亿欧元的资金支持。[1]这些项目的主要内容包括保障就业、提高劳动力参与率、推进职业课程开发以及开展就业指导等，目标受益者主要是妇女和青年。其中，欧盟通过了一项 5 400 万欧元的就业技能和社会融合计划，包括技术援助和资金支持，旨在促进教育部门改革，为约旦的职业教育与培训系统提供支持。此外，还有其他国家也与国际组织合作，在约旦开展了职业培训和技能开发项目。例如，联合国教科文组织安曼办事处在韩国政府的资助下，开展了"为约旦和叙利亚青年提供职业技术教育"项目，旨在向 250 名约旦和叙利亚青年提供奖学金，帮助其获得叙利亚内部甚至国际公认的技术文凭。2019 年，共有 111 位约旦青年和 135 位叙利亚难民青年获得资助。2020 年 3 月，世界银行批准了一项耗资 2 亿美元的"青年、技术和就业项目"，计划为 3 万名青年提供专业技能培训，在 7—12 年级的公立学校开设技术课程，并在 5 年内创造 1 万个就业岗位，项目惠及约旦女性和叙利亚难民。各种项目的实施和推进有助于约旦职业教育吸收和借鉴国外先进经验，获得更多资金援助和技术支持，从而进一步丰富教学资源，提高教学质量。

最后，推广普及线上课程。2018 年，约旦的手机和互联网普及率分别达到 85% 和 88.8%，在此背景下，教育方式也开始由传统的面对面授课向网络化、多元化转变。约旦政府顺应这一趋势，将网络职业培训纳入职业教

---

[1] 资料来源于欧洲培训基金会网站。

育改革进程，开通网络学习平台。2020 年，在新冠肺炎疫情的影响下，网上授课的方式开始被更广泛地应用。自 2020 年 3 月，近东救济工程处下设的两个职业技术培训中心——安曼培训中心和瓦迪希尔培训中心——和教育科学与艺术学院开始通过 Moodle 系统 [1] 及其他网络平台进行在线授课。同时，近东救济工程处还与约旦电信公司进行合作，保证学生可以免费获取在线学习资料。网络授课方式的推广有利于提高教育效率和教育水平，节省了培训时间和成本，从而实现教学资源分配最优化。

第三节　职业教育的挑战与对策

尽管约旦的职业教育入学率和发展水平都处于地区国家前列，政府也在加大教育体系改革力度，但其发展仍面临着诸多挑战，与发达国家存在较大差距，需采取相应对策以保证改革的顺利进行和职业教育的良好发展。

一、职业教育面临的挑战

首先，职业学校入学率低，劳动力市场供需不匹配。尽管就业市场对专业技术人才的需求不断增长，但由于历史、文化和社会经济的原因，包括约旦在内的阿拉伯国家普遍重文轻理，重理论轻实践，职业技术教育与培训的发展仍然受到传统观念的影响。同时，青年人也受到技术类职业工资低、社会地位不高、职业生涯缺乏发展前景等消极因素的影响和困扰。

---

[1] Moodle 是一个开源课程管理系统（CMS），也被称为学习管理系统（LMS）或虚拟学习环境（VLE），是世界各地教育工作者为学生建立网上学习平台的工具。

因此，对于大部分成绩较好的学生来说，高等教育仍然是升学时的首选。且相对于普通教育，职业教育的学费相对较高，尤其是部分私立培训中心和社区学院因为无法获得足够的财政支持，只能通过收取学费等方式筹集资金。此外，约旦劳动力市场也存在着结构性问题。一方面技术人员稀缺，但学校与企业之间缺乏直接联系，受规模和盈利性特点的驱使，企业大多关注短期利益和员工生产力，因此企业作为雇主在职业教育中主要扮演的是协助培训及开展学徒计划的角色，导致职业教育毕业生掌握的技能与岗位要求脱节，而难民的涌入又为本国青年人就业增加了压力。另一方面，国内市场创造的就业机会和条件不足以吸引高素质、高学历求职者，从而导致高端技术人才的外流。国际劳工组织的数据显示，2019 年，约旦的失业率为 19.1%，15—24 岁的青年人口失业率达到了 35.03%（女性为 49.5%），其中大约有 1/3 的失业青年是受过高等教育的大学毕业生。[1] 这表明，劳动力市场与技术人才的供求关系并不匹配。虽然政府致力于将职业技术教育与就业联系在一起，并发布了几项指令敦促有关部门采取行动，但目前看来收效甚微。近年来，一些培训机构分析就业形势，根据市场需求拓展了可再生能源、电子等新兴领域的专业，但由于缺乏专业师资、教材编写难度大、考试成本高等原因，此类专业并未在全国大范围开展。受入学率低的影响，教育部将工业类专业从 25 个减至 15 个，职业教育的传统专业和新兴专业均面临着挑战。

其次，职业教育的教学资源较弱，毕业生质量普遍不高。约旦职业教育的教师数量少，且很多教师缺乏足够的行业经验或技术专长。同时，职业教育的教学方法也存在问题，职业教育的培养方案侧重于理论学习而很少安排实习实践，且与私营部门缺乏协调，导致专业教育与市场需求脱节，很难培养社会需要的高素质应用技术人才。在各国大力推行教育行业信息

---

[1] 资料来源于约旦王国电视台网站。

化、网络化的国际背景下，约旦职业教育远程教学虽已开始推行，但仍处于萌芽阶段，其丰富教学资源、实现优质资源共享、提高教学效率等作用有待进一步加强。教学资源的欠缺导致职业教育毕业生能力的欠缺。在约旦，有超过一百万的外籍劳工从事技术类工作，而本国劳动力却无法满足市场预期，失业率居高不下，此问题存在已久。2011 年，伊斯兰开发银行进行的一项调查发现，约旦劳动力市场中只有 10% 的雇主对职业教育毕业生的专业技能感到满意，只有 16% 的雇主对其沟通能力等"软技能"感到满意，而同时期沙特的雇主满意度是约旦的 3 倍。

再次，职业教育系统管理体系分散，政策不够完善，治理效率有待提高。职业教育领域存在多家公司、机构和多个理事会，由教育部、高教与科研部、劳工部等不同部委管理，未能形成合力。目前，职业教育受《教育法》《职业培训公司法》《技术和职业技能发展法》等多部法律的约束，同时处于多个发展战略框架之下，但在促进与私营部门合作、规范技能认证、评估教学质量等方面却缺乏完善的法律法规和配套政策。例如，举办各种考试和颁发各类证书通常由培训机构和学校独立开展，而不是由专门的部门统一组织，证书等级认定标准模糊，对学生求职造成阻碍；职业学校未设立专门的教学质量评估与监督部门或出台相应政策，教学评估与监督工作一般由各校校长负责，技术和职业技能发展委员会等机构发挥的监督作用有限；各部门也尚未制定统一的资金分配标准，无法做到教学资源按需分配，导致许多职业院校的老旧设备无法更换，难以满足教学和扩招需要；私立的培训机构也因得不到国家的财政支持而更谨慎地对待扩招。总之，多部门的分散管理降低了管理效能，使得各职业教育机构在规划、招生、办学等环节上各自为政，阻碍了教育和就业质量的提升，职业教育治理主体亟待整合。

二、政府的规划与应对

要充分发挥职业教育对社会发展的引擎作用，不仅要扩大职业教育规模，更要提高职业教育质量，完善人才培养体系，培养符合社会发展需要的具备综合能力和职业素养的技术型人才。针对职业教育面临的入学率低、教学资源差、管理体系分散等挑战，约旦教育部门在《就业与职业技术教育战略（2014—2020 年）》《国家人力资源开发战略（2016—2025 年）》等国家战略的指导下进行了一系列改革。

第一，提高职业教育包容性。约旦致力于增加妇女和残疾人参与教育和就业的机会。《就业与职业技术教育战略（2014—2020 年）》提出，要鼓励女性从事工业、建筑业等非传统职业，同时增加在家中工作的机会，使女性能平衡家庭和工作；鼓励弱势群体自主创业，并为残疾人提供更多工作机会等。通过为就业提供制度保障，鼓励更多的人选择职业教育，增加职业教育学校入学人数。

第二，统一学费标准，提供奖学金。职业教育学费较高，对于部分有意选择职业教育的学生来说会造成经济负担。为解决这一问题，2016 年，各职业培训中心的学费下调为每年 900 第纳尔。2017 年，拜勒加应用大学为所有社区学院也制定了统一的学费标准。此外，各个职业学校、约旦国内的多个基金会、联合国教科文组织、世界银行等机构通过各种项目向学生提供奖学金，以支持其在职业培训机构或社区学院的学习。

第三，明确职业教育发展前景。为学生指明职业教育发展前景有助于改变职业教育低于学术教育、技术类职业社会地位低等传统观念。近年来，约旦出台的相关国家战略都提出要为学生提供更多职业教育的信息，使其对职业教育有更深入的了解，从而吸引更多优质生源。《就业与职业技术教育战略（2014—2020 年）》指出，职业培训机构应列出参加相关课程的培训人员名单及其培训经验，并详细说明课程持续时间、培训内容、所需费用、入学要求、考试通过率等，以保证学生在选择职业培训课程时对课程有清楚的认知。《国家人力资源开发战略（2016—2025年）》则强调为学生提供职业指导和咨询服务，以帮助其了解选择职业教育类型和职业道路的重要性。

第四，丰富职业教育教学资源，提高教学质量。《国家人力资源开发战略（2016—2025年）》中提出的主要优先事项之一，就是通过使用技术手段引入创新型教学方法，如更新培训设备、推广线上教学手段等，并通过与各师范学院合作发起教师培训计划，与职业培训公司合作建立教师培训中心，开展针对职业教育教师的短期和长期培训等措施，加强在校教师的培训，旨在到2022年实现教师培训率100%。

第五，增强校企合作，推动企业的深层参与。约旦政府认识到职业教育的实践性特征，不断增进校企双方的联系与合作，激发企业深度参与职业教育的动力，以培养符合企业需求的技术型人才。在《就业与职业技术教育战略（2014—2020年）》的指导下，政府采取适当的措施以确保私营企业在职业教育所有核心事务中的系统性参与，即企业需要参与教育培训计划的设计、开发、推进、评估和审查等过程，具体参与手段包括提供公司车间作为培训课程的实践场所，确立职业培训的标准，积极参与考试设置，为培训提供必要的资金等。

第六，建立协调机制，完善绩效评估制度。为形成高效的职业教育治理管理体系，约旦先后成立了就业与职业技术教育理事会、技术和职业技能发展委员会，作为职业教育的统筹管理机构，负责协调职业技术教育与培训体系各部门之间的工作，明确各部门的职责和权限。同时还成立了认证与质量保证中心等评估及监督机构，专门负责为所有职业教育与培训机构制定工作和人员配备标准、进行绩效评估。机制和制度的完善有利于各部门各司其职，相互配合，避免部门对接不畅造成的效率低下。

第八章 成人教育

　　成人教育即成人非正式教育，泛指正式教育体系之外的一切有组织的教学活动，旨在通过培养学生的识字能力以及一切应对新知识经济时代的知识技能，满足那些因社会经济原因没能接受正式教育或中途辍学的学生的基本教育需求。约旦成人教育始于1952年，在政府的推动下逐渐形成了以成人教育与扫盲项目、辍学学生文化辅导项目、家庭学习项目、暑期学习项目和晚间学习项目为主要内容的教学体系，在提高人口素质、促进教育公平和社会发展方面发挥了重要作用。目前，正式教育的普及和技术人才需求的增加一定程度上限制了约旦成人教育的发展空间。在这一背景下，加快约旦成人教育的转型升级对于发挥人才优势、促进社会经济发展具有十分重要的意义。

第一节 成人教育的发展与现状

一、办学理念与教育目标

　　包括约旦在内的阿拉伯世界，女性的受教育机会远低于男性，持续动荡的地区形势也使很多人丧失了受教育的机会。因此，阿拉伯世界的成人教育不仅是正式教育的必要补充，也是降低该地区持续攀升的文盲率的重要方式。自 20 世纪 70 年代中期以来，成人教育在大多数阿拉伯国家有了明显的发展，其对象为未接受过基础教育的人群和失学辍学的青少年，授课内容包括健康与环境教育、基础科学、生活技能、信息技术、家庭教育以及其他有利于提高学生文化素养、促进经济社会发展的知识技能。但从当前情况看，多数阿拉伯国家的文盲率仍然保持高位，因此扫盲仍旧是阿拉伯国家成人教育的最主要目标。同时，正如 1997 年 2 月在开罗举行的第五届国际成人教育大会区域筹备会议所指出的，阿拉伯成人教育也承担了普及基础教育过程中弥合不同阶层和性别之间教育鸿沟的任务。

根据约旦教育部于 2000 年和 2006 年发布的《非正式教育手册》，约旦成人教育的核心发展理念为：尊重个人尊严与自由，重视公众利益与社会公平，为约旦所有公民提供平等教育的机会，尊重宪法关于公民有权在具备一定知识水平以及维护公众利益意识的条件下按照自身意愿处理个人事务的规定。同时，希望公民能通过成人教育关注公共利益，通过书写表达思想，实现德智体美均衡发展，促进身心健康，改善经济条件，提高自我修养，进一步了解自然与社会文化，从而为约旦、阿拉伯民族乃至人类社会做出贡献。[1]

约旦成人教育的发展目标为：以每年 0.5%—1% 的速度降低文盲率；普及教育；提高学生的科学文化水平；提升就业率，降低失业率；通过培养学生的基本生活技能促进社会发展；为本国和国外市场提供高质量的人力资源；完善成人非正式教育立法，使其与教育发展目标相契合，与时代发展变化相适应。[2]

此外，2002 年"约旦：教育即未来"论坛发布的《约旦非正式教育愿景》就促进全民学习、终身学习提出了一系列主张：加强对非正式教育项

---

[1] 资料来源于约旦哈希姆王国教育部网站。

[2] 资料来源于约旦哈希姆王国教育部网站。

目的管理，在网络学习框架下促进非正式教育与正式教育之间的衔接；教育部制定相关政策以彻底消除文盲；根据社会发展需求更新非正式教育的内容；重视非正式教育的教材编写并加强对教师的培训。2005年发布的《约旦哈希姆王国非正式教育评估》提出了约旦成人教育的愿景：不断完善非正式教育国家战略，以实现教育可持续发展，建设终身学习型社会；加强非正式教育与正式教育之间的对接；促进非正式教育多样化，使其更贴近现实生活；为有意愿学习计算机技术的公民提供计算机扫盲教育；根据各地实际情况选择不同教学内容和教学方法。2006年发布的《约旦教育战略计划》明确了约旦成人教育的发展目标：将扫盲教育作为正式教育与非正式教育共同的首要目标；鼓励企业和社会组织参与成人教育和扫盲中心的建设与培训，以满足学生不同的文化需求；为非正式教育提供大纲、教材以及最新教学资源；针对辍学学生提供专门项目，使其重回正式教育体系并取得一技之长。

二、发展历程与项目设置

约旦建国初期，国内的文盲率一度接近88%。1952年，根据《约旦哈希姆王国宪法》中关于教育的规定，侯赛因国王下令在军队中建立成人教育与扫盲中心，随后这一机构逐渐遍布约旦全国各地。1953年，约旦教育部正式开设扫盲与成人教育夜校。1954年，成人教育与扫盲被纳入国家教育战略计划中。同年，约旦第一批成人教育教师从埃及的阿拉伯成人职业教育中心毕业。从1968年起，成人教育与扫盲中心正式划归约旦教育部非正式教育司管理。1980年，约旦成人教育与扫盲项目实现制度化。20世纪80年代起，约旦逐渐建立起以成人教育与扫盲项目、辍学学生文化辅导项目、家庭学习项目、暑期学习项目和晚间学习项目为主要内容的成人教育体系并延续至今。

三、法律法规与主管机构

1952 年的《约旦哈希姆王国宪法》将受教育规定为所有公民的基本权利与义务，并将扫盲列为国民教育体系的重要发展目标之一。1955 年颁布的《教育法》第 13 条明确规定约旦成人教育的目标和主管部门："教育部应开设成人学校，为没能接受基础教育的公民提供学习机会。为实现这一目标，相关教育机构可在非教学时间使用校园建筑。"[1] 1964 年颁布的《教育法》第 3 款第 5 条规定在约旦各地建立成人教育中心，目的是"满足公民学习科学、文化以及技能的要求，从而提高其生活水平。[2]" 1965 年，约旦政府下令将成人教育与扫盲项目划归成人教育与扫盲最高委员会管理。1971 年内阁第 43 号法令与 1980 年内阁第 24 号法令规定了成人教育的主管机构、教学目标以及国家预算。1995 年内阁第 5 号法令确立了约旦成人教育的基本原则：协调各部门提供受教育机会，践行可持续教育和教育平等的原则；实现教育模式多样化，按照不同教学目标采取相应教学方式，确保所有公民根据其能力选择不同的教育方式。在此基础上，约旦政府于 2005 年废除了 1980 年内阁第 24 号法令，并颁布 2005 年内阁第 81 号法令，对成人教育与扫盲项目正式立法，并要求提高成人教育中心工作人员的薪资待遇。2006 年，约旦发布《成人教育与扫盲中心规定》，对成人教育中心的招生条件、授课时间、教师资格、课程内容、考试制度和财务制度等方面做出了更详尽的规定。[3] 2018 年，《教育部战略计划（2018—2022 年）》对成人教育提出了

---

[1] 资料来源于约旦哈希姆王国教育部网站。

[2] 资料来源于约旦哈希姆王国教育部网站。

[3] 资料来源于约旦哈希姆王国教育部网站。

降低文盲率的目标，计划在 2022 年使男性文盲率与女性文盲率分别由 3.4% 和 9.5% 降至 2.6% 和 7.4%。[1]

1965—2005 年，约旦成人教育的主管机构为成人教育与扫盲最高委员会，设在社会发展部，由社会发展部、教育部和军方代表组成。2005 年内阁第 81 号法令规定成立成人教育与扫盲委员会（原成人教育与扫盲最高委员会），划归约旦教育部管理，由教育部教育技术司司长担任主席，其余代表由教育部、社会发展部及相关社会组织的有关负责人组成。该组织的工作内容包括：制定成人教育与扫盲中心的一般性政策并对执行计划进行审批，审核成人教育与扫盲中心的项目及相关课程，协调与成人教育和扫盲工作相关的一切国际和国内政府机构及社会组织，召开会议对成人教育和扫盲相关决议进行投票表决。[2]

约旦教育部非正式教育司成立于 1968 年，为游离于正规教育体系外的各阶层民众提供受教育机会，并向社会普及教育思想。主要职责是：降低约旦的文盲率；普及教育，提高学生的文化和科学素养，促进正式教育和非正式教育之间的对接；关注辍学者的再教育以及对社会和劳动力市场的适应性；打击非法雇佣童工行为并帮助失学儿童重返校园；更新完善非正式教育相关法律；统计非正规教育相关数据；帮助因不可抗力而辍学的学生进行居家学习；组织安排相关考试与活动。[3] 目前，该部门已付诸实施并取得重大成果的项目有：成人教育与扫盲项目、家庭学习项目、夜校项目、暑期学校项目、提高辍学者文化项目、补习项目、打击非法雇佣童工项目以及在康复中心建立学校等。此外，该部门还向成人教育与扫盲委员会派遣常驻代表。

---

[1] 资料来源于约旦哈希姆王国教育部网站。

[2] 资料来源于约旦哈希姆王国教育部网站。

[3] 资料来源于约旦哈希姆王国教育部网站。

四、国际援助与资金支持

联合国教科文组织、阿拉伯教科文组织、近东救济工程处以及加拿大国际开发署等组织、机构在人力、资金和技术层面为约旦成人教育提供了大力支持，仅 2000—2007 年，由这些组织和机构资助的项目就达到 20 个，具体见表 8.1。

表 8.1　2000—2007 年约旦成人教育领域接受国际组织援助情况 [1]

年份	项目内容	资助机构	金额（美元）
2000	设计与测试开发成人潜能的心理学方法	阿拉伯教科文组织	17 470
	撰写约旦《全民教育活动评估报告》	联合国教科文组织、约旦国家人力资源开发中心	11 443
2002	制定全民教育计划	联合国教科文组织	16 799
2003	建立 9 个社区学习中心（即扫盲中心）	联合国教科文组织	1 780 000
	庆祝国际扫盲日	联合国教科文组织	3 000
2004	庆祝全民教育周	联合国教科文组织	3 500
	建立国家边缘群体扫盲媒体办公室	伊斯兰教科文组织	2 000
	建立 5 个社区学习中心	联合国教科文组织	49 000
	庆祝国际扫盲日	联合国教科文组织	2 500
2005	庆祝全民教育周	联合国教科文组织	3 000
	规范非正式教育	联合国教科文组织	14 000
	庆祝国际扫盲日	联合国教科文组织	3 000
	对扫盲项目进行复盘与评估	联合国教科文组织	5 000

[1] 资料来源于联合国教科文组织终身学习研究所网站。

年份	项目内容	资助机构	金额（美元）
2006	庆祝全民教育周	联合国教科文组织	2 000
	庆祝国际扫盲日	联合国教科文组织	2 500
	识字率评估与跟踪项目（LAMP）	联合国教科文组织	6 500
2007	庆祝全民教育周	联合国教科文组织	2 000
	撰写约旦《全民教育中期报告》	联合国教科文组织	9 000
	庆祝国际扫盲日	联合国教科文组织	4 000
	识字率评估与跟踪项目	加拿大国际开发署	69 000

其中，联合国教科文组织在约旦成人教育的发展中发挥了重要作用。2009 年，联合国教科文组织安曼办事处（UOA）启动了"约旦与伊拉克失学青年入学预备项目"，筹集资金为约旦和伊拉克失学青年提供非正式教育，旨在使他们未来能有机会再接受正式教育，该项目在 UOA 尚属首次。[1] 2011 年，UOA 与约旦政府在佩特拉建立非正式教育中心，旨在帮助失学群体获得教育机会，并通过培训其读写技能使其能够重回正式教育体系。[2] 2015 年以来，由联合国教科文组织资助的与成人教育相关的项目见表 8.2。

表 8.2 2015 年以来联合国教科文组织支持约旦成人教育项目情况 [3]

时间	项目内容	金额（美元）
2015.10.15—2020.1.1	为在约旦的叙利亚难民学生提供二次教育机会，为其接受高等教育做准备	5 000 000

[1] 资料来源于联合国教科文组织安曼办事处网站。

[2] 资料来源于联合国教科文组织安曼办事处网站。

[3] 资料来源于联合国教科文组织公开数据网站。

续表

时间	项目内容	金额（美元）
2017.12.5—2020.1.1	为在约旦的叙利亚难民青年提供高等教育课程并颁发文凭	1 000 000
2018.1.1—2019.12.31	常规扫盲教育	20 000
2018.1.1—2019.12.31	协助完成约旦《教育部战略计划（2018—2022 年）》的跟进、评估与反馈	31 000
2019.6.2—2022.6.30	加强约旦教育部数据搜集、项目跟进与评估以及应用网络教育平台的能力	3 000 000

此外，近东救济工程处下属的科学艺术教育学院在约旦对 1 400 多名学生进行阿拉伯语、英语和地理方面的教育，其毕业生的专业技能和综合素质受到了各方认可。一些非政府组织也在约旦成人教育教学中做出了贡献，例如 Quest Scope [1] 在约旦的非正式教育项目已获得约旦教育部认可，学生在完成 10 年级课程后可以获得职业技术文凭，也可以在完成 12 年级课程后回归正式教育，获得高中文凭或进入大学深造。世界妇女扫盲组织和约旦宗教研究中心也在课程开发与更新、教材编写以及教师培训等方面对约旦成人教育予以支持。

五、教学体系与项目运行

（一）成人教育与扫盲项目

约旦教育部非正式教育司 1968 年正式接管成人教育与扫盲项目后，为

---

[1] Quest Scope 是一个成立于 1988 年的公益组织，旨在通过与政府部门、当地社区和国际组织的合作促进发展中地区教育事业发展，其开展的项目集中在约旦和叙利亚。

不同年龄未受教育的群体提供了一系列扫盲教育项目。扫盲项目是面向成年人最主要的教育项目之一，约旦宪法及教育法均多次强调扫盲的重要性，并明确规定向受教育者免费提供书本、文具和一定的奖励。约旦教育部针对扫盲教育采取的措施主要分为两类。一是预防性措施，即为适龄群体免费提供基础教育和义务教育。1952 年，约旦教育部规定义务教育年限为 7 年。1964 年，《教育法》将这一年限延长至 9 年。1987 年 9 月第一届全国教育发展大会召开后，约旦义务教育年限由 9 年延长至 10 年，对应的受教育年龄为 6—16 岁。通过延长义务教育年限及免除义务教育费用，约旦文盲数量明显下降。二是控制性措施，即通过非正式教育为未接受义务教育的群体提供扫盲教育。根据约旦教育部的规定，扫盲教育学制为 4 年，主要分为初级和高级两个阶段，其中初级阶段学习时长为 16 个月（2 个学年），与正式教育中的四年级处于同等学力；高级阶段学习时长同样为 16 个月（2 个学年），与正式教育中的六年级处于同等学力。1987 年召开的约旦第一届全国教育发展大会制定了一系列教育普及和扫盲政策。在此背景下，教育部设立了多个扫盲项目，旨在通过这些项目普及基本读写技能和基础社会文化常识，以提高受教育者的教育水平和文化素养。这些扫盲项目包括：约旦河谷扫盲项目，为当地民众提供基本读写技能、计算机和基础文化卫生知识教育，并提供种植和植物病害防治的相关培训，计划减少文盲 12 000 人；马德巴扫盲项目，为当地群众提供基本读写技能、计算机和基础文化卫生知识以及种植、畜牧和旅游知识的相关培训，计划减少文盲 5 000 人；马安扫盲项目，为当地群众提供基本读写技能、计算机和基础文化卫生知识教育以及种植、畜牧和旅游知识的相关培训，计划减少文盲 6 500 人；示范村扫盲项目，在约旦 70 个村庄进行教育普及和卫生培训，受教育人数为 14 448 人。

针对扫盲教育的教学大纲和教材没有及时更新的问题，约旦教育部于 2009 年要求重新制定教学大纲和编写教材。新教学大纲根据不同群体的发展需求制定，其中包含了许多现代教育的思想原则，如实现自我目标、拓展知识技能以及参与社会事务等，并提出了"为求知而学习""为工作而学习""为自己而学习""为与他人和平共处而学习"等四项主张[1]。重新编写的教材涉及阿拉伯语、伊斯兰教育、数学、文化常识、计算机应用及英语等科目，以促进受教育群体适应现代社会发展需求。

经过数十年的努力，约旦扫盲教育取得了长足的发展，主要成就体现在约旦成人识字率显著升高。如表 8.3 所示，1979—2018 年，约旦成人识字率由 69.80% 上升至 98.22%，增幅 28.42%，其中成年男性识字率由 80.48%上升至 98.61%，成年女性识字率由 52.11% 上升至 97.83%。关于识字率的性别差距，可以看出，尽管成年女性识字率一直低于成年男性识字率，但这一差距在不断缩小，尤其是 1979—2003 年，成年女性识字率的增幅远大于男性。与同地区其他国家相比，约旦的扫盲教育效果极为显著。联合国教科文组织 2015 年的一项报告显示，约旦的成人识字率在阿拉伯国家中遥遥领先，超过了包括卡塔尔、阿联酋和沙特等经济实力较强的阿拉伯国家。[2]

表 8.3 1979—2018 年约旦成人识字率变化情况 [3]

年份	成人识字率	成年男性识字率	成年女性识字率
1979	69.80%	80.48%	52.11%
2003	89.89%	95.09%	84.71%
2005	91.13%	95.18%	87.00%
2007	92.20%	95.50%	88.90%
2010	92.55%	95.77%	89.21%

[1] 资料来源于约旦哈希姆王国教育部网站。

[2] 资料来源于联合国教科文组织网站，部分年份数据不详。

[3] 资料来源于世界银行网站。

年份	成人识字率	成年男性识字率	成年女性识字率
2011	95.90%	97.75%	93.93%
2012	97.89%	98.45%	97.37%
2018	98.22%	98.61%	97.83%

扫盲教育的普及对于约旦各个领域的发展具有十分重要的意义。

第一，有助于形成良性的教育循环体系。首先，为男女公民提供平等的教育机会有利于实现全民教育的目标，是性别平等在教育领域的重要实践。其次，为因故错过入学的公民提供教育机会是对正式教育的重要补充，也在一定程度上弥补了正式教育覆盖尚不全面的不足。再次，扫盲教育是对教育民主化的贯彻落实，通过建立遍布全国并向全社会开放的教学机构（成人教育与扫盲中心），并与企业合作引入现代化教学技术手段，可以逐渐建立全民学习和终身学习的教育网络。

第二，有助于促进公民与社会共同发展。一方面，扫盲教育提高了全社会对提升个人综合素质的重视程度，符合知识经济时代对公民的基本要求。另一方面，扫盲教育培养的知识技能不仅能改变公民的言行举止，而且能够为其构思职业发展规划和增强学习意识提供助力，提高自信心，培养独立思考和明辨是非的能力，有利于其正确看待和适应现代社会发生的种种变化，为社会发展贡献自己的力量。

第三，有助于提高经济效率和就业质量。扫盲教育激发了受教育者对美好生活的追求，而实现这一追求的重要途径就是从事社会生产。劳动者是生产过程的主体，在生产力发展中起主导作用，劳动者文化水平和知识技能的提高意味着生产力的发展和经济效率的提高。而知识技能培训有利于提高劳动者素质，使其能够更好地满足国内和国际市场需求，有利于降低失业率、提高就业质量，这对于增加劳动者经济收入和稳定社会秩序具有十分重要的意义。

在教育部的推动下，约旦扫盲教育有了法律制度保障，项目执行日趋成熟，惠及地区逐渐扩大。而作为扫盲教育之后的教育阶段，近年来约旦成人基础教育的发展状况却不容乐观。约旦教育部曾对 2009—2019 年约旦成人教育中心的教学机构数量、入学人数和考试通过人数做过统计（见表 8.4），据此可以对每学年学生的性别比（见表 8.5）和考试通过率（见表 8.6）进行分析。

表 8.4 2009—2019 年约旦成人教育教学机构数、入学人数与考试通过人数 [1]

学年	教学机构（个）			入学人数（人）			考试通过人数（人）		
	男	女	总计	男	女	总计	男	女	总计
2009—2010	26	444	470	350	5 233	5 583	267	4 255	4 522
2010—2011	28	469	497	355	5 523	5 878	262	4 639	4 901
2011—2012	43	500	543	513	5 637	6 150	262	4 639	4 901
2012—2013	28	469	497	318	4 956	5 274	287	4 141	4 428
2013—2014	26	453	479	314	5 449	5 763	283	4 553	4 836
2014—2015	28	324	352	384	4 553	4 937	281	3 220	3 501
2015—2016	21	251	272	265	3 234	3 499	229	2 512	2 741
2016—2017	21	77	98	301	1 029	1 330	206	730	936
2017—2018	20	119	139	306	1 517	1 823	233	1 186	1 419
2018—2019	20	125	145	306	1 650	1 956	222	1 300	1 522

---

[1] 资料来源于约旦哈希姆王国教育部网站。

表 8.5 2009—2019 年约旦成人教育男女比例（单位：%）

学年	男性占比	女性占比
2009—2010	6.27	93.73
2010—2011	6.04	93.96
2011—2012	8.34	91.66
2012—2013	6.03	93.97
2013—2014	5.45	94.55
2014—2015	7.78	92.22
2015—2016	7.57	92.43
2016—2017	22.63	77.37
2017—2018	16.79	83.21
2018—2019	15.64	84.36

表 8.6 2009—2019 年约旦成人教育考试通过率（单位：%）

学年	总通过率	男性通过率	女性通过率
2009—2010	81.00	76.29	81.31
2010—2011	83.38	73.80	83.99
2011—2012	79.69	51.07	82.29
2012—2013	83.96	90.25	83.56
2013—2014	83.91	90.13	83.56
2014—2015	70.91	73.18	70.72
2015—2016	78.34	86.42	77.67
2016—2017	70.38	68.44	70.94

续表

学年	总通过率	男性通过率	女性通过率
2017—2018	77.84	76.14	78.18
2018—2019	77.81	72.55	78.79

从以上数据可以看出，近年来约旦成人教育中心的教学机构数量与入学人数总体呈大幅下降趋势，2018—2019 学年教学机构数量仅为 10 年前的 31%，入学人数仅为 2009—2010 学年的 35%。从性别比来看，成人基础教育主要面向女性，但男性所占比重不断上升。从教学效果来看，近年来考试通过率整体呈下降趋势，但自 2017 年以来略有回升，同时女性的考试通过率大体高于同期男性的通过率。

（二）辍学学生文化辅导项目

针对辍学现象，约旦教育部自 2003 年起与 Quest Scope 合作，设立了辍学学生文化辅导项目，为辍学学生提供教育机会，以弥补其因中断正式教育带来的文化水平欠缺，从而缩小其与同龄人在思想、文化和技能方面的差距，使其更好地融入社会。该项目的主要资金来源为教育部拨款，此外也有来自国际和地区组织的捐赠。2003—2005 年，该项目的筹备工作顺利完成，主要包括教材、教学用具准备以及教师培训。2004 年，该项目进入试运行阶段。2005 年，约旦教育部与 Quest Scope 就该项目签署了合作备忘录，其中强调了投资和推广这一项目的必要性，并确定了相关的运行和评估机制。根据协议，该项目由教育部公共教育司和 Quest Scope 合作成立的联合委员会共同管理，委员会的职责包括执行项目与对外协调。除了为辍学学生提供知识技能教育，保障其受教育权利并助其融入社会外，对辍学学生进行观察和研究也是该项目的重要内容之一，即从其原生家庭、日常生活、物质情感需求以及偏好等方面分析其辍学原因并提出相应对策。

约旦政府对这一项目给予了高度重视。2003 年，约旦教育部专门召集相关领域的专家制定教学大纲，并为该项目准备包括阿拉伯语、伊斯兰教育、数学、爱国主义教育和技能培养等方面的教材。2009 年 8 月，约旦王后拉尼娅前往马尔卡的一所中学视察该项目的实施情况，指出要打击非法雇佣童工的行为，并强调辍学学生重返校园的必要性。[1] 通过设立一定数量的辍学学生文化辅导中心，该项目的辐射范围不断扩大。2015 年，在联合国儿童基金会的资助下，该项目扩大了辍学学生文化辅导中心的目标数量，以便惠及更多的本国学生和在约叙利亚难民中的失学学生。2018 年发布的《教育部战略计划（2018—2022 年）》对这一项目提出了一系列发展目标，其中包括：在 2022 年前建成设施完善的辍学学生文化辅导中心 170 个；在 2022 年前每年开设 15 次教师研修班；每年建设 10 个新的辍学学生文化辅导中心；在 2022 年前启动补习项目，计划招生 600 人等。[2]

同时，该项目也得到了国内外各方的大力支持。除了 Quest Scope 以外，约旦哈希姆基金会、国际劳工组织和联合国儿童基金会也提供了大量资金、技术和物资支持。联合国难民事务高级专员办事处、国际美慈组织、国际合作住房基金会、开放社会基金会，以及牛津大学等教育机构及社会组织也分别通过 Quest Scope 为该项目提供资金援助。

设立于全国各地的辍学学生文化辅导中心是辍学学生文化辅导项目的主要教学场所。任职于辅导中心的教师均从公立学校选派，须接受教学方法、时间管理、行为矫正以及教育心理学等方面的培训。辍学学生文化辅导中心的选址以靠近学生的生活和工作场所为主要原则，以减少其出行成本并保持学习热情。此外，有一些辅导中心直接设立在公立学校里。从表

---

[1] 资料来源于拉尼娅·阿卜杜拉二世王后官网。

[2] 资料来源于约旦哈希姆王国教育部网站。

8.7 可以看出 2006—2019 年约旦新增辍学学生文化辅导中心及在读人数的情况。

表 8.7　2006—2019 年约旦新增辍学学生文化辅导中心数量及在读人数 [1]

年份	新增中心数量（个）	在读人数（人）
2006	3	162
2007	13	372
2008	26	1 843
2009	0	1 590
2010	6	1 034
2011	0	1 298
2012	46	724
2019	15	15 000

　　辍学学生文化辅导项目的申请条件为 13—18 岁的辍学男生和 13—20 岁的辍学女生，教学阶段分为初级、中级和高级三个阶段，每个阶段学习时长为 8 个月。根据约旦教育部的规定，初级阶段教学内容与 1—4 年级一致，中级阶段教学内容与 5—7 年级一致，高级阶段教学内容与 8—10 年级一致。其中初级阶段以培养读写技能和计算机技术为主，中级阶段内容包括科学、地理和历史等文化科目以及计算机问题排查和英语等辅助技能，而高级阶段则倾向于专业知识和技术培训。此外，宗教教育贯穿在以上三个阶段。
　　该项目采取区别于传统教学的个性化教学方法，在遵循教学大纲的基础上，采用了以学生为中心、重视学生兴趣及发展需求的多样化教学方式。例如，通过小组讨论和分析总结的形式加深学生对课程内容的理

---

[1] 资料来源于约旦哈希姆王国教育部网站。其中，2013—2018 年相关数据不详。

解，与相关社会组织和志愿者合作开设兴趣课（如游泳课和烹饪课）以激发学生的学习热情。此外，每个辅导中心都有相当数量的活动经费，用于举行露营、旅游和其他娱乐活动，学生可以根据自己的兴趣选择。同时，该项目也重视教学质量评估，经常会进行小组讨论以便任课教师判断学生的读写能力水平，并对学生的学习成果进行分析。每个教学阶段结束后都有相应的跟踪反馈机制，即对学生参与小组讨论的表现和知识水平进行打分。

作为约旦非正式教育的重要组成部分，辍学学生文化辅导项目在降低失学率和打击非法雇佣童工方面发挥了重要作用。一方面，以学生为中心的互动式教学在提高学生知识文化水平的同时，很大程度上激发了学生的学习兴趣，为部分学生重新接受正式教育提供了知识储备，做好了心理建设。同时，对辍学学生的跟踪和评估有利于有关部门深入了解辍学现象严重的原因，并提出相应的解决办法。另一方面，在该项目框架下，2009 年约旦教育部与 Quest Scope、国际合作住房基金会签署了通过教育打击非法雇佣童工的项目，该项目在约旦 8 个省份执行了 4 年，使 4 000 名辍学学生重新获得受教育机会。[1] 此外，部分就职于辅导中心的公立学校教师在该项目中获得了一定的工作经验，为其在校开展教学工作、减少义务教育阶段辍学学生人数发挥了重要作用。

（三）家庭学习项目

家庭学习项目由约旦教育部于 1978 年设立，旨在为由于个人或社会原因无法接受正常教育的人群提供教育机会。该项目以可持续教育和自主学习为理念，在给予学生较大学习自由度的同时，允许其与在公立学校接受

---

[1] 资料来源于约旦国家新闻网。

正式教育的同水平人群一起参加考试，考试通过后可升入更高年级学习，通过所有考试后将获得高中毕业证并继续接受高等教育。

该项目的主要目标包括：为无法接受正式教育的学生提供教育机会并使其能参加高考；提升已经完成成人教育与扫盲项目或辍学学生文化辅导项目的学生的文化水平，使其能参加高考；为没有小学毕业证书的外国人提供教育机会。该项目的入学条件包括：年龄不低于 12 岁，且已超过正式教育所规定的入学年龄；脱离正式教育至少 1 年；提供居住地证明；提供成人教育与扫盲项目或辍学学生文化辅导项目的结业证明；具有一定的文化基础（如掌握了一定的科学、文学、信息管理、卫生和法律知识）。[1] 此外，该项目还对考试做出了一些规定：根据成绩划分为优秀、及格和不及格 3 个等级；每人每学年向学校缴纳 10 第纳尔作为考试费；每人每年参加同一等级的考试次数不得超过一次。由表 8.8 可了解 1997—2017 年约旦家庭学习项目的参与人数。

表 8.8 1997—2017 年约旦家庭学习项目参与人数（单位：人）[2]

学年	在读人数		
	男	女	总计
1997—1998	935	612	1 547
1998—1999	892	368	1 260
1999—2000	1 762	581	2 343
2000—2001	1 815	813	2 628
2001—2002	1 691	656	2 347
2002—2003	1 523	572	2 095

---

[1] 资料来源于约旦哈希姆王国教育部网站。

[2] 资料来源于约旦哈希姆王国教育部网站。

续表

学年	在读人数		
	男	女	总计
2003—2004	1 161	587	1 748
2004—2005	1 229	619	1 848
2005—2006	1 464	717	2 181
2006—2007	1 212	630	1 842
2007—2008	1 341	557	1 898
2008—2009	1 539	627	2 166
2009—2010	1 958	988	2 946
2010—2011	2 238	1 055	3 293
2011—2012	2 643	1 273	3 916
2012—2013	2 962	1 534	4 496
2013—2014	—	—	—
2014—2015	—	—	—
2015—2016	—	—	—
2016—2017	—	—	2 717

（四）暑期学习项目

暑期学习项目于 1977 年由约旦教育部设立，通过在各个学校设立暑期学习中心的形式为学生提供文化知识教育。该项目为学生准备了各个领域的教材和教学活动，学生可以根据自身兴趣选择相应的课程。每期课程的教学时长为 6 周，共 30 天，授课内容涵盖 7—9 年级的教学内容。根据1977 年颁布的《公立学校暑期学习制度》和 1982 年颁布的《公立学校暑期学习章程》，该项目的教学目标包括：提高学生的文化水平，使其能够根据自己的兴趣选择学习内容并做深入研究；促进师生之间的有效互动；培养学生的思考、记忆、判断和解决问题的能力；为学生提供与教学内容有关的实践机会。1996—2013 年约旦暑期学习中心数量及在读人数见表 8.9。

表 8.9 1996—2013 年约旦暑期学习中心数量及在读人数 [1]

年份	中心数量（个）	在读人数（人）		
		男	女	总计
1996	90	1 948	2 818	4 766
1997	95	1 894	2 865	4 759
1998	33	548	875	1 423
1999	68	1 317	2 104	3 421
2000	62	1 083	1 587	2 670
2001	71	1 482	2 350	3 832
2002	49	1 077	1 563	2 640
2003	23	356	632	988
2004	30	616	759	1 375
2005	23	460	666	1 126
2006	29	408	999	1 407
2007	20	470	677	1 147
2008	16	676	738	1 414
2009	21	915	1 150	2 065
2010	8	449	456	905
2011	11	500	541	1041

[1] 资料来源于约旦哈希姆王国教育部网站。

年份	中心数量（个）	在读人数（人）		
		男	女	总计
2012	8	173	453	626
2013	5	208	135	343

（五）晚间学习项目

1978 年，约旦教育部设立晚间学习项目，为未能接受正式教育的人群提供小学和中学教育，此后还颁布了 1980 年第 16 号法令和 2006 年第 6 号法令，对项目做出进一步规定。参与晚间学习项目的教师必须具有相关专业的教学经验，并取得教育部的推荐资格。晚间学习中心的设立需满足位置适中、交通便利以及提供一切必要教学设施等条件。

1997—2012 年晚间学习中心数量及在读人数见表 8.10。

表 8.10 1997—2012 年晚间学习中心数量及在读人数 [1]

学年	中心数量（个）			在读人数（人）		
	男	女	总计	男	女	总计
1997—1998	22	27	49	2 440	2 210	4 650
1998—1999	15	22	37	1 444	1 259	2 703
1999—2000	19	24	43	1 571	1 234	2 805
2000—2001	21	22	43	986	774	1 760
2001—2002	8	17	25	564	490	1 054

[1] 资料来源于约旦哈希姆王国教育部网站。

219

续表

学年	中心数量（个）			在读人数（人）		
	男	女	总计	男	女	总计
2002—2003	8	11	19	526	320	846
2003—2004	6	4	10	355	118	473
2004—2005	5	4	9	280	111	391
2005—2006	3	3	6	148	79	227
2006—2007	2	0	2	150	0	150
2007—2008	1	0	1	128	0	128
2008—2009	2	0	2	129	0	129
2009—2010	3	0	3	236	0	236
2010—2011	3	0	3	187	0	187
2011—2012	3	0	3	198	0	198

晚间学习项目的主要目的是在非教学时间内，在公立学校为希望获得教育的人群提供受教育机会，学生只需象征性地支付一定的学费以补贴项目运营成本即可。该项目学制为3—4年，教学时间自每学年第三周的周一开始，每周5天，每天3—4节课，每节课平均时长为45分钟。每个年级分为两个班。如果招生人数达到限额，经教育部相关负责人审批后可自费增设班级。通过这一项目，约旦教育部提高了学校教学设施的利用率，促进了教育资源获取渠道的多样化。

第二节 成人教育的特点和经验

一、成人教育的主要特点

第一，发展起步早。约旦成人教育始于 1952 年，距离约旦独立仅有 6 年。与同时期大多数阿拉伯国家一样，当时约旦尚未建成现代化国家，现代教育体系尚不成熟。约旦独立初期，薄弱的经济基础导致人均受教育水平不高，义务教育尚未推广也导致大多数人无法进入正式教育体系学习。在此背景下，成人教育、职业教育等教育形式在提高约旦国民素质和建立现代化国家的过程中发挥了重要的作用，同时也为约旦经济社会发展提供了人才储备。20 世纪 70 年代，约旦抓住中东石油繁荣的发展机遇进行知识技能密集型劳务输出，促进本国经济的发展，成为"没有石油的石油国家"[1]。相应地，经济发展也带动了教育事业的进步：一方面，政府财政收入的增加为教育提供了资金保障；另一方面，人民生活水平的提高使民众逐渐树立了重视教育的观念。

第二，政府重视程度高。从立法来看，如前文所述，1952—2005 年，约旦政府数次就成人教育进行立法并根据时代发展需要不断地进行修订与完善。2018 年发布的《教育部战略计划（2018—2022 年）》也将成人教育列为建设终身学习型社会的重要途径之一。从财政拨款来看，以扫盲教育为例，约旦教育部在财政预算十分紧张的情况下依然努力保障成人教育与扫盲项目的拨款，2012—2013 年度拨款为 559 352 第纳尔，2018—2019 年度增加至 570 000 第纳尔。[2]

第三，以扫盲为主要目标。约旦成人教育体系建立的最初目的就是降

---

[1] 王波. 教育在约旦国家建设中的作用 [J]. 比较教育研究，1994（5）：32.

[2] 资料来源于约旦哈希姆王国教育部网站。

低文盲率，约旦《国家人口发展规划（2000—2022 年）》也将降低国家文盲率，尤其是女性文盲率列为可持续发展目标之一。目前来看，无论是机构数量、覆盖范围、在读人数还是各方支持力度，成人教育中扫盲项目的影响力都超过其他项目。同时，近年来地区局势的动荡使约旦的难民数量不断增加，这一群体中的许多人由于战争原因失去了受教育机会。在此背景下，针对难民开展的扫盲教育已被提上约旦成人教育的议程。

第四，女性受教育程度提高。义务教育的普及使接受正式教育的女性数量有所增加。根据约旦教育部 2018—2019 年的统计数据，该时期接受正式教育（包括学前教育和基础教育）的学生总人数为 2 114 719 人，其中男性 1 070 335 人，女性 1 044 384 人，性别比接近 1∶1。同时期，年龄在 12—17 岁的女生中大约只有 10% 没能接受正式教育，而这一数字在男生中则为 15%。[1] 另外，约旦也是中东女性识字率最高的国家之一。由此可以看出，约旦政府关于全民教育和教育民主的实践大大缩小了约旦教育的性别差距。

二、成人教育的主要经验

首先，小班教学在保障教育资源有效供给的同时，也促进了教学质量的提高。根据约旦教育部的规定，无论何时何地，学生人数满 10 人即可开班授课。[2] 尽管与大班授课相比，这一规定意味着更多的人力、财力和物力投入，但也打破了时间和空间限制，有效扩大了教育资源的辐射范围，有利于扫盲、文化普及和教育平等等目标的尽快实现。同时，小班教学有效增加了每个学生课堂内平均占有的时间，为教师因材施教提供了可能，有利于提高学生的学习兴趣，充分激发其自主性和创造性，从而使教学达到

---

[1] 资料来源于博根（Borgen）项目网站。

[2] 资料来源于联合国教科文组织终身学习研究所网站。

良好的效果。

其次，加强与有关各方的协调配合有利于成人教育体系的不断完善。一方面，约旦与国外相关机构通过开发网上课程，促进了教育资源开放。2018 年 12 月，约旦教育部与联合国难民事务高级专员办事处以及日内瓦大学联合开发了面向社会的互联网学习项目。[1] 2019 年，来自约旦公立和私立大学的 30 名教师接受了开放教育资源平台使用的培训，为约旦网络教学的进一步推广做准备。另一方面，联合国教科文组织、世界妇女扫盲组织、近东救济工程处等国际和区域组织在中东地区扫盲教育和文化普及中的工作经验为约旦成人教育的开展提供了有效助力。政府、高校和国际组织加强合作，发挥各自优势，共同推进成人教育项目的开展。

再次，约旦教育部重视成人教育项目相关人员的培训工作。2002 年 8 月和 2004 年 12 月，教育部为相关司局官员和成人教育与扫盲项目教师开设了成人教育与扫盲研修班，培训内容包括成人教育教学方法、教育发展要素及原则、约旦非正式教育的现状与目标等，并涉及成人教育与扫盲项目现存问题与解决方案的讨论。此外，教育部还分别于 2003 年和 2005 年对各个社区学习中心的负责人与教师就教学理念与方法、案例研究和读写技能等方面进行培训，并每月为工作人员提供奖金，以鼓励其提高工作效率。

最后，成人教育评估与检测工作能够及时反映相关项目的实施情况与问题。例如，2006 年识字率评估与跟踪项目（LAMP）旨在通过对青年人与成年人读写算数能力的客观评估，对现有数据统计进行有效修正，为决策者提供关于人口素质的可靠信息以及不同人群对技能需求的报告。[2] 在该项目中，约旦政府与巴勒斯坦中央统计局合作，建立专门的工作小组，还得到了联合国教科文组织的资金支持。在联合国宣布将 2003—2012 年定为扫

---

[1] 资料来源于联合国难民署网站。

[2] 资料来源于联合国教科文组织终身学习研究所网站。

盲十年的背景下，约旦教育部发起了约旦扫盲项目综合评估研究，旨在通过实时数据与各项目综合评估，对 1952 年以来约旦成人教育的发展进行分析。通过取样调查，研究小组探究了人们参与成人教育项目的动因、教学过程中的主要问题以及教学设施的改进路径，并在课程与教材、政策制定、可持续发展与奖励机制等方面提出了一系列建议。同时，作为建设非正式教育信息管理系统（NFE-MIS）和执行约旦非正式教育国家战略的一部分，约旦政府与联合国教科文组织联合发起了一项关于非正式教育项目的诊断研究，旨在"明确约旦非正式教育的架构、政府政策和相关数据信息"[1]，并从政策制定者、任课教师、学生和社区代表中选择样本进行调查，通过数据和信息分析为约旦非正式教育体系的完善提出了相应建议。此外，教育部还开展了一项专门针对成人教育与扫盲项目的课程设置、教材与教师用书编写的研究，Quest Scope 和约旦宗教研究中心等机构也参与其中，从以上方面根据时代要求对教学内容进行了更新。

第三节　成人教育的挑战与对策

一、成人教育面临的挑战

总体而言，在约旦政府、国际和地区组织以及相关部门的努力和配合下，目前约旦成人教育在招生规模、教学方法和教学质量上均取得了较大成就。但从长远来看，约旦成人教育的发展仍然面临以下问题。

第一，培养方向与市场需求之间存在差异。普及文化知识、配合正式

---

[1] 资料来源于联合国教科文组织终身学习研究所网站。

教育是约旦成人教育的重要功能。从各个项目的教学内容来看，使学生重回正式教育、争取接受高等教育是约旦成人教育的主要发展方向之一。但从目前约旦劳动力市场来看，接受正式教育，尤其是高等教育的毕业生就业情况并不乐观。在过去30年中，约旦高等教育的超前发展和约旦的低经济增长率加剧了毕业生在就业市场的竞争，从而导致"教育失业"问题日趋严重。2017年的数据显示，约旦取得中学及以上学历的毕业生在失业人群中占比为55%，其中大学毕业生失业率为23.2%，[1]而在获得就业岗位的毕业生中，大部分人从事的工作与所学专业毫不相关。同时，女性受教育程度的提高并未缩小就业市场日益明显的性别差距。2016年，约旦女性劳动参与率不足15%，远远低于男性的60%。[2]而在2017年取得硕士文凭的失业人群中，男性占比26.7%，女性占比67.7%。[3]相比之下，无论在约旦还是在海外劳动力市场，接受职业教育的毕业生就业情况都较为乐观。相关数据显示，2014年，约旦主要城市的职业教育毕业生失业率均低于20%。有分析指出，中东市场技术人才的短缺将导致高级技工的薪水一路上涨。到2030年，沙特和阿联酋的科技、媒体和电信行业技术工人的工资溢价将分别达到24亿美元和11亿美元。[4]

第二，难民数量的持续增加对包括成人教育在内的约旦教育体系构成了巨大压力。截至2019年年末，在约旦登记注册的难民数量达75万人，其中超过65万人来自叙利亚，6.7万人来自伊拉克，1.5万人来自也门。[5]在此背景下，约旦政府通过与相关机构合作，提供了针对难民的成人教育课程，如2019年联合国难民署为难民提供的文凭课程，以及约旦政府在各地建立的互联网学习中心所提供的培训课程。但这些项目的推进往往需要大量的

---

[1] 资料来源于约旦哈希姆王国统计总局网站。

[2] 资料来源于国际劳工组织网站。

[3] 资料来源于约旦哈希姆王国统计总局网站。

[4] 资料来源于阿拉伯商业网站。

[5] 资料来源于联合国难民署网站。

资金投入，而这对财政吃紧且一直维持着高比例教育支出的约旦政府构成了巨大压力。此外，联合国教科文组织、联合国难民署以及其他机构对约旦教育事业进行的资金援助有限，以 2019 年为例，联合国难民署在约旦各类教育项目中落实的援助资金仅为原计划的 58%。[1]

第三，成人教育体系建设有待完善，高等教育质量下降和义务教育的普及限制了其发展空间。目前，约旦成人教育体系存在如下问题：资金、设备和数据支持力度不够，教学场所设施配套不完善；生源数量不断减少，学生逃学现象日趋严重；教师招聘和考核标准单一，缺乏对教师的培训与奖励机制。[2] 近年来，约旦高等教育就业前景和教学质量的下降也间接地打击了部分学生的学习积极性和信心。在许多大学毕业生面临"毕业即失业"的问题时，学生人数的剧增和教育资金的有限性使约旦高等教育教学方法僵化、教育评估体系不完善、学生学习态度不端正和人才流失严重等问题逐渐暴露。[3] 此外，随着义务教育的时限延长和全面普及，约旦的文盲率和失学率不断降低，接受成人教育的人数持续减少也成为必然趋势。

从上述分析可以看出，就成人教育的两大基本目标（文化普及与促进就业）而言，目前约旦成人教育的发展前景十分有限。从文化普及程度来说，义务教育的全面普及降低了失学率，减少了因失学而不具备基本文化素养的年轻群体的人数，因此也大大限制了成人教育项目的招生规模。从就业形势来看，目前约旦国内经济状况无法满足高等教育毕业生就业，而技术人才在国内外市场严重不足，这在一定程度上打击了部分希望通过提升学历来增加就业竞争力的学生的积极性。因此，在约旦失业率高居不下的情况下，职业教育或将成为越来越多没能接受正式教育的人群的选择。

---

[1] 资料来源于联合国难民署网站。

[2] 资料来源于约旦哈希姆王国教育部网站。

[3] 资料来源于《约旦时报》网站。

尽管如此，对于约旦目前仍然存在的相当规模的文盲群体来说，成人教育在提高国民整体文化水平、缩短教育性别差距的过程中仍然发挥着不可替代的作用。

二、成人教育的应对策略

从人力资源开发适应社会经济发展需要的角度来看，兼顾成人教育质量与促进成人教育转型十分必要，即在完善成人教育教学体系的同时，加快实现培养目标的多样化，鼓励学生根据自己的兴趣和学习情况选择高等教育或职业教育作为进修途径。这就需要政府、国际组织、企业、高校与公民从不同方面发挥各自的作用。

首先，对于政府而言，教育转型的关键在于教育政策的调整。约旦政府一直以来奉行的以智力输出带动经济发展的战略使教育领域发展不平衡现象日趋严重，直接表现为高等教育超前发展，职业教育、成人教育和特殊教育发展不充分。因此，一方面，政府部门有必要对高等教育采取成本回收政策，同时通过奖学金、助学贷款和勤工俭学等方式减轻低收入群体的经济负担。另外，政府还应在对劳动力需求进行深入调查的基础上，平衡教育财政支出分配，使教育支出向非正式教育有所倾斜。而在提高成人教育教学质量方面，政府可增加对学生的物质奖励，调动学生的学习积极性；增加对成人教育项目的人力、物力和资金投入，增设培训班并配备现代化教学设备；使教育资源向经济欠发达的偏远地区倾斜；促进教师聘用和考核体系多样化，加强对教师的培训并设立奖励机制。

其次，要鼓励国际组织、企业与高校有所作为。政府可协调统筹各种组织机构充分发挥其主体优势，增加联动效应。例如，联合国教科文组织、联合国难民署、世界妇女扫盲组织等国际和地区组织在成人教育工作上有着十分丰富的经验，能够为教学活动提供有力的技术、信息支持和一定的资金援助。企业作为市场主体，可以直观及时地了解劳动力的需求变化，能够为教学设施的完善提供物质支持，并以人才培养带动经济效益提升。各高校可以通过开发在线成人教育课程，拓宽教育资源获取渠道，并打破时空限制，降低获取成本。

最后，对于公民而言，一方面，在接受成人教育的过程中，要珍惜受教育机会和教学资源，端正学习态度，树立自主学习和终身学习的意识。另一方面，也要积极转变教育和就业观念，根据自身情况选择合适的教育领域，对自己的职业生涯做出理性规划，正确把握就业形势并进行合理选择。

第九章 教师教育

约旦高度重视教育事业，把教育当作"最重要的工业"来发展，把人力资源作为"最宝贵的资源"加以开发。[1] 尽管与其他阿拉伯国家相比，约旦的现代教育起步较晚，但国家重视教育现代化和教育方式的转变，努力提高教育质量，倡导学校数量和教学质量协同发展。通过对教育的超常规投入，约旦现代教育从无到有，高速发展，目前已建立了一个较为全面的现代教育体系，成为阿拉伯国家中教育发展水平领先的国家。教育的快速发展需要通过教师去实现，师资质量的高低直接影响教育质量，因此约旦政府在发展教育的过程中尤其重视教师教育，通过多年的努力，约旦教师教育事业取得了显著的进步。

第一节 教师教育的发展和现状

约旦的教师教育是随着教育事业的发展而逐渐成熟起来的。总体而言，约旦的教师教育可以分为起步、快速发展和高质量发展三个阶段。

---

[1] 王波. 教育在约旦国家建设中所起的作用 [J]. 比较教育研究，1994（5）：28-33.

一、起步阶段（20 世纪 50 年代）

1921 年，英国以约旦河为界，把西部称为巴勒斯坦，东部称为外约旦，立汉志国王侯赛因次子阿卜杜拉为外约旦酋长国酋长。当时的外约旦是中东最不发达的地区之一，缺乏推动经济持续发展所必需的自然资源，主要的经济是农业、畜牧业和少量的手工业。在百业待兴之际，阿卜杜拉认识到，改变国家经济社会发展落后的局面必须通过发展教育才能实现。1923 年，约旦颁布 108 号法令，决定成立知识理事会，并赋予其选拔教师和教育工作者的权力。1926 年出台的《学校章程》规定了教师的职责和义务。当时约旦学校数量很少，教育基础薄弱，但是这些法令的颁布显示了政府对教育的重视。1926 年，约旦又颁布 112 号法令，决定组建知识咨询委员会，其职能包括确定教学评估机制和具体操作方法，这也表明了政府对教学和教师工作的重视。到 1931 年，约旦教师数量增加到 122 名，他们在 54 所学校教授 5 239 名学生。[1]

1939 年，约旦 803 号法令规定了教师的任职资格：中小学教师须为初等、中等师范学院毕业生，高中教师须为高等师范学院毕业生。当没有合适的师范学院毕业生时，知识部可以任命未达到标准的人员，但是这种任命是临时的，他们不能成为正式教师，除非通过了相应的国家考试，或者有三年或以上的教学经验，并在此期间完成规定的教育培训课程。受当时的客观条件所限，这些规定无法完全落实，很多教师甚至没完成高中课程就开始任教了。

1946 年，约旦获得独立，1948 年，约旦占领约旦河西岸的巴勒斯坦地区，1950 年 4 月，约旦河东西两岸合并为约旦哈希姆王国，来自以色列和约旦河西岸的近 40 万巴勒斯坦人成为约旦公民，这导致约旦人口大幅增

---

[1] 资料来源于拉尼娅王后师范学院网站。

加。[1] 同年，约旦加入联合国教科文组织，教科文组织积极帮助约旦普及和发展教育，特别是中小学教育。

这一时期，人口的增加、中小学教育的发展导致约旦河两岸学校和学生的数量激增，对合格教师的需求也大幅增长。对此，1951年，位于安曼的侯赛因学院开始开设教师教育课程。同年，约旦河西岸城市拉姆安拉也建立了第一所女子师范学校。但与人口和适龄儿童数量的增长速度相比，当时的教师教育远远不能满足社会的需求。因此，约旦政府积极筹措资金，派遣学生到其他阿拉伯国家的高等院校学习，以作为师资储备。被派遣的学生主要从大专性质的高等公立学院和高中毕业考试成绩优异者中选拔，每年的派遣规模都超过200人。[2] 此外，约旦政府还多方筹资加快建立师范学院，以满足国内的教师需求。1962年，约旦师范学院的数量增加到11所，其中女子师范学院3所，男子师范学院8所。[3]

二、快速发展阶段（20世纪60年代至80年代中期）

尽管20世纪50年代约旦师范学院的数量有所增长，但培养出来的教师数量与各类学校增长的速度相比仍然有较大缺口。为解决这一问题，1962年约旦出台了高等教育发展政策，决定通过以下方式加快师资队伍建设。第一，增开师范学院或者在已有的师范学院中开设新的系别。第二，师范学院扩招全日制学生，并为在师范学院周边工作和生活的教师开设夜校，以提高教师的知识水平和教学水平。第三，在教育部的监督下举行师范教育同等学力考试，在职教师和其他人员都可以参加考试，以提高其知识水

---

[1] 王波. 教育在约旦国家建设中所起的作用 [J]. 比较教育研究，1994（5）：28-33.

[2] 资料来源于伊拉克驻约旦文化处网站。

[3] 资料来源于拉尼娅王后师范学院网站。

平和教学水平。第四，从知识水平和教学水平两方面规定教师最低任职资格，如果教师没有达到最低任职资格则不能长期任职，同时还加强对现有未取得任职资格的教师的在职培训，以帮助他们尽快达到最低任职资格所要求的水平。

另外，为了满足约旦国内日益增长的对高等教育的需求，约旦政府于1962年创建了国内第一所大学——约旦大学，培养约旦社会发展所需要的各类人才。约旦大学毕业生中有相当一部人后来成为各级各类学校的教师，并迅速成长为教学科研的中坚力量和高级管理人才。

随着约旦经济社会的不断发展，教育立法也提上日程。1964年，约旦颁布《教育法》，全面阐释了教师教育的有关政策，并规定了教师的任职资格。该法规定，未获得教育部颁发的教师资格证书的教师不得在约旦公立和私立教育机构中任职。教育部颁发的教师资格证书的最低标准如下：第一，学前和初等教育阶段的教师须获得高中毕业证书，此外还须进行两年的公共文化课、专业课和教育课程的学习，特殊情况下可以仅获得高中毕业证书。第二，高中教师须获得大学毕业证书，并进行一年的教育课程或同类培训课程的学习，特殊情况下可以仅获得大学毕业证书。

虽然1964年《教育法》规定了不同教育阶段教师的最低任职资格，但是，当时约旦学校和学生数量的增加导致对合格教师的需求已经远远超过高等教育机构培养合格教师的能力，而当时约旦许多教师都不具备足够的教学资格和教学能力。这就要求教育部在其能力范围内为公立和私立教育机构的教师提供提升知识水平和教学水平并获得相应资质的机会。为此，约旦于1971年制定出台了《教育培训制度》，并据此建立了教育培训学院，目的在于将义务教育阶段教师的知识水平和教学水平提升到师范学院毕业生层次，使其拥有教师资格。该学院的培训课程为期两年，培训对象是公立、私立教育机构的教师、管理人员以及教育部工作人员等，学员可以选择到培训班学习，或者在教师的指导下自学。教育部会向完成培训课程并通过考试的学员颁发相当于师范学院文凭的证书。

上述措施对增加教师数量、提高教师的知识水平和教学水平至关重要，但是这些措施未能在短期内缓解供需矛盾。一方面，对教师进行培训、提高教师水平是一个长期持续的过程，不可能一蹴而就。另一方面，尽管这些措施使约旦合格教师数量有了较大的增长，但由于人口的快速增长，对合格教师的需求的增长速度远高于合格教师队伍的增长速度，因此这些措施仍然没有有效地解决约旦合格教师短缺的问题。1961 年，约旦第二次人口普查显示，约旦河东岸人口为 90 万人。而 1979 年第三次人口普查显示，约旦河东岸人口已增长到 213.3 万人，[1] 与 1961 年相比，人口数量增长了约 1.37 倍。如图 9.1 所示，1960—1970 年，约旦人口增长幅度远高于其他阶段。另外，从图 9.2 和图 9.3 可以看出，20 世纪 70 年代至 80 年代中期，约旦小学的师生比达到 1：30 以上，中学的师生比达到 1：20 以上，处在历史最高水平。这些数据在很大程度上说明了这一时期约旦教师的短缺程度。

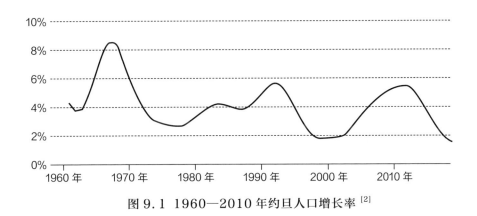

图 9.1　1960—2010 年约旦人口增长率 [2]

---

[1] 资料来源于约旦哈希姆王国统计总局网站。

[2] 资料来源于数据共享网站。

（比率）

图 9.2 1971—2014 年约旦小学生师比 [1]

（比率）

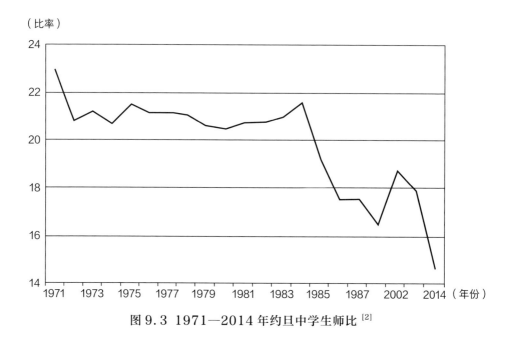

图 9.3 1971—2014 年约旦中学生师比 [2]

[1] 资料来源于 knoema 数据库网站。

[2] 资料来源于 knoema 数据库网站。

为解决教师短缺问题，约旦进一步加快了大学和师范学院的建设。1976年，雅尔穆克大学成立；1981年，穆塔大学成立；1986年，约旦科技大学成立。同时，约旦开始允许创办私立师范学院，这使得约旦师范学院数量大幅增加。1980年，师范学院开始转变为社区学院，培养包括教育在内的各领域的专业人才，高中毕业生在社区学院学习两年后可获得毕业证书。1985年，约旦社区学院的数量达到了52所，[1] 加上相继成立的4所大学，约旦的高等教育快速发展起来，极大地提升了约旦教师教育的能力和水平，为增加教师数量发挥了积极作用。不过，社区学院数量的快速增加虽然在一定程度上缓解了约旦教师短缺的状况，但在推动教育高质量发展方面存在着局限性。原因在于，社区学院的入学标准相对宽松，培养的毕业生只具有大专学历，专业和知识水平相对有限，很多进入教师队伍的社区学院毕业生实际上并不具备教师所需的能力和水平，导致约旦教育质量无法全面提升。

三、高质量发展阶段（20世纪80年代后期至今）

20世纪70—80年代教师数量的快速增加虽然缓解了约旦教师数量不足的问题，但是片面追求数量而忽视质量的教师教育导致约旦教师素质不高，教育质量较低。为了提高教育质量，约旦政府于1985年成立了教育改革委员会。1987年，第一届全国教育发展大会召开。根据会议的提议，约旦制定了《教育发展规划（1989—1998年）》，对全面提升各级各类教育质量的路径做出规划。1988年，约旦出台了《临时教育法》，并于1994年正式颁布《教育法》，为教育提质升级提供了法律支撑。

---

[1] 资料来源于拉尼娅王后师范学院网站。

约旦《教育法》规定，约旦任何公立和私立教育机构的教师必须持有教师资格证书。在学前和初等教育阶段从教的教师，其获得教师资格证书的要求为大学本科毕业；在高中阶段从教的教师，其获得教师资格证书的要求为大学本科毕业并参加至少一年的教育课程培训，或获得教育学硕士或以上学位。如果在职教师不符合相应条件，教育部可以先向教师颁发临时教师资格证书，并组织教师参加培训或进修，考核合格后再颁发正式的教师资格证书。可以看出，随着约旦教育整体水平的提升，到20世纪80年代，约旦对教师学历背景和专业水平的要求在逐步提高。

1989年，约旦政府着手建立能够授予学士学位的高等师范学院，以提高中小学教师的知识水平和教学水平。高等师范学院的学制为4年，学习期间，学生需要修满规定的学分（在社区学院学习的课程可以计入学分）。此外，为了更有针对性地提高教师教学水平，20世纪90年代末，约旦各高校开设了两类与教育相关的本科项目：一是全科教师项目，主要培养教授1—3年级除英语以外所有科目的教师；二是专科教师项目，主要培养教授4—10年级某一门课程（如阿拉伯语、英语、数学等）的教师。同时，约旦教育部还与各大学合作，使拥有学士学位的教师可以参加大学教育方面的课程，并获得教育学硕士文凭。得益于上述计划，20世纪90年代，约旦社区学院毕业的教师中有近50%的人获得了学士学位，其中约75%具有学士学位的教师获得了硕士或更高文凭。[1]

2003年，约旦教育部与公立大学共同举办了知识经济时代下培养卓越教师全国大会。会议十分重视在职教师培训问题，呼吁建立专门的高级培训学院，统筹安排在职教师培训事宜。

2009年，教育部制定了《教育培训中心制度》。根据该制度要求，教育部建立了一个教育培训中心，旨在通过实施针对教师、学校行政人员的培

---

[1] 资料来源于拉尼娅王后师范学院网站。

训计划，提升其专业知识，丰富其教学和管理经验。中心的任务包括：制定总体培训政策，确定年度培训计划，确定新任教师的培训期限，确定遴选学员和培训教师的原则和标准等。2012 年，该中心培训了 625 名新教师，2013 年培训了 923 名新教师。

在约旦，不仅教育部下属的教育培训中心承担着教师培训工作，凯迪尔教育发展与现代化基金会和拉尼娅王后教师培训学院 [1] 也开设了教师培训课程。

凯迪尔教育发展与现代化基金会成立于 2004 年，由约旦雅尔穆克大学和沙特法尔控股公司合作建立，为约旦教师教育的发展做出了重要贡献，在阿拉伯世界具有较大影响。该机构呼吁重塑教育体系，致力于培训教师在教学过程中使用信息通信技术与其他现代化的教学方式，以营造一个以学习者为中心的学习环境，使教师成为学生学习过程中的伙伴。该机构认为，教育的改善会推动各行各业的发展和整个社会的进步，而提高教育工作者的能力是约旦乃至整个阿拉伯世界人力资源开发的重点。

2005 年，该机构与雅尔穆克大学合作，开设了信息通信技术教育学位课程，目的在于培养教师在教学过程中使用信息通信技术等现代化教学手段的能力，以提升教学效果，并通过改善教学方式来改变以教师为中心的"填鸭式"教学，形成一种师生良性互动的新教学模式。该模式使学生成为教学过程的中心和基础，有助于形成有利于发展学生创造性思维、培养学生解决问题的能力的教学环境。该课程自开设以来受到了热烈欢迎，已有大批教师在此课程中结业。值得一提的是，该课程在实施第一年就获得了哈桑亲王学术卓越奖，2008—2011 年，有 23 位参加过此课程的教师获得了拉尼娅王后杰出教师奖。[2]

---

[1] 2009 年成立的独立性非营利组织，以推进约旦王后拉尼娅的教育愿景为宗旨，学院同约旦教育部合作，开展了多项教师培训和职业发展计划，创建了教师技能论坛。

[2] 资料来源于阿杰隆通讯社网站。

约旦国王阿卜杜拉二世和王后拉尼娅坚信，教育是建设现代化国家的基础。他们从发达国家和新兴国家的发展经验中意识到，知识经济在促进经济社会发展方面的重要性，因此十分重视教育，希望通过教育促进知识经济发展，建设现代约旦社会。在国王和王后的支持下，约旦教育部积极为教师提供培训课程和职业发展课程，以提高教学水平和教育质量。

拉尼娅王后教师培训学院是 2009 年 6 月由约旦教育部、纽约哥伦比亚大学、中东哥伦比亚大学研究中心合作成立的。截至 2019 年 10 月，该学院已经为约旦教育工作者提供了 75 000 多个长期和短期的培训机会。[1] 2016 年，拉尼娅王后教师培训学院与约旦大学合作，在伦敦大学教育学院的技术支持下开设了教师资格证书培训课程。该课程共 24 个学分，为期 9 个月，用阿拉伯语和英语双语教学，采取现场授课和网络授课两种方式，还包含实践教学。课程主要分为两类：1—3 年级教师培训课程和 4—10 年级教师培训课程。这门培训课程为教师提供了一个学习实践、与教育领域杰出人士对话、与其他教师交流教学经验的机会。

除此之外，该培训学院还开设了学校领导培训、教师专业发展等课程，在约旦教师培训方面发挥了积极作用，为提高教师的知识水平和教学技能做出了巨大贡献。2013—2014 年，联合国教科文组织《全球教育监测报告》对拉尼娅王后教师培训学院给予了高度评价。

第二节　教师教育的特点和经验

约旦在教师教育和教师培训方面有着丰富的经验，是阿拉伯国家中教育事业发展和教育现代化的主要推动力量之一，为阿拉伯国家教育的发展

---

[1] 资料来源于赛拉亚新闻网站。

提供了成功的范式。总体来看，约旦的教师教育有以下三个特点。

一、建立健全的激励和奖励机制

约旦自建国以来就十分重视教育，特别是阿卜杜拉二世继任国王后，更是将教育视为促进国家现代化发展的关键要素，认为教师是教育过程的指引者和领导者，肩负着为国家培养人才的重任，因此采取了一系列措施鼓励人们从事教师职业，鼓励教师不断提升教学水平。例如，政府制定奖励制度和各类型教师培训课程，引进教师分级制度，为教师提供职业发展规划，设立拉尼娅王后杰出教师奖，为教师提供住房等。

其中最值得一提的是拉尼娅王后杰出教师奖。该奖项是约旦国王阿卜杜拉二世和王后拉尼娅在 2005 年教师节提议设立的，是约旦第一个鼓励优秀教师和教育创新的奖项，旨在凸显教师在培养有思想、有创造力的新一代和引领社会发展方面的重要性。

该奖项设立了指导委员会和技术委员会。指导委员会负责确定奖项的组织管理、相关政策，以及监督实施过程，其成员包括教育部代表、拉尼娅王后办公室代表、非营利性组织代表以及私营企业代表。技术委员会负责设立评选标准、审核评估过程、审验最终结果等，其成员由教育部代表、政府部门和私营部门代表、大学教育工作者组成。该奖项评选机构的成员为教学和评估领域的专家，他们负责评估教师提交的申请材料、对申请者进行考察、对获奖者进行分类等。

拉尼娅王后杰出教师奖共分为五类：幼儿园和1—3年级优秀教师、4—6年级优秀教师、7—10年级优秀教师、11—12年级普通高中优秀教师和11—12年级职业高中优秀教师。各个奖项的候选人都必须是约旦教育部下属公立学校或军队系统学校的全职教师，且教学年限不少于三年。评选标准包括教师的教学理念、教学效果、个人职业发展、社会贡献、职业道德、创新能力、个人成就等方面。

拉尼娅王后重视教育事业的形象深入人心，这使得该奖项自设立之初就极具权威性，吸引了许多约旦教师参与该奖项的评选。2006—2011年拉尼娅王后杰出教师奖的参评人数和获奖人数如表9.1所示。从参评人数与获奖人数的悬殊比例可以看出，该奖项竞争激烈，含金量高。

表9.1 2006—2011年拉尼娅王后杰出教师奖参评人数和获奖人数 [1]

年份	2006年	2007年	2008年	2009年	2010年	2011年
自荐参评者	1 126	1 309	1 190	1 509	1 859	1 191
推荐参评者	2 485	3 520	4 484	6 481	4 737	2 933
获奖者	42	29	27	25	22	25

拉尼娅王后杰出教师奖一等奖为3 000第纳尔，二等奖为2 000第纳尔，三等奖为1 000第纳尔，优胜奖为300第纳尔。获奖者不仅能够获得物质奖励，而且其职称可以直接提升至高级教师。如果获奖者已经是高级教师，则可以提升至专家级教师。此外，如果获奖者想要申请行政职位，可以获得15%的加权加分。

二、重视提升教师的现代教育技术应用能力

阿卜杜拉二世国王重视通过多种方式提高教育质量，尤其重视信息通

---

[1] 艾勒贾拉伊黛，德拉勒·穆罕默德·哈姆德·贾基娅，妮哈娅·阿卜杜拉·阿里. 阿卜杜拉·拉尼娅王后教师卓越奖在改善西北巴迪亚地区教育绩效中的作用 [J]. 研究灯塔，2015，21（4）.

信技术在教学过程中的应用。2003 年，国王提出了"约旦教育倡议"，指示将计算机引入学校，并接入互联网，与教育部电子学习门户网站连接，旨在将约旦打造成为阿拉伯世界信息通信技术中心和教育现代化的典范。在王室和政府的推动下，约旦各级各类学校都开始重视培养教师使用现代信息通信技术进行教学的能力。拉尼娅王后教师培训学院开设了交互式电子白板培训课程，以优化教学过程，不仅帮助教师用更生动的方式向学生传授知识，也激发了学生对科技的好奇心和学习兴趣。

凯迪尔教育发展与现代化基金会同样致力于培养教师在教学过程中使用信息通信技术等现代化教学手段的能力。2005 年，该机构和雅尔穆克大学合作，开设了信息通信技术教育培训课程，重点培训教师在教学过程中使用计算机、互联网等开展教学，以实现更好的教学效果。

三、重视各方协作与国际合作

阿卜杜拉二世国王认为教育是国家各部门共同的责任，十分重视推动各行各业积极参与包括教师教育在内的整个教育事业的发展。他在"约旦教育倡议"中号召公共部门和私营部门在教育领域推广科学技术时应开展合作，为教师在教学过程中使用科学技术提供必要的基础设施和实践场所，鼓励各部门大力建设网络课程，为教师提供学习平台。

此外，约旦还重视加强教师教育方面的国际合作。凯迪尔教育发展与现代化基金会是由约旦雅尔穆克大学和沙特企业合作成立的，拉尼娅王后教师培训学院是由约旦教育部、纽约哥伦比亚大学、中东哥伦比亚大学研究中心合作建立的，伦敦大学教育学院为其提供技术支持。2019 年，约旦与英国政府签署谅解备忘录，决定在教育和人力资源领域开展合作，促进两国学术机构交流，建立两国私营部门伙伴关系，推动专家和政府官员互访，分享人力资源、教育和信息技术应用方面的成功做法和先进经验。约旦与德国在高等教育、职业教育教师培训方面也开展了深度合作，德国政府和高校为约旦教师提供了大量奖学金和访学名额。所有这些都充分体现了在全球化背景下，约旦借助国际力量发展教师教育的成果。

第三节 教师教育的挑战和对策

一、教师教育面临的挑战

约旦坚持教师是教育系统发展和改革的基石这一理念，自 20 世纪 60 年代起，就十分重视培养合格的教师，主要体现在建立师范学院、开设教育学专业、提高教育行业准入标准、建立教师培训体系等方面。这些措施使约旦教师数量从 1953 年的 4 442 名上升到 2011 年的 85 000 名，在近 50 年内翻了 19 倍。[1] 与此同时，面对不断发展的教育事业和日益激烈的国际竞争，约旦教师教育仍然面临诸多挑战。

第一，在教师教育规模方面。1994 年《教育法》出台后，国家对各个阶段教师的任职资格要求提高。该法规定，幼儿园和初等教育阶段的教师须具有大学本科文凭，并获得教育资格证书；高中阶段的教师须具有大学本科文凭，并参加至少一年的教育课程培训，或获得教育学硕士学位。标准的提高从长远看有利于教育水平的提升，但也造成一定时期内师资的短缺。近年来，约旦教育部每年需要招聘 3 000—4 000 名新教师以弥补因退休、转行、移民等原因流失的师资，[2] 但符合任职条件的教师仍然不足以满

---

[1] 资料来源于安曼网站。

[2] 资料来源于《明日报》网站。

足社会的需求。另外，受经济实力的限制，教师培训机构的培训能力也相对有限。2018—2019 年，从拉尼娅王后教师培训学院的教师资格证书培训课程中毕业并获得该证书的教师仅有 786 位，[1] 与社会需求相比有较大差距。

第二，在教师教育质量方面。尽管约旦不断丰富教师教育途径，改善教师教育方式，提高教师教育质量，但是教师的知识水平和教学水平仍然有待提高。约旦的教师大体可以分为两类：幼儿园和小学 1—3 年级教师、4—10 年级和高中教师。前者一般是大学教育系的本科毕业生，后者则多是大学其他院系相关专业的毕业生。幼儿园和小学 1—3 年级的教师质量不高的原因主要有两点。一是这些教师毕业于大学的教育系，与其他专业相比，约旦大学教育专业的生源质量相对较差。约旦从 20 世纪 60 年代开始在中等教育阶段实行分科培养，将中学分为两种类型：一种是普通中学，分为文理两科；另一种为职业学校，设有工、农、商、护理、酒店管理等专业，学生根据成绩被划分到各个专业。而教育专业面向所有学科的学生开放，导致一些成绩较差的学生进入了该专业。二是教育系的课程设置不够合理。例如，全科教师需要教授小学 1—3 年级除英语以外的所有科目，因此他们需要学习数学、科学、阿拉伯语、伊斯兰教育等各个学科的课程，但是这些课程的内容都比较浅显，并且由于所学科目较多，每个科目的课时都比较少，无法深入了解各个学科的教学内容和教学方法，导致教学水平也难以得到保障。此外，教育系没有设置教育理论和教育心理学方面的课程，不利于教师在教学过程中了解学生的心理状况、保障学生的心理健康。教育系学生的实习实践也较为薄弱，例如，在全科教师培养方案中，教学实践学时占总学时的比例较低，仅为 7%—11%。

---

[1] 资料来源于阿蒙新闻网站。

二、教师教育的应对策略

2019 年 12 月，笔者访问约旦教育部、高教与科研部、约旦大学时，就约旦教师教育面临的问题和改进措施进行了访谈。通过访谈了解到，约旦政府和相关院校已着手开展对策研究，并将陆续出台相关举措推动教师教育提质升级。

第一，重新审视师范学生的录取政策，提高教育专业的录取标准，以保证生源质量。为了确保教师的质量，教育相关专业的录取不以高考成绩作为唯一标准，而是采取多重考核标准，如高考成绩、单科成绩、面试表现等。通过综合考察，录取对教育行业有兴趣，并且适合从事教师职业的学生。此外，国家将通过提高教师行业的社会地位来吸引更优秀的学生。

第二，重新审视教师教育的培养方案，确保理论和实践、学科知识和教育理论并重。师范生的课程设置中将给予学科知识教育和教学实践更多重视，以确保理论、研究与应用相结合，使教师教育课程成为一个完整的体系。对于 1—3 年级的教师教育，即全科教师教育，可分文科和理科两类进行，学生毕业后不再教授所有科目，而是教授文科科目（如阿拉伯语和伊斯兰教育）或理科科目（如科学和数学），从而保障教学质量。对于 4—10 年级和高中的教师教育，各学科院系将与教育院系紧密合作，对学生同时进行学科知识教育和教育学知识教育，在毕业时为他们颁发学士学位证书和教师资格证书，以确保这些学生对教育学有足够的了解，从而提升未来教师的教学水平。

第三，将教学实践作为教师教育的重点之一，增加教学实践的时长，确保教学实践的质量。教学实践教育的比重将占总学时的 15% 左右，在选择教学实践的合作学校时，要充分考察学校的资质，确保这些学校配备了高素质的指导教师，能够对师范生进行有效的教学实践指导。同时，大学的学术主管与学生实践所在学校的合作教师将加强沟通，以保障教学实践有序进行。

第四，通过职前培训项目和导师制度为新晋教师提供帮助。约旦现有的职前培训课程无法满足教师培训的需求，为了培养出更多的合格教师，教育部将与约旦各高校、拉尼娅王后教师培训学院以及其他培训机构加强沟通，就培训内容、培训时长和实施方式达成一致。教育部将担任起监督培训实施过程的职责，以确保培训的数量和质量。

第十章 教育行政与教育政策规划

    约旦的教育在阿拉伯世界处于领先地位，其教育行政体系伴随着教育事业的发展日趋成熟。目前，约旦实行中央统一领导、地方分权管理的教育行政体系，强调中央教育行政的绝对领导作用。约旦的中央教育行政主管机构为教育部和高教与科研部，负责全国教育事业的统筹规划工作，督促地方行政管理部门贯彻落实中央教育方针和各项政策，集指导、协调、督导、评估等职能于一身。约旦的地方教育行政体系主要分为三个教育省区，共包括47个地区教育局，负责执行中央教育方针，协调地方院校落实相关政策。近年来，在王室的推动下，约旦内阁、教育部、高教与科研部出台了一系列规划、愿景，为新时期约旦教育改革创新奠定了基础。

第一节 中央教育行政

一、教育部的机构设置与主要职能

    1921年，约旦内阁设立知识部门，当时约旦尚未建立高等教育，因此该部门主要负责初等、中等教育体系的建设和管理工作。1950年4月，约旦参众两院一致通过约旦河两岸统一的决议案，统一后国名更改为"约旦哈希姆王国"，由阿卜杜拉一世任国王，实行君主立宪制。此后，约旦河两岸的教育均纳入设于安曼的知识部统一管理。知识部在划分教学区、颁布教育法律法规、制定教育制度方面采取了有效措施，使约旦教育，特别是基础教育、职业教育和成人教育有了较大的发展。1952 年，知识部颁布《普通基础教育法》，规定实行 7 年制义务教育，约旦公民可以享受从小学到初中的免费教育。1956 年，约旦将知识部正式更名为教育部。1964 年，教育部主导制定了《教育法》，将 7 年制义务教育延长至 9 年，并大力发展高等教育，加强扫盲教育和职业教育。1988 年，教育部将义务教育再次延长至 10 年，且规定 15 岁以下学龄儿童必须接受义务教育。在约旦教育发展初期，政府将工作重心放在了扫盲以及加强义务教育上，20 世纪 70 年代地区和国内局势稳定后则开始在提升教育质量上下功夫。

1987 年召开的全国教育发展大会在约旦教育史上具有里程碑式的重要意义。根据此次大会的决议，约旦教育部制定了发展规划，旨在根据国际及国内形势发展，重新确立教育的基本政策，明确发展理念、教育规划、机构设置，并在此基础上深化教育改革，丰富教育门类，引进先进的教育理念与思想，提高教育规划水平和教育管理能力。在改革进程中，中央教育行政主管机构的权威性凸显，教育部发挥了核心领导作用。同时，随着各项改革事业的全面铺开，教育行政权力在这一阶段也开始出现由中央向地方下放的趋势。阿卜杜拉二世国王继位后，约旦教育改革步伐加快。2002 年年末，教育部制定并通过《国家教育愿景与使命》，明确了约旦教育的改革方向，同时期召开的 2002 年教育未来愿景论坛提出了《全面教育战略计划》。该计划的第一阶段（2003—2009 年）力求根据市场需求调整教育政策及方案，改善学校教学环境，提高教学质量；第二阶段（2009—2015 年）则致力于深化第一阶段的改革成果，提高教育行政部门的监管能力和工作效率，制定符合知识经济发展趋势的教育发展政策。在该计划的指导下，约旦教育行政主管部门也进行了多次机构改革，以适应不断发展的教育事业。

从知识部门的设立算起，约旦教育部的历史已有百年。值得注意的是，约旦教育部教育大臣更换频繁，百年中经历了一百余任，频繁程度在世界范围内也十分鲜见。但在王室、内阁的直接管理以及教育各直属部门的共同努力下，约旦的教育事业有着自己的发展惯性和逻辑，主要领导的频繁更换并没有对约旦教育事业产生根本性影响。

目前，约旦教育部的主要领导成员包括教育大臣、分管教学事务的秘书长、分管财政与行政事务的秘书长等。教育部下设直属司局机构共21个，包括教育司、建设与国际项目司、教育指导与培训司、内部监察局、公共文化关系与教育传媒司、教育活动司、行政事务局、发展协调局、考试与测试司、教学计划与教材司、拉尼娅王后教育与信息技术中心管理司、私立教育司、法律事务司、约旦联合国教科文组织全国委员会秘书处、教育规划与研究司、职业教育与生产司、财务司、人事司、物资司、教育委员会及规划委员会秘书处、教育质量监察与问责局。[1]教育部主要司局的机构设置和主要职能如下。

教育司是教育部的核心部门之一，下设公共教育处、儿童教育处、指导处、杰出人才计划管理处、残障儿童教育处。其愿景是为约旦所有的学生提供优质教育。其使命是为所有学生提供公平的教育机会和良好的教育服务，为建设知识型社会培养合格公民。其主要职责是优化教育质量，为学生的身心健康提供关怀和指导，为全体公民提供学习的机会，改善学生的健康和营养状况，加强国有部门和私营部门的合作，普及基础教育，提高基础教育入学率，降低文盲率，降低辍学率，为学生提供安全的学习环境。近年来，受地区动荡局势的影响，大批难民涌向约旦，给约旦的学前

---

[1] 资料来源于约旦哈希姆王国教育部网站。

教育、基础教育构成极大压力。在此背景下，教育司积极利用国际组织和地区大国的支持和援助，新建和扩建了一大批幼儿园和中小学，在缓解教育供给与需求的矛盾方面做出了重要的贡献。

建设与国际项目司主要负责国内学前教育、基础教育相关机构基础设施的建设和维护，以及国际教育合作项目的建设工作，旨在为约旦教育机构提供良好的教学环境。该司下设工程事务处、招投标处、维修处。值得注意的是，除了约旦政府的财政资金，各国的援助也是约旦开展教育基础设施建设的重要资金来源。建设与国际项目司发布的数据显示，2014年1—7月，来自国外的教育基础设施建设资金主要包括：美国政府援助的214万第纳尔、德国复兴信贷银行援助的173万第纳尔、阿联酋政府援助的489万第纳尔、沙特政府援助的1 355万第纳尔。[1] 这些资金为弥补约旦教育基础设施投入的不足发挥了重要作用。

教育指导与培训司的主要职责是，根据教育发展趋势为教师和教育管理人员提供优质的业务指导和专业培训，帮助教师提升职业的可持续发展能力。该司下设行政与财务事务处、职业发展政策处、教育培训处、质量评估处。其中，职业发展政策处设有职业发展政策开发科、职业发展项目开发科等部门，主要职能包括：开展职业发展政策的调研，参与职业发展相关战略规划的制定，在分析职业发展需求的基础上确定培训框架和执行计划，制定职业发展评价标准和指数，制定针对教师培训机构的评价标准，建设职业发展数据库等。

内部监察局主要负责对教育部所属司局和直属机构在资金使用、权力运行等方面进行监督、检查、调查，同时领导各地方教育局内部监察部门开展监察工作，下设资金监管与调查处、行政监管与调查处、技术监管与调查处、机构绩效处、投诉处、质量与标准处等部门。近年来，内部监察

---

[1] 资料来源于约旦哈希姆王国教育部网站。

局将减少腐败和提高效能作为工作重点，在打造公正、公平、透明、高效的教育行政体系方面发挥了重要作用。2017 年，资金监管与调查处共对 24 295 份涉及资金使用的文件、票据进行审查，纠正了 237 项违规使用资金的行为，节省财政资金 80 620 第纳尔；行政监管与调查处纠正、终止了 175 项行政处罚决定；机构绩效处参与国内各教育类奖项评选的监督工作，与卫生部合作开展教育机构禁烟落实情况监察等；质量与标准处对中小学和幼儿园落实各类质量标准情况开展巡察，向教育部有关司局提交政策建议近 100 条；投诉处收到 674 条投诉，其中当年办结的投诉达到 629 条，另外还修正了 35 条行政决议，组织了 23 次实地走访调研。

公共文化关系与教育传媒司下设文化关系处、国际组织处、教师留学处、学生留学处，主要职责包括：加强与世界各国教育管理部门的联系，加强与其他国际组织在教育、文化领域的合作，加强与约旦国内外非政府机构和企业的合作。该司的工作目标是充分利用国内外资源，为落实"面向知识经济的教育改革计划"提供支持，派遣留学生是其各项工作的重中之重。截至 2017 年，获得全额奖学金出国留学的学生数量超过 2.7 万人，获得半额奖学金的学生数量超过 8 700 人。这些留学生既是约旦建设知识型社会的重要力量，也是约旦侨汇收入的重要来源群体。

教育活动司根据活动类别下设文化艺术活动处、校园体育活动处、童子军活动处。文化艺术活动处主要举办与语言、文学、绘画、音乐、舞蹈、戏剧、科技创新等相关的活动和竞赛；校园体育活动处主要负责推广体育运动，在各级、各类学校中组织综合性运动会和专项竞赛；童子军活动处负责童子军的组织、训练、参访等活动。值得注意的是，教育活动司所组织的各类活动是学校课堂教育的重要补充，这些活动不仅重视提高学生的文化素养，加强学生的身心健康，还特别强调国情教育、忠诚教育的重要性，增强学生对国家体制、传统文化和民族身份的认同感。

考试与测试司下设考试处、测试处、财务部、总务部等部门。考试处主要负责初中毕业考试、高中毕业考试等国家级大型考试的组织实施，以及相关学历的认证工作；测试处主要负责考试标准的制定、题库建设、考试效果评估等工作；财务部、总务部负责考试工作的后勤保障。近年来，伴随着约旦社会对改革学生评价方式的呼声越来越高，考试与测试司在优化考试模式、更新题库、调整教学大纲等方面做出了积极努力，取得了一定成效。

教学计划与教材司下设教材处、教学计划处、财务部、综合部等部门，其职责是使公民具备足够的知识、技能以及正确的价值观，为培养能够积极、创造性地应对各类挑战的公民做出贡献。该司主要负责编制与知识经济要求相适应的各级各类学校的教学大纲，编写国家通用教材和教辅材料并进行试点和推广，研究和推广现代化的教学手段和教学方法。近年来，教学计划与教材司工作重点在以下几个方面：一是适当更新语言、文学、文化、历史等基础课程的课程设置和教材内容，突出国家认同、民族认同、文化认同的内容；二是在科学和应用技术类课程和教材上下功夫，推出了一批示范性课程和教材，着力提高基础教育阶段学生的科学素养和应用技术使用能力，为知识型社会的建设做好准备；三是大力推动教材及其数字化建设，为教学方式和学习方式的变革奠定基础。

拉尼娅王后教育与信息技术中心管理司设立于 2001 年，职责是发展国内先进科技，培养高水平科技人才。该司下设教育技术处和信息技术处两个部门，其中教育技术处负责网络学习系统的开发、更新与应用，信息技术处负责提供高质量电子化信息服务，建设并维护系统、网络、设备的安全。该司发布的学习管理系统已经在约旦大部分基础教育机构应用，极大地方便了教师与学生、家长之间的沟通交流，增强了师生互动效果，提高了教学效率。该司还与联合国儿童基金会以及一些世界知名科技公司合作，开发幼儿教学及评估系统，设置适合儿童阅读理解并能提高其社会交往能力的线上课程。

私立教育司是私立教育机构的主管部门，下设机构审批处、教育服务处、认证与教育质量处，主要负责国内外私立教育机构的资质审核、新建私立教育机构的审批、教育信息统计、学生事务管理、学历认证、教学质量监督等工作。私立教育在约旦学前教育和基础教育中发挥着不可替代的重要作用，为约旦教育的进步做出了卓越贡献。可以说，推动建设成熟的私立教育是约旦教育不断进步的成功经验。私立教育司的工作重点是服务、监督、指导，而非直接的介入和管理。在不违反国家法律法规的情况下，约旦的私立教育机构拥有宽松的发展环境以及来自政府的政策支持。

法律事务司下设教育立法处、法律咨询处、纪律处分处、行政调查处，主要负责教育部的法律法规制定，处理与教育部有关的法律案件，为各司局机构的行政决定提供法律咨询，对公职人员违法行为进行调查并执行纪律处分。

教育规划与研究司下设教育研究与发展处和政策与战略规划处。教育研究与发展处下设教育研究科、翻译出版科、教育开发科、跟踪评估科，政策与战略规划处下设政策与战略规划科、人力资源规划科、财务规划科、教育统计科、教育基金科等。教育规划与研究司的主要职责是深入研究国际教育发展趋势，为落实阿卜杜拉二世国王提出的人力资源发展战略和构建知识经济的愿景提供政策支撑和规划支持。近年来，该司参与了约旦有关教育的一系列重要政策、规划、战略、愿景、国际合作协议的调研、论证和起草工作。

二、高教与科研部的机构设置与主要职能

约旦的高等教育起源于20世纪50年代，首先建立了多所师范类学院以满足国内教育需求，随后于1962年建立了国内第一所综合性大学——约

旦大学，70 年代又相继建立了雅尔穆克大学、约旦科技大学、哈希姆大学、阿尔拜特大学等多所公立大学及学院。随着高等教育重要性的凸显，约旦政府高度关注高等教育的发展，于 1980 年颁布《高等教育法》，1982 年成立高等教育委员会，此后又于 1985 年成立高等教育部，并确定了高等教育委员会和高等教育部各自的职能和机构设置。

在大力建设公立高等院校的同时，约旦也允许私人建立并运营社区学院。1967 年，第一所私立社区学院成立。1989 年，《临时私立大学法》第 7 条规定高等教育部负责私立大学的许可、认证、监管等事宜。此后，佩特拉大学、费城大学、杰拉什大学等私立院校相继建立。至 1997 年，约旦私立高等院校达到 13 所，呈现出高速发展的态势。

1998 年，约旦取消高等教育部，并在教育部框架下设立高等教育委员会，同时将所有私立社区学院划归拜勒加应用大学管理。这一时期，高等教育的行政管理出现了权力下放的趋势，社区学院获得了一定的自主管理权，但公立和私立院校各自拥有一套行政管理体系与法律规定。

阿卜杜拉二世国王继位后，于 2001 年重新组建了高教与科研部，统筹负责公立和私立高等教育机构的监管，并致力于提高约旦国内的高等教育和科技发展水平。在重新建立高教与科研部后，约旦的高等教育行政管理权逐渐集中，2009 年，约旦《大学法》颁布。该法对全国公立、私立高等院校的管理权进行了统筹，高教与科研部作为主管部门有权规划教育政策，提出教学计划，监督高校落实相关政策等。

目前，高教与科研部下设 20 个行政管理机构，包括高教与科研大臣办公室、秘书长办公室、文化顾问办公室、内部监察局、统考局、政策规划局、高等教育委员会秘书处、议会事务局、法律事务局、公共关系与传媒局、国际合作与项目局、高等教育机构管理司、出国留学司、来约留学司、学历认证司、科研与创新支持基金管理司、财务司、行政事务司、人力资源与机构发展司、信息技术与电子转型司。[1]

约旦高教与科研部的历史不长，但与约旦教育部的情况类似，领导更换极为频繁。截至 2020 年 12 月，已有 32 任高教与科研大臣产生，任职时间最长的是纳赛鲁丁，时间为 4 年零 8 个月，其他人任职时间都较为短暂，多位大臣甚至上任仅 1 个月就辞职或被免职。如前所述，约旦教育政策的主要发起者和推动者是王室和内阁，教育部和高教与科研部虽然提供政策建议、决策参考，但更多的职能在于落实、执行王室和内阁的决议，因此，在建立了相对稳定、高效的技术型官员团队的基础上，高教与科研大臣的更迭没有实质性影响高等教育事业前进的步伐。目前，高教与科研部的主要领导包括高教与科研大臣、秘书长和副秘书长。其中高教与科研大臣负责高教与科研部的全面工作，领导跨部门的高等教育委员会、科研与创新支持基金管理司，以及部内的高教与科研大臣办公室、政策规划局、统考局、内部监察局；秘书长领导跨部门的非约旦高等教育机构认证委员会、约旦高校学生支持基金会、非约旦学历认证委员会、留学生派遣与奖学金评定委员会，并分管部内的秘书长办公室、公共关系与传媒局、法律事务局、科研与创新支持基金管理司；副秘书长负责财务和行政事务，分管财务司、行政事务司、人力资源与机构发展司、信息技术与电子转型司；负责技术事务的副秘书长分管高等教育机构管理司、出国留学司、来约留学司、学历认证司。

高教与科研部主要司局的机构设置和职能如下。

高等教育委员会是跨部门的决策机构，有关高等教育的重要政策、关键事项、人事任免等须经委员会讨论、审核、批准和发布。委员会共有 9 名成员，主席由高教与科研大臣担任，成员包括教育部秘书长、高等教育机构认证与质量保障委员会主席、3 名具有教授资格的资深专家、2 名私立高

---

[1] 资料来源于约旦哈希姆王国高教与科研部网站。

等教育机构的资深从业者、武装部队教育和文化事务局局长。高等教育委员会秘书处主要负责高等教育委员会各类会议的筹备和组织，决议的起草、下发、解释，与相关机构的沟通、协调、督办等工作。

内部监察局下设资金监察处和行政监察处两个部门。资金监察处的主要职责是：确保财务票据、会计信息等的真实性和准确性；确保资金使用的效率和效果；保证财政资金和国有资产不被滥用；确保相关立法得到有效落实，能够发现、制止错误的发生；确保各部门严格遵守高教与科研部通过的资金使用规范。行政监察处的主要职责是：确保相关法律法规得到贯彻执行，及时发现违法、违规行为并予以制止；对内部机构落实上级政策措施情况进行行政监察，确保各部门认真、高效履职。

统考局下设考试处、评估处、技术处、后勤处等部门，主要承担约旦大学入学考试的宣传、组织、协调、保障、评估等各项工作。约旦的大学入学考试和招生规则呈现出分类、分级，兼顾竞争性与计划性的特征，因此统考局的工作也相对庞杂。例如，国家对军人子弟、教育部员工子弟、难民子弟、残障学生等都分别有不同的录取政策，统考局需要根据相关政策，与武装部队、教育部、外交部等部门协调，分门别类确定名额并完成录取工作。近年来，约旦学生的学业竞争压力越来越大，而约旦现行的录取政策虽然照顾到了部分群体的特殊性，但又加剧了竞争的不公平性和阶层的固化，因此约旦民众对改革高考录取方式和名额分配方式的呼声逐渐增强。在此背景下，统考局与相关部门合作，通过渐进改革的方式，逐步优化考试流程和录取政策。

法律事务局下设案件与立法处和法律咨询处。案件与立法处的主要职责包括：接办、跟踪、应诉涉及高教与科研部的法律案件；跟踪国内外最新立法信息，并在部内各部门进行法律宣讲；参与相关法律、法规、制度的起草和修订等。法律咨询处的主要职责是为部领导和相关司局在工作中遇到的法律问题提供法律意见，以及跟踪相关法律案件的进展，并提供法律咨询。

国际合作与项目局的主要职责是：与有关国家、国际组织、私营机构建立合作关系，推动教育合作项目落地，并跟踪落实情况；代表高教与科研部组织、参与国内外有关教育国际合作的活动、会议；与国内外机构合作，落实难民教育问题。近年来，该局主要承担的重点国际合作项目有：叙利亚危机响应计划，该计划旨在加强与国内外相关机构的沟通与合作，争取资源改善对叙利亚难民子女的教育问题；约旦–英国文化委员会合作项目，在该项目框架下，约英两国的教育主管部门和高校实施了"约旦高校青年学者学术能力提升项目""青年应对挑战与风险能力提升项目""约旦高校学术机构发展能力提升项目""约旦–英国教育政策对话"等一系列活动。

高等教育机构管理司是高教与科研部的核心部门之一，承担着高校管理与服务的重要职能，下设高等教育机构事务处、大学服务办公室与培训中心管理处、研究与统计处。其中，高等教育机构事务处的主要职责包括：对高校落实教育部、高等教育委员会相关决定的情况进行跟踪、检查；对各高校学生录取和毕业情况及相关文件进行检查；就高等教育相关问题向有关部委、驻外使馆提供咨询服务；就高等教育相关政策向高校、学生提供咨询和指导；为约旦高校和学生提供成绩认证；审核、接收外交部、驻外使馆发回的图书资料，并与高校对接；审核、批准高校校车等。大学服务办公室与培训中心管理处的主要职责包括：对各高校服务中心的服务质量以及相关法律法规的遵守情况进行监督、检查；对各高校服务中心通过媒体公开的信息进行审核，确保高校与服务中心合作内容真实、准确；对外国高校服务中心运行情况进行跟踪调研，并及时将最新信息反馈给国内相关机构；接办学生投诉等。研究与统计处的主要职责包括：搜集、整理国内高等教育机构、科研机构的各类信息并进行定量、定性分析；搜集、整理约旦海外留学生的各类信息并进行定量、定性分析；发布年度信息统计报告，并将数据报送其他国家机关、相关学术机构和社会机构；建设和维护教学科研数据库；建设和维护学生信息系统；推动教育部图书馆与各高校图书馆的互联互通和信息共享；有关高等学校录取、考试、毕业等的认定与认证工作等。总体而言，该司的工作重点是为高等教育机构创造良好的发展环境，提供优良的服务和咨询，并在关键环节和关键问题上进行监督，但并不介入高校的具体管理工作。

出国留学司下设奖学金与派遣处、留学生管理与文化协议处。奖学金与派遣处的主要职责是：根据相关法律法规完成国家级留学生奖学金名额的确定、评选、发放、跟踪、评估等，会同高教与科研部财务司、财政部完成国家留学贷款的审批和发放工作，处理留学生关于延迟派出、留学地变更、专业变更、终止派出等事宜，参与留学生信息统计和留学生工作评估，对各类教育基金的奖学金发放工作进行跟踪和监督。留学生管理与文化协议处的主要职责是：负责政府间文化合作协议的签署、变更、延期事宜；根据政府间文化合作协议的内容完成互换留学生的派遣、管理、指导工作；参与留学生信息统计和留学生工作评估。

来约留学司下设留学生招生处和留学生一站式服务处。留学生招生处的主要职责包括：与各高校协调制定年度留学生招生计划；与各高校合作开展来约留学招生宣讲；组织各高校参加有关留学生招生的教育展、论坛等活动；邀请相关国家高等教育机构负责人访问约旦高校，通过签署合作协议等方式吸引留学生来约学习；鼓励和支持约旦高校与获得授权的国际留学中介机构签署合作协议，提升约旦在国际留学市场中的份额；与约旦驻外使领馆合作举办宣讲活动，吸引对象国留学生来约留学；与旅游部门、高校和科研院所合作开展游学项目；通过网络、手机 APP 等方式扩大招生宣传渠道；组织在约留学生开展文化和旅游体验活动，并通过他们扩大约旦留学生教育的影响力等。留学生一站式服务处旨在统筹协调约旦各高校，为来约留学的学生从申请、注册、报到，到学习、生活的各个环节提供全面、优质的服务，对留学生提出的意见和建议及时做出反馈。留学生教育是约旦教育的重要组成部分，既体现了约旦在中东地区教育领域的影响力，又对约旦教育事业乃至整个国家的发展提供了重要的经济支持。因此，来约留学司的工作受到高度重视，其工作效果也得到了广泛认可。

学历认证司是非约旦学历认证委员会的执行机构，下设学历认定处和学历公证处。学历认定处的主要职能是：建设和维护学历认定系统；根据相关法律法规，对学生取得的非约旦学历证书和相关文件进行审核和认定；确定约旦承认的境外高等教育机构名录，并进行更新、公示和宣传；开展针对世界主要国家高等教育发展状况和学历认证政策的调研等。学历公证处主要负责对境内外高等教育机构颁发的学历进行公证。

科研与创新支持基金管理司主要致力于通过做大做强科研与创新基金支持约旦的科学研究事业，实现国家向知识型社会的转型升级，使学术研究成果在生产力发展中做出更大贡献。高教与科研部通过该基金向高校提供科研经费，鼓励高校增设学科、弥补学术空白，奖励并支持有重大研究成果的科技人才，使约旦高校成为科学技术的创新和推广力量。此外，为弥补国内某些专业师资的缺失，该司还致力于将公立和私立大学的优秀学生派往世界一流高校深造，为有突出贡献的科研人员设立杰出研究奖，支持约旦科学家的科研计划与专利申请等。

三、中央教育行政机构改革的特点

当代约旦的教育行政体系日趋成熟，并以"优质""高效""公平""科技"作为改革的关键词。近年来约旦中央教育行政部门不断推进机构改革，呈现出以下特点。

其一，以服务为导向。长期以来，约旦政府鼓励私立教育机构的发展，支持公立、私立教育机构在法律法规的范围内保持独立性。在此背景下，约旦教育部、高教与科研部将工作重点放在通过政策引导为教育机构、教师、学生提供公平的发展环境和优质、高效的服务保障上，对教育机构的内部管理则通常不直接介入和干预，给予其充分的自由和发展空间。

其二，重视提高行政效率。在约旦近年来提出的各类教育规划和改革举措中，"提高行政效率"是其工作重点之一。为实现这一目标，约旦教育部和高教与科研部根据 ISO9001 质量标准，在中央教育管理部门和地方教育局建立质量管理体系，制定和实施新的工作考评机制，着力提高政府部门的行政绩效。此外，约旦教育部和高教与科研部强化监察督导部门的作用，如教育部下属的内部监察局、教育质量监察与问责局，高教与科研部下属的内部监察局和相对独立的教育质量保障委员会等机构，不仅在资金使用等方面加强监管，还在监督相关政策落实、重点事项督办上下功夫，取得了较好的效果。在阿卜杜拉二世国王于 2006 年设立的"政府表现与透明度卓越奖"评选中，约旦教育部和高教与科研部下属的多个部门和个人曾获该奖项的金奖、杰出个人奖、政府创新奖等奖项。[1]

其三，重视科技创新与技术转型。长期以来，约旦的教育以应用型技术人才的培养，特别是医生、工程师、护士等专业人才的培养为特色。但随着新一轮科技革命的迅猛发展，约旦现有人才培养模式的弊端开始显现。对此，约旦政府积极谋划，约旦教育部和高教与科研部先后成立了多个专门机构，根据新时代的需求和教育发展趋势，通过加强与相关国家和国际组织的合作来提升自身科技创新能力。近年来，拉尼娅王后教育与信息技术中心管理司、科研与创新支持基金管理司、信息技术与电子转型司等部门在推动人才培养方面做出了突出贡献。

---

[1] 资料来源于阿卜杜拉二世国王卓越中心网站。

第二节 地方教育行政

一、地方教育局的分布与机构设置

约旦地方教育行政机构分中部省区、北部省区、南部省区，共包括47个地区教育局，负责执行中央政府的教育方针，管理各地区的教育机构，协调地方院校落实相关政策。[1]

中部省区包括安曼省、扎尔卡省、拜勒加省、马德巴省的22个地区教育局：卡斯巴地区教育局、大学区教育局、科威斯曼地区教育局、马尔卡地区教育局、瓦迪阿尔赛地区教育局、穆瓦卡尔地区教育局、吉萨地区教育局、马德巴地区教育局、底班地区教育局、盐城教育局、艾因巴沙地区教育局、鲁塞法地区教育局、戴尔阿拉地区教育局、顺纳南部地区教育局、萨哈卜地区教育局、瑙尔地区教育局、扎尔卡一区教育局、扎尔卡二区教育局、北安曼救济机构教育署、南安曼救济机构教育署、扎尔卡救济机构教育署、军事文化中心教育署。

北部省区包括伊尔比德省、马弗拉克省、杰拉什省、阿杰隆省的14个地区教育局：马弗拉克地区教育局、阿杰隆地区教育局、杰拉什地区教育局、巴尼凯纳地区教育局、巴尼乌拜德地区教育局、拉姆萨地区教育局、古拉地区教育局、西北巴迪亚地区教育局、东北巴迪亚地区教育局、北约旦河谷教育局、伊尔比德救济中心教育署、北部马扎尔区教育局、伊尔比德地区教育局、塔伊布地区教育局。

南部省区包括卡拉克省、塔菲拉省、马安省、亚喀巴省的11个地区教育局：卡拉克地区教育局、卡斯拉地区教育局、南约旦河谷教育局、南部

---

[1] 资料来源于约旦哈希姆王国教育部网站。

马扎尔区教育局、塔菲拉地区教育局、沙巴克地区教育局、南部巴迪亚地区教育局、马安地区教育局、巴士拉地区教育局、佩特拉地区教育局、亚喀巴地区教育局。

地方教育局的机构设置在很大程度上与中央教育行政机构的设置保持一致。与教育部在教育大臣下设置两名秘书长类似，地方教育局除局长外，也设有财政与行政事务主任、教学事务主任，协助局长完成相关行政工作。地方教育局的主要内设机构共 15 个，教育局局长全面负责各项行政工作，直接分管局长办公室，并协调内部监察处的工作。教育规划处、财务处、工程与维修处、人力资源处、后勤处由财政与行政事务主任分管，考试中心、特殊教育处、教育咨询处、考核处、公共教育与学生事务处、教学活动处、信息教育与科技处、技术教育与生产处由教学事务主任分管。值得注意的是，地方教育局的内部监察处由教育部的内部监察局直接管理，主要负责人也由教育部直接任命。近年来，内部监察部门日益受到重视，这体现了约旦在机构改革中加强权力约束和制衡的理念，为营造公平、透明、高效的教育管理体系发挥了重要作用。

二、地方教育局的主要职能

约旦为全体公民提供十年义务教育，即提供免费的公立初等教育，使用教育部统一发行的教科书。同时国家允许私立教育机构举办基础教育，但私立学校不提供免费义务教育，经教育部许可后可进行招生工作并收取相应的学杂费。目前，约旦基础教育学校包括教育部直属公立学校、其他政府机构管理的公立学校、私立学校和近东救济工程处学校，按照学习阶段划分为幼儿园、小学、中学，按照针对人群划分为女校、男校、男女混校。此外，一些私立学校还开设有国际教育部。

地方教育局的职能主要分为两类：财政与行政管理、教学事务管理。总体上，地方教育局受教育部的统一领导，负责管理、协调辖区内的公立、私立和近东救济工程处的基础教育机构。地方教育局的行政体系与辖区内学校的行政体系基本吻合，以方便工作对接。以下简要介绍地方教育局行政体系中的主要部门与辖区学校的工作对接情况。

在财政与行政事务部门中，工程与维修处对接各学校的设备维修办，主要负责校舍的扩建、修护以及教学活动设施建设；人力资源处对接各学校的教职工事务处，主要负责教师及在校职工的任免和绩效考核，并根据各地区情况开展教师培训课程；后勤处主要负责向各学校发放各类教学用具、图书及其他物资；规划处主要负责规划区域教学政策以形成地区教育目标，并与各学校沟通协调以促进政策落实；财务处主要负责管理中央教育部分配的教育资金，制定并分配各学校的教学预算。

在教学事务部门中，考试中心主要负责制定地区统考的试题，组织相关考试；特殊教育处为有身体缺陷的学生提供良好的教学设备与教学环境；教育咨询处向学校、学生、家长提供有关教育政策、教育规划、法律事务等方面的咨询；考核处通过建立健全的绩效考核体系对教育局各部门以及辖区学校的教育教学工作进行监督考核，以提高行政效率和教学质量；公共教育与学生事务部主要负责跟进学生的受教育情况，对接各校针对学生开展的交流项目；教学活动部主要负责各教学阶段学术活动与实践活动的制定与管理；信息教育与科技部、技术教育与生产部对接各校的创新孵化中心，注重开设创新实践课程，鼓励学校建设创新项目，推动构建知识型社会。

目前公立教育机构资金来源主要为教育发展基金和就业与职业培训教育基金，由教育部财务司统一分配给地方教育局，再由地方教育局分配给各公立学校，而私立教育机构的资金主要来源于校董事会。为鼓励各类教育机构和教师的发展，约旦王室和政府还设立了多个奖项，如拉尼娅王后优秀教师奖、拉尼娅王后优秀校长奖、哈桑王子青年奖等，旨在培养学生的创新精神，激励学校和教师提高教学能力，在知识型社会构建过程中发挥引领作用。[1]

第三节 教育政策规划

约旦在短短几十年内从一个文盲率极高的教育弱国发展成为中东地区的教育强国，使教育成为国家实现可持续发展的重要动力。这其中的一个重要原因在于，约旦王室和政府能够根据国际、国内形势的发展，制定和实施符合自身国情，并具有较强可行性和前瞻性的教育政策和规划。近年来，约旦实施的主要教育政策、规划如下。

一、《知识经济教育改革计划》（2003—2009 年和 2009—2015 年）

进入 21 世纪，信息和通信技术逐渐成为促进经济和社会发展的重要手段，对此，约旦国王阿卜杜拉二世要求对约旦教育体系进行深层次改革，着力发展知识经济，将信息和通信技术应用到教育教学的各环节中，努力使约旦成为阿拉伯地区的信息技术枢纽和世界经济的积极参与者。基于此，约旦政府于 2003 年 7 月启动了《知识经济教育改革计划》，改革的主要对象是约旦的学前教育、基础教育，目标是为培养具备知识经济所要求的专业人才奠定基础。该计划共获得 3.8 亿美元的资金支持，世界银行和美国国际

---

[1] 资料来源于联合国教科文组织国际职业技术教育培训中心网站。

开发署是该计划的主要资助者。

该改革计划第一阶段为 2003—2009 年，重点是将信息技术纳入教育体系，以满足未来人才的需求为目标开展相关的专业化培训。2003 年之前，约旦大多数学校的师生无法使用计算机和互联网进行教学和学习活动。为解决这一问题，约旦政府利用美国国际开发署提供的资金，在《知识经济教育改革计划》框架下设立"知识经济教育改革支持项目"[1]，以改善约旦教育的信息化程度。该项目由约旦教育部与美国教育发展研究院合作实施，主要分为三个部分，即学前教育，青年、技术和职业发展，伙伴倡议。其中青年、技术和职业发展部分是重点，内容包括课程和教材的开发、教师能力提升、考试改革、基础设施建设和技术培训与普及等。

该计划的第二阶段为 2009—2015 年，重点是在继续提升信息技术作用的基础上，着重改善学校的教学环境，提高教师的教学能力。主要工作包括五个部分。第一，建立以学校为核心的发展体系，学校的责任是向约旦的所有年轻人提供高质量的教育，重点是发展其与知识经济相关的能力、技能和价值观。第二，加强监测与评估工作，对学校主要教学活动进行监测与评估，并将其制度化。第三，促进"教"和"学"的协同发展，增强教师教学和学生学习之间的紧密度和互动性，使青少年学生产出高质量的学习成果。第四，着重在三个关键领域项目开展教学改革试验，即学前教育、特殊教育和职业教育。第五，改善学习环境，以经济、高效且可持续的方式提供更为环保、安全和可靠的学习设施和环境。

在《知识经济教育改革计划》框架下，约旦政府还实施了"学校和理事会发展项目"，这是一个分阶段开展的项目，由加拿大国际开发署提供资金和技术支持。第一阶段是 2003—2008 年的试点阶段，第二阶段是 2009—2010 年的推广阶段，第三阶段是 2010—2014 年的实施阶段。严格意义上

---

[1] AKOUR M, SHANNAK R. Jordan education reform for the Knowledge Economy Support Project—a case study [J]. Journal of Management Research, 2012(4).

讲，该项目是《知识经济教育改革计划》第二阶段中的第一部分——建立以学校为导向的发展体系的具体计划，也涉及第二部分监测与评估的相关内容。

"学校和理事会发展项目"包含两个目标和六个理念。第一个目标是营造一种学校自我驱动的教育文化，并使当地社区参与其中，提高教育的效率和效果；第二个目标是提高当地教育理事会参与学校建设和管理的能力。六个理念为：第一，学校是发展教育的基础；第二，学生是发展教育的最终目标对象；第三，校长和教师不仅仅是教育政策的实施者，也是规划者；第四，教育督导不是严格的控制者，而是温和的指导者；第五，家长和社区是学校教育的重要参与者和伙伴；第六，教育理事会是学校之间、学校和教育主管部门之间的联络人和协调者。简言之，该项目的核心是将部分权力下放至学校，使学校拥有更大的自主权，并加强家长和社区在学生教育中的参与。

除上述项目外，"约旦教育倡议"也是《知识经济教育改革计划》中较有特色的项目。2003 年，世界经济论坛在约旦举行，约旦国王阿卜杜拉二世在论坛上提出"约旦教育倡议"。该倡议的主要目标是：第一，通过公私合作的伙伴关系改善约旦各级各类教育的发展状况；第二，通过信息技术的有效利用提高教育质量；第三，通过教育提高约旦建设信息技术产业的能力；第四，创建一个可在全球范围内复制和推广的教育模式。[1]

该倡议在私营部门和政府机构、国内和国际两个维度开展，即寻求私营企业尤其是 IT 行业和政府机构间的合作、约旦政府和国际组织间的合作。来自全球的 30 多个公共部门、企业和国际组织参与其中，其中包括约旦政府、约旦电信、法国电信、思科、惠普、IBM、英特尔、微软和美国国际开发署等机构，它们在该倡议框架下，向 100 所试点学校提供了包括笔记本电

---

[1] 资料来源于世界银行公开知识网站。

脑和投影仪在内的硬件设备，包括数字化课程在内的电子教学资源，以及针对师生的相关操作培训。

该倡议的实施被各方认为是成功的，试点学校在计划期内完成了多门视频和网络课程的开发，70多所学校的700多名教师都掌握了电子化教学的技能。该模式的成功也在世界各地引发讨论，探讨其复制推广的可能。同时，凭借在开展电子化教学和信息技术推广等方面的优秀表现，"约旦教育倡议"后期还被纳入《知识经济教育改革计划》当中共同实施。

二、《国家高教与科研部战略（2007—2012年）》[1] 和《国家高等教育战略（2014—2018年）》[2]

2007年3月，约旦高教与科研部联合多个部门，共同举办了一次针对国家高等教育发展战略的会议，会议通过了《国家高教与科研部战略（2007—2012年）》。该战略主要由以下7个部分组成。

高校治理和管理。高校的治理和管理能力以其自主权、绩效水平、透明度和效力为基础，目标是：在财务、行政和学术上确保高校的独立性；重新考虑高校董事会的组成和任务，以便在教育过程中发挥更大的作用；根据高等教育发展趋势，帮助高校制定战略计划；完善所有高校的教育管理信息系统；提高高校主要负责人和行政管理人员的业务能力。

录取原则。2001—2006年，约旦高校录取的学生人数远远超过了其接纳能力，实验室和教室越来越拥挤，毕业生的失业率也在上升，因此必须根据约旦高等教育的实际情况确定合理的招生规模和录取原则，淘汰落后专业，并在完善高考名额分配计划性的同时，更多地突出公平竞争的原则。

---

[1] 资料来源于联合国教科文组织国际教育规划研究所网站。
[2] 资料来源于约旦哈希姆王国高教与科研部网站。

认证与质量保障。为提升约旦高等教育的质量以及与国际通行标准对接的能力，约旦在所有高校采用国际通行的认证标准。同时，在各级政府部门和高等教育机构建设质量保障部门和质量保证体系，特别是在教师选聘、教学大纲制定、教材编写等重要环节把好关。

科研发展和研究生教育。加强科学研究是约旦教育转型升级、推动构建知识型社会的关键因素。因此，必须充分发挥科研支持基金的作用，改善科研环境，鼓励各个专业形成研究团队，支持各高校的优秀研究生参与科研项目，将加强科学研究能力与各高校总体发展目标更紧密地联系起来，在师生中传播和发展科研文化，不断加强高校教学人员和研究人员、高校和国内外企业之间的联系。

应用型技术和科技教育。为适应新技术的发展和社会需求的变化，需调整社区大学应用型技术专业的专业设置、学习计划、课程安排，在本科阶段扩大高新技术相关专业的教育规模并提高教学质量。此外，还应帮助学生树立科学的职业规划，在校园中传播积极的职业文化。

高校财政。教育的发展需要政府的投入和社会各界的广泛支持，为更好地为高校提供资金支持，政府将做大高等教育基金，帮助公立大学偿还债务，建立大学生银行，为学生提供贷款和助学金，为大学获得资金支持创造条件，帮助学生完成学业。例如，为每所大学建立捐赠基金，建立可以在投资、咨询、医疗、工程技术领域提供服务的卓越中心等。

校园文化。高校承担着教书育人的双重使命，因此，应通过多种形式的活动培养学生的良好品德，加强他们对民族、社会、国家、传统文化的认同。例如，每所大学都应成立学生会、社团等学生组织，鼓励学生参与学校的民主管理；经常举办文化、艺术、体育等方面的活动，促进学生的身心健康和全面发展，鼓励学生加强与社会的互动；完善技术基础设施，为师生开展教学和学术研究提供良好的条件；重视外国留学生的需求，为其创造具有吸引力的环境。

2014 年，高教与科研部发布了《国家高等教育战略（2014—2018 年）》，其主要内容与《国家高教与科研部战略（2007—2012 年）》相近，强调的重点在以下六个方面：高校治理和管理方面，加强高等教育委员会对高等教育机构的监管作用，完善机构设置和机制建设；录取政策方面，进一步调整和完善录取政策，努力实现全体公民的机会均等；财政方面，促进高校资金来源多样化，确保高校稳定运行，并重点增加科研和高层次人才培养的投入；认证和质量保证方面，加强内部监察和督导部门的作用，确保高等教育的培养质量能够符合劳动力市场的需求；人力资源方面，加强培训，提高行政领导部门的能力和效率，促进人力资源的多样性和卓越性；技术教育方面，根据社会需求调整专业，对重点专业从招生名额分配、财政投入等环节加大支持，努力实现约旦技术教育发展的相关战略愿景。

三、《教育部战略计划（2018—2022 年）》[1]

2018 年 3 月，在联合国教科文组织国际教育规划研究所的参与和技术支持下，约旦教育部发布《教育部战略计划（2018—2022 年）》。该计划整合了约旦《国家人力资源开发战略（2016—2025 年）》《约旦 2025 年愿景》和联合国《2030 年可持续发展议程》的目标，分析了约旦在六个主要方面的内外环境的优劣势，并提出了相应的战略构想。

（一）学前教育发展

第一，扩大受教育机会。目前约旦学前教育入学率较低，人口稠密地

---

[1] 资料来源于联合国教科文组织网站。

区的幼儿园数量不足，私营企业和非政府机构对学前教育的参与和投资有限。因此，为扩大学前教育，教育部规定私营企业和非政府机构有义务参与提供学前教育资源，改善教学基础设施。

第二，学前教育质量。约旦学前教育机构在信息通信技术应用上表现不佳，教师素质和能力有待提高。因此，需要重新评估和确定学前教育课程的基本框架，实施新的质量检测和问责制度，提高学前教育质量。

（二）教育获得和公平

第一，基础设施方面。约旦的学校已经超负荷接纳学生，且有大量的难民学生需要安置和入学，但仍有很多学校建筑被出租，包括坡道在内的残疾学生所必需的设施不足。因此，该战略计划在未来五年内兴建 300 所学校，接纳约旦学生、难民学生和有特殊需求的学生，同时对 420 所学校进行改造，使其能够接纳残疾学生。此外，在公立学校内同时启动校园预防性维护计划，改善校园教学和生活环境。

第二，全纳教育或特殊教育。针对特殊群体，目前的教育体系缺乏教育诊断部门、必要的教育诊断措施和评估，以及专业的技术人员，缺乏针对特定病症（如自闭症）的专门课程，缺乏必要的交通服务，缺乏专门人员参与指导特殊儿童与学校的融合。同时，对叙利亚难民中的特殊儿童群体也缺乏必要的关注。因此，教育部计划建立直属的教育诊断中心，通过翻修校园、开展教师培训和配备专业治疗师，为特殊儿童提供专门的教育服务。计划提出，在 2021—2022 年将残疾学生的入学率从 2016—2017 年的 5% 提高到 20%。

第三，终身学习和非正式教育。目前约旦的辍学观象和童工现象很严重，政府也缺少对失学青少年的信息收集和管理。因此教育部将开展 5 个非正式教育计划：一是 15 岁及以上群体的成人教育及扫盲计划，到 2022 年，女性文盲率从目前的 9.5% 降至 7.4%，男性文盲率从目前的 3.4% 降至 2.6%；二是

13—18 岁男性和 13—20 岁女性的辍学应对计划，教育部和相关机构合作，在未来五年内每年招收 1 000 名辍学生（700 名男生和 300 名女生），使其重新入学；三是 9—12 岁群体的教育跟进计划，在未来五年每年为 1 500 名失学儿童（750 名男孩和 750 名女孩）提供教育机会；四是 12 岁及以上群体的家庭学习计划，基于之前的措施，在未来五年每年为 2 500 名校外学生（1 000 名男性和 1 500 名女性）提供家庭学习机会；五是夜校计划。

（三）制度强化

目前，约旦教育体系在管理和财务方面的集中性依然很高，体系内的人力资源分配、绩效评估和标准制定、办公自动化、性别平等各方面都有待改进。因此，教育部提出了三个方面的改进计划。

第一，机构绩效管理。进一步推动教育行政管理机构内部权力的下放，增强计划制定和应变能力，到 2022 年在各级别管理机构中完成数据导向型计划政策的监测评估功能的实施；改善系统内部性别不平等问题，到 2022 年将女性在教育部担任领导职务的比例从目前的 14% 提高至 25%。

第二，教育信息系统管理。目前，约旦教育体系内部的信息管理非常薄弱，缺乏对专业技术人员进行培训的能力，对电子系统和设备的开发和维护缺乏资金支持和足够的重视。因此，计划提出要配备所有必要的信息通信基础设施和相关技术、行政人员等，对系统数据进行必要的更新和维护，用于管理层决策。

第三，风险和危机管理。通过与各国和国际组织的合作，建立风险和危机管理制度。

（四）教育质量

第一，课程与评估。当前课程设置不合理，教材内容缺少学生在 21 世纪所需的生活技能、专业性和性别教育，成绩评估模式单一，无法全面衡量学生尤其是残疾学生的知识和技能表现。因此，计划提出对各阶段的学校课程进行审查和修订，纳入必需的地域和全球概念，如人权、社会发展、性别平等和可持续发展，同时开发一个针对不同教育阶段教育成果的检测评估系统。

第二，信息通信技术。约旦 21% 的学校没有提供互联网服务，有互联网的学校网络速度也很慢，校园的信息通信基础设施和教职工的信息通信能力都很薄弱。因此，主管部门提出加强和信息通信私营企业的合作，发展电子学习资源，对教职工开展技术培训，到 2022 年争取实现学校的互联网连通率和小学计算机配给率都达到 100%，所有教师都能掌握必要的信息通信技术。

第三，学校领导和社区参与。目前，约旦学校内部领导层的领导能力不足，决策过于注重基础设施和例行程序，而忽视了教职工教育能力和管理能力的提升和发展，一些优秀的教师被边缘化。因此，计划提出要扩展教育参与的范围，加强和私营企业的联系与合作，修订和完善必要的法律框架，扩大媒体宣传，通过各种方式鼓励社区和家长的集体参与。

第四，问责制。约旦教育部于 2015 年成立了教育质量和问责部门，这是约旦在教育改革方面迈出的重要一步。该部门的任务是确保教育利益相关方履行相应责任，并遵守已经制定的法律法规。新机构旨在提高教育理事会、学校校长和教师的能力，支持教育体系中问责制的发展，培养良性的问责制文化，使教育过程中的所有参与者都能明晰和更好地履行自己的职责。

第五，安全且有吸引力的校园环境。约旦当前的教育环境缺乏培养学生综合素质的活动，对学生的言行和心理发展缺乏必要的指导。因此计划提出，努力创建一个安全的有吸引力的校园环境，满足学生的健康、情感、社会、教育和学术需求，增加课外活动和课程，打击校园暴力和毒品交易。

（五）人力资源

第一，教师的选拔、录用和任职资格。当前约旦社会对教育的普遍认知是"工作"而不是"事业"，教育工作者的培训发展计划质量有待提高，男性教育工作者数量少。因此，教育部计划开设教师招聘办公室，改革教师选拔和任用机制，与拉尼娅王后教师培训学院合作，为教师提供系统的职前培训。

第二，各级领导层的选拔和培养。当前约旦教育系统领导层的选拔任用主要基于工作年限和资历，尚未形成基于个人表现和潜力的全面的评估和选拔体系。因此，教育部计划建立教育系统领导执业资格制度，为管理人才脱颖而出创造条件，形成学校领导来源的多样化和可持续发展。

第三，职业发展和教师资格。教育部计划建立一个处理教师专业评估和晋升发展的综合系统，全面评估教师职业表现，并以此为基础进行奖惩。

（六）职业教育

目前约旦的职业教育发展后劲不足，社会对职业教育的认知偏向负面，很少有优秀的学生自愿接受职业教育，职业教育的基础设施和教学质量不能满足社会需求。因此，教育部计划将十年级学生过渡至职业教育的比例从 11% 提升至 17%，建立 15 所新的职业学校，将参与职业教育的教师的培训率提升至 100%，与私营企业建立积极的合作关系，为职业教育的开展提供更多支持。

四、《约旦应对叙利亚危机计划》

自 2011 年叙利亚危机爆发以来，超过 500 万叙利亚难民流离失所，而约旦接收了其中的 130 万人，其中包括 65 万注册难民。目前，难民人口已占约旦人口的 14%。[1]

根据约旦宪法和《联合国儿童权利公约》，在约旦的儿童享有生存、教育、发展、受保护等权利。尽管约旦竭力保障在约叙利亚儿童的受教育权，但是叙利亚儿童和约旦儿童的受教育状况依然存在较大差距。

2014 年 9 月，约旦计划与国际合作部建立了"约旦叙利亚危机响应平台"（JRPSC），旨在借助国际力量帮助在约叙利亚难民，减轻叙利亚危机对约旦社会和经济的影响。通过该平台，约旦陆续推出数个应对叙利亚难民危机的计划。2020 年，JRPSC 在《约旦应对叙利亚危机计划》《全球难民契约》《2020 年可持续发展议程》等的基础上，提出了《约旦应对叙利亚危机计划（2020—2022 年）》。该计划对叙利亚难民在约旦的教育提出了指导意见和相关举措。

教育部通过开展补习教育、辍学教育计划和教育跟进计划，推动了大批失学儿童从非正规教育向正规教育的过渡。2017 年 9 月，约旦内政部宣布，未进行身份登记和无合法证件的叙利亚难民儿童也可以在约旦的公立学校接受教育。[2] 约旦政府还为叙利亚难民儿童专门开办了 98 所实行上下午轮流上课的新学校。[3] 关于叙利亚难民接受高等教育的问题，目前约旦政府已做出规定，允许大学接受内政部为难民开具的身份证明文件作为护照的替代文件进行注册等手续。

---

[1] 叙利亚危机近 10 年超 600 万人流离失所 [EB/OL]. (2020-12-16) [2021-01-25]. https://baijiahao.baidu.com/s?id=1686214991774807840&wfr=spider&for=pc.

[2] 余国庆，陈瑶. 困扰约旦的叙利亚难民问题 [J]. 阿拉伯世界研究，2019（5）：67.

[3] 资料来源于 REACH 倡议网站。

五、《国家人力资源开发战略（2016—2025年）》[1]

为加快推进知识型社会的构建，约旦决定实施更深层次的人力资源开发改革计划。2015年，约旦成立国家人力资源开发委员会，结合《约旦2025年愿景》和《国家就业战略（2011—2020年）》的相关内容，发布了《国家人力资源开发战略（2016—2025年）》。

该战略提出四大目标：到2025年，约旦所有儿童都能获得高质量的学前教育，为进入小学阶段做准备，为他们的健康生活与未来福祉奠定基础；所有儿童都能完成公平和优质的初等教育和中等教育，取得良好的学习成果和应对未来学习、工作的基本能力；拥有工作机会、创业相关技术和职业技能的青年和成年人数量大幅增加；获得可负担的、优质的、公平的高等教育的机会得到保障。

同时，根据世界其他国家在教育体系建设上取得的成就和经验，该战略提出约旦教育体系改革的四大原则和着力方向：在入学方面，所有学习者在教育的各个阶段都有公平地接受高质量教育和培训的机会；在质量方面，努力为所有学生提供世界一流的成果和体验；在问责制方面，人力资源体系的监管必须基于一套透明的规则，并为决策提供信息；在创新方面，人力资源体系必须采取新的思维方式和创新性的方法来完成人力资源开发。该战略涵盖学前教育、基础教育、职业教育、高等教育四大领域。主要内容如下。

第一，学前教育。战略提出，5年内将托儿所、KG1、KG2的入园率分别提高至10%、25%、80%；10年内，分别提高至20%、35%、100%。

第二，基础教育。该战略提出，5年内新建设300所学校接收12.5万名学生，10年内新建设600所学校接收25万名学生。同时，鼓励社会组织、

---

[1] 资料来源于约旦哈希姆王国高教与科研部网站。

社区、私营机构、学生家长与学校共同构建协同育人体系，特别是要突出父母在子女教育中的重要作用。例如，通过多种方式鼓励家长增加与子女共同阅读、共同参与教学和课外活动的时间。

第三，职业教育。与世界上大多数国家一样，约旦社会对技术职业教育的认知是偏负面的，课程质量不高，雇主和企业对教育培训的参与度也很低。对此，战略提出，5 年内将提供正式技术职业培训的机构比例提高至 20%，10 年内提高至 36%；技术职业教育毕业生在完成培训9 个月后的就业或自主创业比例 5 年内提高至基准线以上 10%，10 年内达到基准线以上 30%。

第四，高等教育。近年来，约旦高等学校的生源质量和教育质量都出现了下滑，高校的财政支持存在很大缺口，教育产出和劳动力市场需求之间有较大差距，科研工作没有给国家的知识经济带来明显的成效。因此，战略提出，改革高校招生政策，以学生的成绩和才能为依据，创造公平公正的录取条件，实行本科学位统一招生制度，十年内扭转生源质量。同时，充分利用国内外资源增加高校资金投入，根据社会需求和高等教育发展趋势改革课程体系，加强教师能力建设，使高校毕业生具备符合市场需求的职业发展能力，将 30 岁以下高校毕业生失业率 5 年内降至 16%，10 年内降至 14%。

第十一章 中约教育交流

自 1977 年 4 月 7 日中约两国正式建立外交关系以来，两国在政治、经济、军事、文化等领域的友好合作关系稳步发展。进入 21 世纪以来，随着中阿合作论坛的成立、中阿战略合作关系的确立，以及"一带一路"倡议的提出，中约关系进一步深化和拓展。2015 年，两国建立战略伙伴关系，标志双边关系迈上新的台阶。教育作为国际交流与合作的重要组成部分，近年来日益受到中约两国政府的重视，呈现出良好的发展势头。

第一节 教育交流历史

一、两国古代与近代的交流

历史上约旦先后被周边各大国所统治，埃及、巴比伦、波斯、希腊、罗马、阿拉伯帝国和奥斯曼帝国等都曾经统治过约旦这一地区。通过陆上丝绸之路、海上丝绸之路等路径，中国与这些国家有着较为密切的经贸合作和文化交流，而约旦作为这些国家的一部分也被融入与中国友好交往的历史进程。例如，西汉张骞通西域时期，约旦的佩特拉是纳巴特王国的首都，位于丝绸之路的交通要道上。纳巴特王国存在了数百年之久，佩特拉也因此成为联通东西方，运送丝绸、茶叶、瓷器、漆器、香料、宝石等商品的重要枢纽。公元 1 世纪后，随着西亚古商道的变迁，中国与约旦的直接经贸往来逐渐减少，直至中断。

1798 年，拿破仑以武力打开埃及大门，随后绝大多数阿拉伯国家陆续成为西方国家的殖民地。同一时期，中国也开始遭遇西方列强的入侵。在同样面临内忧外患的情况下，中国与包括约旦在内的阿拉伯世界的官方交往几乎处于停滞状态，但民间往来却呈现出较好的发展势头。1841 年冬由云南启程，前往麦加朝觐后回国的宗教人士马德新撰写了《朝觐途记》一书，记录了他两次前往麦加朝觐，游历沙特、埃及、土耳其、塞浦路斯和耶路撒冷等地的所见所闻。鸦片战争后，中国不断有宗教人士、旅行家、官员和学者前往阿拉伯国家，或是朝圣，或是旅行，或是考察。他们归来后多有著述，比较详细地介绍了阿拉伯国家的地理、风俗和国情。但总体而言，在古代和近代，中国与约旦的直接交流是很有限的。

二、中华人民共和国成立后两国的交流

中华人民共和国成立后，共同的历史遭遇和历史使命很快将中国与阿拉伯国家联结在一起。1954 年 9 月 23 日，周恩来总理在第一届全国人民代表大会第一次会议上表示愿意与中东国家开展关系。他指出，中国希望同中东、近东国家和非洲国家发展事务性的关系，以增加彼此的接触和了解，并创造建立正常关系的有利条件。1955 年 4 月 6 日至 10 日，亚洲国家会议在印度首都新德里召开，中国等 16 个亚洲国家出席，参加会议的阿拉伯国家有埃及、约旦、黎巴嫩和叙利亚。亚洲国家会议结束后，第一次亚非国家会议紧接着于 1955 年 4 月 18 日至 24 日在印度尼西亚的万隆举行。出席

万隆会议的 29 个亚非国家中，包括埃及和约旦等 9 个阿拉伯国家。周恩来总理率领中国代表团参会，并在大会发言中阐述了中国对阿拉伯国家关心的主要问题的立场。会议期间，周总理广泛接触出席会议的阿拉伯国家领导人，彼此进行深入交谈，增进了相互的了解。中国政府支持阿拉伯国家和人民正义斗争的立场深得埃及、叙利亚和约旦等国代表团的称赞和感谢。因此，1955 年 4 月的新德里亚洲国家会议和万隆亚非会议成为中国和约旦官方接触的开端。

但从亚非会议结束至 20 世纪 70 年代初，受政治制度和意识形态差异等因素的影响，中约两国关系发展并不顺利，没有取得实质性进展。1971 年中国重返联合国后，两国改善和发展双边关系的条件不断成熟。1977 年 3 月，约旦驻美大使萨拉赫在纽约会晤中国驻美联络处主任黄镇，双方代表各自政府表示了建立外交关系的愿望。随后，经过进一步谈判，中约两国于同年 4 月 7 日签署联合公报，宣布正式建立大使级外交关系。此后，两国在政治、经济、军事、文化等方面的关系稳步发展，友好往来不断增加。

在高层交往方面，两国高层领导人互访频繁。近年来，访问约旦的中方领导人有：全国政协副主席罗豪才（2007 年 6 月），中共中央政治局常委、全国政协主席贾庆林（2008 年 11 月），国务委员兼公安部部长孟建柱（2009 年 5 月），中共中央政治局常委贺国强（2009 年 6 月），外交部部长杨洁篪（2009 年 8 月），中国对外友好协会会长陈昊苏（2010 年 3 月），全国人大常委会副委员长韩启德（2012 年 2 月），中共中央政治局委员、全国政协副主席王刚（2012 年 5 月），中共中央政治局常委、全国政协主席俞正声（2014 年 11 月），国务委员王勇（2016 年 5 月），国务院副总理刘延东（2017 年 4 月），外交部部长王毅（2017 年 6 月），全国人大常委会副委员长向巴平措（2017 年 7 月），全国政协副主席陈晓光（2018 年 9 月）。访问中国的约旦领导人有：阿卜杜拉二世国王、拉尼娅王后（2007 年 10 月、2008 年 9 月、2013 年 9 月、2015 年 9 月），参议长米斯里（2011 年 6 月），外交与侨务大臣朱达（2013 年 12 月），参议长拉瓦比德（2015 年 5 月），公安总局局长阿提夫（2016 年 10 月），外交与侨务大臣萨法迪（2017 年 9 月，2018 年 7 月）。[1]

在经贸合作领域，两国互补性较强，贸易额不断增长。1979 年 5 月，中约两国正式签订贸易协定。2003 年，双边贸易额为 5.2 亿美元，2006 年突破 10 亿美元，2009 年超过 20 亿美元，2012 年达到 32.6 亿美元，2019 年达 36.2 亿美元（其中中方对约出口额为 31.9 亿美元，进口额为 4.3 亿美元）。中方对约主要出口机电产品、通信器材、纺织服装，从约旦主要进口钾肥。[2]

两国人文领域交流紧密。自 1979 年中约两国签署文化合作协定，迄今已签署 9 个年度文化合作执行计划。2004 年 12 月，中国旅游团队赴约旦旅游业务启动。2009 年 2 月，约旦对中国公民提供落地签证待遇。我国在约旦设有两所孔子学院，分别是安曼 TAG 孔子学院和费城大学孔子学院。2009 年，约旦大学开设中文本科班。2010 年，约旦派团来华参加阿拉伯艺术节、上海世博会、中阿经贸论坛开幕式文艺晚会。2011 年以来，中方连续 7 年参加约旦杰拉什艺术节。2013 年 5 月，中国国际广播电台约旦安曼 FM94.5 调频台正频率落地项目正式开播，24 小时播出阿拉伯语节目。[3]

2015 年 9 月，阿卜杜拉二世国王再次访华，两国元首就中约关系以及共同关心的国际和地区问题深入交换意见，达成广泛共识。双方签署《中

---

[1] 中华人民共和国外交部. 中国同约旦的关系 [EB/OL]. [2020-12-29]. https://www.fmprc.gov.cn/web/gjhdq_676201/gj_676203/yz_676205/1206_677268/sbgx_677272/.

[2] 中华人民共和国外交部. 中国同约旦的关系 [EB/OL]. [2020-12-29]. https://www.fmprc.gov.cn/web/gjhdq_676201/gj_676203/yz_676205/1206_677268/sbgx_677272/.

[3] 中华人民共和国外交部. 中国同约旦的关系 [EB/OL]. [2020-12-29]. https://www.fmprc.gov.cn/web/gjhdq_676201/gj_676203/yz_676205/1206_677268/sbgx_677272/.

华人民共和国和约旦哈希姆王国关于建立战略伙伴关系的联合声明》，决定建立中约战略伙伴关系，全面推进各领域合作，以更好地惠及两国人民。[1]

第二节　教育交流现状

一、从两国建交至 20 世纪末

1977 年，中约两国正式建交。1978 年，中国进入了改革开放的新时期，党和国家的工作重心转移到经济建设上来。与此同时，在地区局势趋于稳定、巴解组织撤出约旦后，约旦也开始集中精力发展经济，改善人民生活水平。中约两国作为发展中国家，面对着同样的历史任务，即大力发展经济，并为实现经济发展创造良好的地区和国际环境。在这一背景下，两国关注的合作重点主要在于加强政治互信、增强在地区和国际问题上的沟通与协调和实现经贸互利合作，而文化、教育等领域虽然也是两国关系的重要组成部分，但在两国总体外交格局中的地位和作用并不显著。

从两国签署的文化协定、文化合作执行计划中也可以看出这一特点。1979 年，两国签订了第一个文化合作协定，此后又陆续签订了一系列文化合作执行计划，如 1986 年签署的《1986—1988 年文化合作执行计划》、1989 年签署的《1989—1991 年文化合作执行计划》、1992 年签署的《1993—1995 年文化合作执行计划》、1996 年签署的《1996—1998 年文化科学合作执行计划》、1999 年签署的《2000—2002 年文化合作执行计划》、2003 年签署的《2003—2006 年文化合作执行计划》，等等。整体来看，20 世纪 70 年代

---

[1]　新华网 . 习近平会见约旦国王阿卜杜拉二世 [EB/OL]. (2015-09-09) [2021-04-12]. http://www.xinhuanet.com/politics/2015-09/09/c_1116513789.htm.

到 21 世纪初签署的文化协定和文化合作执行计划的内容都较为单薄。

1986—1988 年文化合作执行计划

一、文化和艺术

第一条　双方交换文化艺术方面的书籍和印刷品，互办文化书籍展览。

第二条　双方鼓励档案工作者互访，考察档案工作，交换档案出版物和具有历史价值的文献副本，具体事宜通过外交途径商定。

第三条　双方通过互派讲学者和专家，互换资料，互派文化机构工作人员访问，加强文化领域的合作。

第四条　双方鼓励互办造型艺术展览并互派艺术家访问。中方于 1987 年或 1988 年派 3—5 人艺术家考察团访问约旦。

第五条　双方鼓励互派剧团、乐团、演奏家和民间艺术团访问。其人数和访问细节，则通过外交途径商定。

二、高等教育

第六条　约方每年向中方提供 3 个奖学金名额，学生在约旦有关大学学习阿拉伯语，为期 4 年。中方将根据需要派遣大学生或进修生。约方向中国留学生提供住宿，免收学费、教材费、医疗费，并发给每人每月 35 第纳尔生活费（含伙食费和零用费）。

第七条　中方每年向约方提供 5 个奖学金名额。中方向约旦留学生提供住宿，免收学费、教材费和医疗费，并发给每人每月人民币 180 元（本科生）或 200 元（进修生）的生活费。中方另向约方提供 5 名自费生的名额。

第八条　双方互派一个 3—4 人的教育代表团进行 1—2 周的考察访问。具体事宜提前 3 个月通过外交途径商定。

第九条　双方鼓励并促进两国高等院校建立直接的校际联系。

三、新闻

第十条　双方鼓励广播、电视方面的合作，交换广播、电视节目和新闻素材。两国广播、电视机构互派代表团访问。中方于1986年接待约旦3—5人的新闻代表团访问两周。

第十一条　双方鼓励两国官方通讯社交换消息和新闻报道，为通讯社和报社记者提供必要的方便。双方促进佩特拉通讯社与新华通讯社之间签订一项双边合作协定。

四、体育

第十二条

（1）签约双方鼓励通过在两国间举行比赛和互派体育专业人员访问，发展体育关系；

（2）双方鼓励中华人民共和国派遣专业教练赴约旦任教，并举办训练班。体育专家和教练的经费，由两国有关方面就此细节签订双边协定；

（3）双方鼓励两国体育负责人互访，了解体育成就，并交流体育方面的经验。

以上各项需通过外交途径商定。

五、社会发展

第十三条　双方鼓励从事社会福利和本国社会发展工作的专家互访，双方于1987年互派5人左右的社会福利和发展工作者代表团访问2周，了解对方的成就、活动并交流经验。具体事宜通过外交途径商定。

六、卫生

第十四条　双方鼓励交流卫生、科学方面的经验，鼓励卫生事务专职人员互访，了解卫生领域的制度和方法，并进行培训。

七、其他规定

第十五条　派遣方至少提前2个月，通过外交途径将代表团的访问日期、目的和人数通知接待方。

第十六条　双方可通过外交途径直接联系，提出增加本计划未列入的其他合作项目。

第十七条　本计划交流项目的国际旅费由派遣国负担；接待国负担国内的接待费用。

第十八条　本计划自签字之日起生效。[1]

从计划的文本来看，中约教育交流与合作的内容比较单薄，只涉及三方面内容：一是互换留学生，二是教育代表团互访，三是更加宽泛地鼓励各自教育机构开展直接联系。而且，双方互换留学生和互访教育代表团的范围和规模都很有限，约方向中方提供的奖学金名额只有 3 个，中方向约方提供的奖学金名额只有 5 个，互访的团组也限定在每年 3—4 人的规模上。这种交流规模和水平到 20 世纪 90 年代也没有发生质的变化。例如，在中约《1993—1995 年文化合作执行计划》中，关于教育合作的安排基本延续了此前执行计划的内容。

1993—1995 年文化合作执行计划（部分）

二、教育与高等教育

第十一条　约方每年向中方提供 5 个奖学金名额。中方根据需要派本科生、进修生和研究生。约方向中国留学生提供住宿，免收学费、教材费和医疗费，每月按约旦规定标准发给生活费。

第十二条　中方每年向约方提供 5 个奖学金名额。选派学生类别及所学专业由双方协商确定。中方向约旦留学生提供住宿，免收学费、教材费和医疗费，每月按中国规定标准发给生活费。

第十三条　在本计划有效期间，双方鼓励派由 3—4 人组成的教育代表团互访，为期 1—2 周，考察和交流经验。

第十四条　双方根据对方的要求，鼓励互换教育用品、教育方面的英

---

[1] 中华人民共和国条约数据库. 中华人民共和国政府和约旦哈希姆王国政府文化协定一九八六、一九八七、一九八八年执行计划 [DB/OL]. (1986-03-13)[2020-12-29]. http://treaty.mfa.gov.cn/tykfiles/20180718/1531876600426.pdf.

文出版物和资料。

第十五条　双方鼓励两国大学建立直接校际联系，互换资料、学术研究计划和出版物，鼓励两国专家、学者和研究人员相互讲学和进行学术交流，并执行中约大学间签订的合作协议。[1]

可以看出，从 20 世纪 70 年代末到 90 年代，中约两国在教育领域的交流与合作虽然有所发展，例如两国高校签订合作协议、直接的校际交流开始启动，但与同时期中国与西方国家、周边国家，以及埃及等阿拉伯国家的教育合作相比，中约两国教育合作的内容较为单一，主要是互换留学生，且数量有限。交流的主体主要是两国政府，高校和民间主体的参与还相对较少。

这一特点直到世纪之交仍表现明显。例如，1999 年 12 月，阿卜杜拉二世国王登基不久便访问中国，两国领导人讨论的重点是：第一，站在跨世纪的历史高度，以战略眼光看待发展中约关系的重要性；第二，加强高层往来，保持两国领导人之间的联系，同时推动各个层次的交往，以增进了解，扩大合作；第三，加强两国经贸部门及企业家之间的联系与交流，探讨和建立多形式、多渠道的经贸合作关系；第四，约旦是中东地区有影响的国家，中国是安理会常任理事国，都是发展中国家，两国应在国际事务中加强磋商与协调，共同努力，维护发展中国家权益，推动建立公正、合理的国际政治、经济新秩序。[2] 两国领导人在会见后签署了《中华人民共和国和约旦哈希姆王国联合公报》《中华人民共和国政府和约旦哈希姆王国政府经济技术合作协定》《中华人民共和国政府和约旦哈希姆王国政府经济贸易混合委员会第四次会议纪要》等文件。但无论是在会谈中，还是在签署

---

[1] 中华人民共和国条约数据库. 中华人民共和国政府和约旦哈希姆王国政府文化合作一九九三至一九九五年执行计划 [DB/OL]. (1992-11-26)[2020-12-29]. http://treaty.mfa.gov.cn/tykfiles/20180718/1531876667713.pdf.

[2] 人民网. 江泽民同约旦国王举行会谈 对发展中约两国关系提出四点框架设想 [EB/OL]. (1999-12-07)[2020-12-29]. http://www.people.com.cn/item/ldhd/Jiangzm/1999/huijian/a119.html.

的文件中，教育合作的内容都涉及较少。在《中华人民共和国和约旦哈希姆王国联合公报》中，双方对共同关心的国际和地区局势论述较多，对经贸合作做了较为具体的安排，但在文化教育领域只提到"两国将继续推动在文化、艺术、卫生等各领域的交流与合作"[1]，而文化合作执行计划也基本延续了以往协议的内容。

当然，这一情况与两国在教育领域的合作互补性相对较弱也有较大关系。中约建交后，即从20世纪70年代末起，中约两国的教育事业，特别是高等教育也都进入了快速发展阶段，教育对外开放的步伐逐渐加快。但在很长一段时间内，中国对外教育交流与合作的重点是美、欧、日等国家，主要目的在于向发达国家学习先进的科学技术和管理经验，推动国内的经济建设和改革开放。同时，约旦对外教育交流与合作的重点则是欧美国家和阿拉伯国家，其中欧美国家是其派遣留学生的主要目的地，阿拉伯国家则是其吸引留学生的主要生源地和本国人力资本输出的主要合作伙伴。中约两国这一时期在教育方面的相互需求相对较低，导致两国教育合作的内容较为单一，规模也较小。

二、21 世纪以来的中约教育交流

进入21世纪后，中阿双方在各个领域的友好合作关系稳步发展，合作水平也不断提高。中阿合作论坛的成立、"一带一路"倡议的提出为中国与包括约旦在内的阿拉伯国家充分发掘合作潜力提供了重要的平台和机制保障。

---

[1] 中华人民共和国外交部. 中华人民共和国和约旦哈希姆王国联合公报 [EB/OL]. (2000-11-07)[2020-12-29]. https://www.fmprc.gov.cn/web/gjhdq_676201/gj_676203/yz_676205/1206_677268/1207_677280/t6475.shtml.

（一）中阿合作论坛为中约教育交流提供合作平台

自 2000 年起，阿拉伯国家联盟（以下简称阿盟）外长理事会多次通过关于发展同中国关系的决议。2000 年 3 月，阿盟外长理事会通过决议，提出成立中阿合作论坛的建议，对此中方给予高度重视。2001 年 12 月，唐家璇外长访问阿盟总部时，阿姆鲁·穆萨秘书长向他递交了建立中阿合作论坛的草案。中方对阿方给予了积极回应，并在阿方草案的基础上，拟订了《中国–阿拉伯国家合作论坛宣言》《中国–阿拉伯国家合作论坛行动计划》两个文件草案，并于 2003 年 8 月递交阿盟秘书处。2004 年 1 月 30 日，中国国家主席胡锦涛访问了设在埃及开罗的阿盟总部，会见了阿盟秘书长穆萨和 22 个阿盟成员国代表，提出建立中阿新型伙伴关系的四项原则，即：以相互尊重为基础，增进政治关系；以共同发展为目标，密切经贸往来；以相互借鉴为内容，扩大文化交流；以维护世界和平、促进共同发展为宗旨，加强在国际事务中的合作。会见结束后，李肇星外长与穆萨秘书长共同宣布成立"中国–阿拉伯国家合作论坛"，并发表《关于成立"中国–阿拉伯国家合作论坛"的公报》。中阿合作论坛的成立为中国与包括约旦在内的阿拉伯国家在平等互利基础上进行对话与合作提供了一个新的平台，使中阿关系的内涵进一步丰富，巩固和拓展了双方在政治、经贸、科技、文化、教育、卫生等诸多领域的互利合作，全面提升了合作水平。

中国与阿拉伯国家通过中阿合作论坛这一集体合作机制，对教育合作进行了明确的规划。例如，2004 年 9 月发布的《中国–阿拉伯国家合作论坛行动计划》将人力资源开发与教育领域放在一个部分，提出："培养人才并提高人力资源素质以实现可持续发展，双方在人力资源开发和教育方面有着很大的互补性。""采取以下切实举措，提高合作成效：第一，增加阿拉伯各方面人才参加每年在中国举办的各领域培训班的机会；第二，中国继续为阿拉伯国家政府官员举办培训班；第三，双方扩大彼此高等院校间的联系渠道，加强在研究领域的交流合作；第四，双方继续互派留学生，并在原互换奖学金名额的基础上设立新的奖学金项目。"行动计划还提出，"积极推动中国的阿拉伯语教学和阿拉伯国家的汉语教学，并在师资、教材和教学设备等方面互相提供支持。支持两种语言互译工作，并向该领域的现有专门机构提供帮助。"[1]

2006 年 6 月发布的《中国–阿拉伯国家合作论坛 2006—2008 年行动执行计划》将人力资源开发合作与教育合作分开，对教育领域单独做出规划，提出"双方将继续致力于扩大教育领域合作，积极促进双方的高等院校建立校际联系，开展教学与科研合作，努力为对方增加留学生和奖学金名额，积极促进中国的阿拉伯语教学和阿拉伯国家的汉语教学。中国教育部与阿拉伯教科文组织将积极探讨建立正式联系并开展交流与合作，中国外交部和阿盟秘书处将提供便利"。[2]

2008 年 5 月发布的《中国–阿拉伯国家合作论坛 2008—2010 年行动执行计划》进一步丰富了教育合作的内容，提出"双方愿充分利用各自的教育经验和资源，加强教育交流和合作，鼓励中阿教育机构，特别是高等院校建立联系，开展联合科研，促进人员往来和学术交流，协商举办中阿大学校长论坛，并逐渐形成机制；积极落实已签订的教育合作协议，逐步增加政府奖学金名额，扩大研究生比例，拓展专业领域；大力推广中国的阿拉伯语教学和阿拉伯国家的汉语教学，增加双方汉语和阿语教学中心和院校的数量"。[3] 这一执行计划的特点之一是从机制上对中阿教育交流做出了规划，特别是举办大学校长论坛的倡议为此后中阿高等教育合作提质升级

---

[1] 中阿合作论坛网站. 中国–阿拉伯国家合作论坛行动计划 [EB/OL]. (2004-09-14)[2020-12-29]. http://www.chinaarabcf.org/chn/lthyjwx/bzjhywj/dijbzjhy/t866307.htm.

[2] 中阿合作论坛网站. 中国–阿拉伯国家合作论坛 2006 年至 2008 年行动执行计划 [EB/OL]. (2006-06-01)[2020-12-29]. http://www.chinaarabcf.org/chn/lthyjwx/bzjhywj/derjbzjhy/t866311.htm.

[3] 中阿合作论坛网站. 中国–阿拉伯国家合作论坛 2008 年至 2010 年行动执行计划 [EB/OL]. (2008-05-21)[2020-12-29]. http://www.chinaarabcf.org/chn/lthyjwx/bzjhywj/dsjbzjhy/t866316.htm.

做了准备。

2010 年 5 月 13—14 日，中国-阿拉伯国家合作论坛第四届部长级会议在天津举行。与会代表回顾了半个多世纪以来中阿关系的发展进程，特别是中国-阿拉伯国家合作论坛成立 6 年来的建设成就，对中阿合作取得的丰硕成果表示满意，并决定进一步发挥中阿合作论坛的作用，在论坛框架内建立全面合作、共同发展的中阿战略合作关系。《中国-阿拉伯国家合作论坛关于中阿双方建立战略合作关系的天津宣言》和《中国-阿拉伯国家合作论坛第四届部长级会议公报》都对加强中阿双方在教育、科研、学术交流等领域的合作做出了部署。同期签署的《中国-阿拉伯国家合作论坛 2010—2012 年行动执行计划》对中阿教育交流做出了具体安排，内容较以往有明显增加。"双方积极评价 2008 年 11 月在中国扬州召开的'中阿（10+1）高教合作研讨会'和 2009 年 11 月在苏丹喀土穆召开的首届中阿高教与科研合作研讨会取得的成果，并强调继续完善中阿轮流举办高教与科研合作研讨会机制，充分利用各自的教育经验和资源，加强教育交流与合作，鼓励中阿教育机构，特别是高等院校建立联系，开展联合科研，促进人员往来和学术交流；积极落实已签订的教育合作协定，逐步增加政府奖学金名额，扩大研究生比例，扩展专业领域；大力推广中国的阿拉伯语教学和阿拉伯国家的汉语教学，增加双方汉语和阿语教学中心和院校的数量；加强在技术院校和职业培训中心领域的合作与经验交流，鼓励双方该领域官员互访，支持职业技术教育领域的前沿计划和项目"。[1] 可以看出，中阿教育领域的合作开始走深、走实，机制建设更加成熟，研讨更加深入，语言教学是双方投入的重点，职业教育成为新的合作增长点。

值得强调的是，中阿大学校长论坛的建立成为中国与阿拉伯国家教育

---

[1] 中阿合作论坛网站. 中国-阿拉伯国合作论坛 2010 年至 2012 年行动执行计划 [EB/OL]. (2010-05-13) [2020-12-29]. http://www.chinaarabcf.org/chn/lthyjwx/bzjhywj/dsijbzjhy/t866532.htm.

合作向机制化、规模化发展的重要里程碑。2011 年，首届中阿大学校长论坛在宁夏举办。论坛上，中阿双方教育主管部门和高等教育机构的代表深入交流，共同谋划未来的合作。时任中国教育部副部长郝平对拓展中阿教育交流的深度和广度提出建议和设想："一是进一步完善平等、互利、共赢的中阿高等教育合作机制，拓展中阿大学校长论坛等合作平台，加强双方教育高层对话，共同研究和推动中国与阿拉伯国家教育的战略性合作；二是进一步扩大双方互派留学生规模，争取到 2020 年中国和阿拉伯国家互派留学生人数比 2010 年翻一番；三是进一步推进双方高校间的学分转移和互认，鼓励中国与阿拉伯国家大学建立全面、务实的教育合作关系；四是进一步拓展中阿语言合作空间，促进在阿拉伯国家大学设立孔子学院、孔子课堂，推动中国阿拉伯语系、专业的教学科研合作，培养更多具有国际视野、精通对方语言的急需人才；五是进一步促进双方学术交流，鼓励中国与阿拉伯国家学者在彼此语言、文化、历史、教育等领域开展研究，切实推动中国和阿拉伯各国之间的人文交流。"[1]郝平副部长代表教育部既提出了具有宏观指导意义的建议，也提出了具体的发展目标和数据，对中阿教育领域务实合作起到了积极的推动作用，得到包括约旦代表在内的各国与会代表的热烈响应。

在 2013 年 9 月召开的第二届中阿大学校长论坛上，来自包括约旦在内的 15 个阿拉伯国家的 27 所大学校长及中方 36 所大学校长，就进一步推进中阿高等教育的全面合作和共同发展进行深入对话和协商。中阿双方大学签署了 130 多份合作交流协议，内容涉及校际互访、学术交流、互派留学生、学分互认等多方面，实现了较大突破。时任中国教育部副部长杜占元在致辞中肯定了中阿大学校长论坛为中阿双方在新的时代环境下开展更大规模、更高层次的合作提供了良好基础，并对进一步拓展中阿国家教育交

---

[1] 央视网. 中阿大学校长论坛在银川召开 [EB/OL]. (2011-09-21)[2020-12-30]. http://news.cntv.cn/20110921/111620.shtml.

流的深度和广度提出了四点建议和设想：一是进一步加强中阿高教合作平台建设，中国教育部将继续搭建和完善中阿多边和双边教育交流平台，宁夏将设立中阿大学校长论坛中方秘书处，促进中阿教育合作；二是继续促进中阿双向学生流动，2012—2014 年，向阿拉伯国家提供 4 500 个中国政府奖学金名额，并进一步扩大向阿拉伯国家派出留学生的规模；三是大力推动双方在应用技术人才培养方面的合作，结合当前中阿经济建设需求建立合作项目，培养更多具有市场竞争力的人才；四是进一步促进双方在人文科学和自然科学等领域的合作，鼓励中阿高校利用各自学科优势，积极开展自然科学领域的研究合作，取长补短，共同提高科研水平。[1] 对比两届论坛的成果可以发现，中阿双方高等教育主管部门和高校日益重视教育交流与合作，提出的合作建议和计划更加具体和有针对性，内容也更加丰富和多元，相比 20 世纪 70 年代到 90 年代有了质的提升。

中阿合作论坛各项交流机制的建立增进了中国与包括约旦在内的阿拉伯国家在教育领域的相互了解，激发了双方的合作意愿和动力。得益于执行计划对教育交流的具体安排，在中约双方的共同努力下，中约教育交流突破了原有单一的"互派留学生＋团组互访"的合作范式，内容日渐丰富，特别是在推广汉语教学方面取得了标志性成果。实际上，相比埃及等阿拉伯国家，约旦的汉语教学起步较晚，2004 年才在约旦大学开设了汉语选修课程，初始阶段选修人数不足 10 人，只有 1 名国家公派汉语教师在约旦大学授课。但在中阿关系全面升温的影响下，以及约旦王室和政府的大力推动下，约旦逐渐兴起了汉语热和中国文化热。2009 年，约旦迎来汉语教学的重要分水岭。2009 年 4 月 1 日，安曼 TAG 孔子学院正式成立，这是中国在约旦建立的第一所孔子学院。同年，约旦大学外语学院正式开设四年制汉语专业，约旦军队语言学院汉语班成立。短短两年后，约

---

[1] 中华人民共和国教育部. 第二届中阿大学校长论坛在银川举行 [EB/OL]. (2013-09-13)[2020-12-30]. http://old.moe.gov.cn//publicfiles/business/htmlfiles/moe/moe_1485/201309/157400.html.

旦大学汉语专业的招生规模就超过 130 人，成为该校继英语专业之后的第二大外语专业。2011 年，费城大学孔子学院成立，中方合作院校为聊城大学，这是约旦的第二所孔子学院。两家孔子学院通过开办商务汉语等特色课程和华侨班等举措，吸引了大量约旦青年学生和各界人士前往学习。孔子学院在伊斯兰教育学院、马什拉克国际学校开设的孔子课堂，每年学生人数都超过 1 000 人，其中，伊斯兰教育学院更是将汉语作为第二外语开展教学。

两个孔子学院和多个汉语专业的设立使得约旦成为当时孔子学院和汉语教学发展最快的阿拉伯国家之一，这在很大程度上印证并推动了约旦的中国热，也促进了中约各领域友好合作关系的发展。

（二）"一带一路"倡议为中约教育交流注入新动力

2013 年 9 月和 10 月，中国国家主席习近平提出"一带一路"倡议。"一带一路"倡议依靠中国与有关国家既有的双多边机制，借助既有的、行之有效的区域合作平台，高举和平发展的旗帜，积极发展与沿线国家的经济合作伙伴关系，共同打造政治互信、经济融合、文化包容的利益共同体、命运共同体和责任共同体。这一倡议得到了阿拉伯国家的热烈响应和积极参与，为中阿各领域合作注入了新的强大动力，合作的内涵、路径得到了进一步丰富。从倡议提出后中国与阿拉伯国家签署的多个联合公报和执行计划中能够明显地看出中阿教育合作良好的发展态势。

2014 年 6 月签署的《中国–阿拉伯国家合作论坛 2014—2016 年行动执行计划》的文本中涉及教育合作的内容有较大增加。在能源合作部分强调"组织培训班，举办投资方面的研讨会和研修班，开展经验交流，在可再生能源相关项目中进行技术转让；加强在研究、规划方面的合作，以落实可再生能源（风能、太阳能）领域的重大项目"。在环境保护部分提出，"在水生产、处理、运输及上述领域的相关现代技术等方面加强合作，在发展海水淡化领域进行合作研究"。在防治荒漠化合作部分提出，欢迎在摩洛哥建立中阿荒漠化防治中心的建议；2016 年在苏丹举办由双方专业人士参加的沙漠化防治和干旱治理研讨会。在人力资源开发合作部分提出，"继续加强人力资源开发合作，通过交流经验、在具有附加值的领域进行能力建设，加强对阿方人才的培训。阿方感谢中方举办阿拉伯人才培训班，请求中方根据阿方需要，与阿拉伯国家、阿盟秘书处相关部门协调，在 2015—2017 年继续在双方商定领域为阿方培训 6 000 名人才"。在文化合作部分提出，"中方每年有计划地邀请阿拉伯各国文化艺术管理人员和专业人员参加在中国举办的阿拉伯文化人力资源研修班；呼吁举办关于中阿文化交融与影响及双方文化艺术交流前景的学术研讨会"。在文明对话部分，"双方强调文明对话的重要性，赞赏 2013 年 6 月在中国新疆召开的第五届中阿关系暨中阿文明对话研讨会所取得的成果，欢迎 2015 年在卡塔尔举行第六届中阿关系暨中阿文明对话研讨会"。在科技合作部分提出，"加强中阿政府科技部门、科研机构、大专院校、科技型企业之间的相互了解和交流，鼓励双方在共同感兴趣的领域开展多种形式的科技合作；在共同感兴趣的战略领域共建联合实验室和研究中心以支持长期合作；积极建立中国-阿拉伯国家技术转移中心，构建覆盖中阿各国的一体化技术转移协作网络，根据双方技术需求，通过培养专业技术人才，安排科技专家互访，组织多种形式的对接交流活动，开展技术示范与培训等，促进先进实用技术的转移与推广；实施中阿青年科学人才交流计划，组织中阿青年科学人才互访，资助中阿青年科学人才到对方国家开展有规定期限的合作研究，邀请阿拉伯国家技术人员参加中国科技部举办的针对发展中国家的技术培训班；加快中国和阿拉伯国家双边政府间科技合作机制的建设，推动该领域合作"。[1]

---

[1] 中阿合作论坛网站. 中国-阿拉伯国家合作论坛 2014 年至 2016 年行动执行计划 [EB/OL]. (2014-06-10) [2020-12-29]. http://www.chinaarabcf.org/chn/lthyjwx/bzjhywj/diliujiebuzhangjihuiyi/t1163770.htm.

2015 年 3 月 28 日，中国国家发展改革委、外交部、商务部联合发布了《推动共建丝绸之路经济带和 21 世纪海上丝绸之路的愿景与行动》。文件指出，中国与"一带一路"沿线国家要广泛开展文化交流、学术往来、人才交流合作，扩大相互间留学生规模，开展合作办学，中国每年向沿线国家提供 1 万个政府奖学金名额，深化沿线国家间人才交流合作。教育交流与合作在中华民族伟大复兴的过程中具有极其重要的作用，该文件为中国教育开放提供了坚实有力的保障。[1] 阿拉伯国家作为我国推进"一带一路"建设重要和天然的合作伙伴，无疑在教育交流与合作方面也有着广阔的发展潜力。而约旦作为阿拉伯国家的教育高地，在中阿教育交流与合作格局中的地位也逐渐凸显，并在"一带一路"倡议的推动下取得了明显的进展和标志性成果。

在互派留学生方面，中约两国签署的《2015—2018 年文化合作协定执行计划》较大幅度地增加了奖学金名额，约方每年向中方提供 10 个学习阿拉伯语专业的奖学金名额，为中方学生提供住宿，免除学费、基础教材费和医疗费，并提供一定的奖学金；中方每年向约方提供 10 个中国政府奖学金名额用于接收研究生，其专业通过外交途径确定，奖学金内容包括注册费、学费、实验费、实习费、基础材料费、校内住宿费等。此外，该计划对护理学、语言教学、教育体制改革、数字化教学改革、职业教育发展、教育活动开展等各类合作领域也做出了明确安排，双边教育交流与合作的框架得到了进一步明确。[2] 在实际操作层面，中方通过多种渠道提供给约旦的奖学金名额在逐年增加。2019 年，有 84 名约旦青年获得中国政府提供的奖学金，赴中国接受学历学位教育，其中 25 名为政府官员和企业管理人员，参加中国对外援助框架下学历学位培训项目，59 名为约旦学生，参加中约两国政府文

---

[1] 中华人民共和国商务部综合司 .《推动共建丝绸之路经济带和 21 世纪海上丝绸之路的愿景与行动》发布 [EB/OL]. (2015-03-30)[2020-08-11]. http://zhs.mofcom.gov.cn/article/xxfb/201503/20150300926644.shtml.

[2] 中华人民共和国条约数据库 . 中华人民共和国政府和约旦哈希姆王国政府文化协定 2015 年至 2018 年执行计划 [DB/OL]. (2014-09-10)[2020-08-13]. http://treaty.mfa.gov.cn/tykfiles/20180718/1531877025029.pdf.

化合作框架下中方提供的奖学金项目，分别攻读博士、硕士和本科学位。[1]

联合办学方面，在中约两国领导人的推动下，双方积极开展以中约大学为代表的合作办学项目。2015 年 1 月，中国地质大学（武汉）校长王焰新率领学校代表团访问约旦，并与约旦高教与科研部签署《推进中约大学建设合作意向书》。双方一致认为，建立中约大学不仅是约旦政府和人民的需求，也是中国实施"一带一路"倡议的重要组成部分。此外，代表团一行访问了位于安曼近郊的约旦德国大学，了解了该大学的建设历史与发展现状，学习并借鉴德国与约旦合作办学的有益经验。[2] 2015 年 5 月，中国首个约旦研究中心在中国地质大学（武汉）成立，着重对约旦国内政治、经济、高等教育、宗教文化、地质环境以及中约关系开展研究。[3] 研究中心不仅致力于加强中约两国的双边教育交流与合作，更为中约政府间合作提供了较为完善的战略咨询平台，推动了中约合作专业化、学术化的深层发展。2015 年 10 月，中国地质大学（武汉）丝绸之路学院正式挂牌，为即将成立的中约大学奠定了组织基础。2017 年，中约大学首批招收的约旦籍本科生进入预科学习阶段。[4] 此外，中约大学中国校区已落户武汉光谷，校区建设正在有序推进，建成后国际学生规模将超过 2 000 人。

在高校交流层面，中约两国各级教育部门积极开展互访并签署多个合作计划，双方愿通过教育交流借鉴办学经验、促进共同发展。2012 年，江西中医药大学与约旦开始开展教育交流。2013 年，约旦高教与科研部代表团访问江西中医药大学，与该校洽谈建立孔子学院等事宜，希望通过孔

[1] 中华人民共和国驻约旦哈希姆王国大使馆. 中国使馆为获得 2019 年中国政府奖学金的约旦学员送行 [EB/OL]. (2019-09-09)[2020-08-14]. http://jo.chineseembassy.org/chn/zygxyw/t1695680.htm.

[2] 中国地质大学. 我校与约旦高等教育与科学研究部签署"推进'中约大学'建设合作意向书"[EB/OL]. (2015-01-25)[2020-08-13]. http://www.cug.edu.cn/info/10506/86778.htm.

[3] 新华网. 我国首个约旦研究中心揭牌 [EB/OL]. (2015-05-25)[2020-08-11]. http://www.xinhuanet.com/politics/2015/05/25/c_127836409.htm.

[4] 光明日报. 中国地质大学（武汉）：为"一带一路"沿线国家培养人才 [EB/OL]. (2018-07-04)[2020-12-09]. https://news.gmw.cn/2018-07/04/content_29653507.htm.

子学院推广中医药文化与汉语教育，并希望江西中医药大学招收更多约旦留学生，中国师生到约旦留学、进修，以进一步推动约旦教育文化事业的发展。[1] 2013 年，约旦高教与科研部代表团到访北京语言大学，了解该校与约旦高校在互换学生、文化交流方面的历史与现状，以及对外汉语专业、阿拉伯研究中心的各项工作。代表团在访问中表达了约旦高校愿与北京语言大学在互换奖学金、汉语和阿拉伯语教学等方面加强合作的良好愿望。[2] 2014 年，费城大学代表团访问聊城大学，与其签署教育合作协议并建立校际合作关系。按照协议，聊城大学和费城大学将在学生交换、教师交流、科研合作、双边或国际学术会议、出版物交换以及合作办学等方面开展全方位合作。[3] 2016 年，中国驻约旦大使馆文化处邀请雅尔穆克大学副校长扎耶德·萨阿德一行 4 人，访问费城大学孔子学院和约旦大学汉语角，以进一步交流汉语教学经验，推动雅尔穆克大学汉语教学工作，为其与中国贵州大学合作申请在伊尔比德市开设约旦第三家孔子学院做准备。[4] 2016 年 7 月，北京大学学生国际交流协会创办的中阿跨文化交流之路项目成员赴约旦进行考察实践。该项目团队重点关注约旦儿童和叙利亚难民儿童的教育问题，与相关负责人一起前往难民小学和难民区，与当地儿童和教师交流并发放物资。此外，项目成员还参访了约旦大学，与该校汉语系教授、中国留学生和约旦本地学生进行交流。[5] 2016 年 11 月，约旦教育投资代表团访问北京和苑博物馆，与中国世界和平基金会主席李若弘先生进行了亲切

[1] 江西中医药大学. 约旦教育部一行来校考察 谢茹副省长会见 [EB/OL]. (2013-04-12)[2020-08-11]. https://www.jxutcm.edu.cn/info/1010/5705.htm.

[2] 北京语言大学新闻网. 约旦高教部代表团到访我校 [EB/OL]. (2013-04-10)[2020-08-13]. http://news.blcu.edu.cn/info/1011/6373.htm.

[3] 聊大新闻网. 我校与约旦费城大学签署教育合作协议 [EB/OL]. (2014-05-07)[2020-08-15]. http://news.lcu.edu.cn/xwkb/130312.html.

[4] 中华人民共和国驻约旦哈希姆王国大使馆. 驻约旦使馆积极推动与约开展教育领域合作 [EB/OL]. (2016-12-07)[2020-08-13]. http://jo.chineseembassy.org/chn/dsxxs/t1422110.htm.

[5] 北京大学国际合作部. 中阿跨文化交流之路（CAMEL）暑期约旦以色列考察实践 [EB/OL]. (2016-08-02)[2020-08-23]. http://www.oir.pku.edu.cn/info/1035/2489.htm.

友好的交流。约旦代表团介绍了其在国际教育及联合办学领域的一些重点投资项目，希望能与中国世界和平基金会和北京国际和平文化基金会一道，建立覆盖更多地理区域和教育模式的合作机制。[1] 2017 年，约旦国际事务协会代表团访问北京大学，双方就师生互访、办学经验等进行了深入讨论。[2] 2018 年，沈阳师范大学代表团应邀访问约旦，参观访问了两所孔子学院、约旦大学和约旦剑桥学校，与驻外中方院长和教师进行了座谈。各方就数字图书馆、阿拉伯语教学中心、阿拉伯语考试中心、派遣留学生来华等合作项目展开深入探讨，并希望推动沈阳师范大学本科、硕士学位尽快取得约旦教育部认证。[3] 2019 年，北京外国语大学代表团应邀访问约旦，与约旦高教与科研大臣穆希丁、约旦大学校长阿卜杜勒·卡里姆等人举行会谈，积极推进中约双方的教育合作。[4]

在教育捐赠层面，中国支持公益事业的发展，政府部门和民间组织均在教育公益领域有所投入。2010 年 6 月，中国政府向约旦军队语言学院捐赠汉语语音实验室和多媒体教学设备 [5]。2017 年 11 月，中国政府向世界伊斯兰科学大学捐赠电脑等办公教学物资，资助叙利亚难民学生继续接受高等教育 [6]。2018 年 10 月，中国驻约旦大使馆向约旦教育部捐赠中国制造的平板电脑，用于配发给约旦全国 12 所阿卜杜拉二世国王卓越学校，以提升其

[1] 中国世界和平基金会. 约旦教育投资代表团访问和苑 [EB/OL]. (2016-11-18)[2020-08-23]. http://www.cwpf.org.cn/cn/a/41/1587.html.

[2] 北京大学国际合作部. 约旦国际事务协会代表团来访 [EB/OL]. (2017-03-21)[2020-08-15]. http://www.oir.pku.edu.cn/info/1035/2296.htm.

[3] 沈阳师范大学. 党委书记贾玉明率团参加约旦、黎巴嫩孔子学院理事会 [EB/OL]. (2018-10-05)[2020-08-13]. http://www.synu.edu.cn/2018/1005/c624a15214/page.htm.

[4] 北外新闻网. 王定华书记率团访问阿联酋、沙特、约旦 [EB/OL]. (2019-12-26)[2020-08-13]. https://news.bfsu.edu.cn/archives/279794.

[5] 中国新闻网. 中国政府向约旦军队语言学院捐赠汉语教学设备 [EB/OL]. (2010-06-24)[2020-08-14]. http://www.chinanews.com/hwjy/news/2010/06-24/2360960.shtml.

[6] 央视网. 中国向约旦大学捐赠物资 打造中约"一带一路"合作典范 [EB/OL]. (2017-11-19)[2020-08-14]. http://news.cctv.com/2017/11/19/ARTIh4OwIb27caHWFrZHfMmi171119.shtml.

电子化教学水平。[1]

在汉语教学和中国文化推广方面，约旦大学、约旦军队语言学院、费城大学中文专业的招生规模不断扩大，目前仅约旦大学中文系就有超过 300 名本科生。安曼 TAG 孔子学院和费城大学孔子学院也呈现出良好的发展势头，两家孔子学院已举办 300 多场各类文化活动，参与人数超过 30 000 人。其中由中国驻约旦大使馆主办、孔子学院协办的"长城—佩特拉杯"中文比赛和"汉语桥"世界大学生和中学生中文比赛约旦赛区预赛已经产生了广泛的影响力和品牌效应，引发了约旦中文学习的热潮。从 2016 年起，约旦每年举办全国汉语教学研讨会，孔子学院为承办单位，约旦各汉语教学机构的教师汇集一堂，总结交流汉语教学发展的成绩与经验，探讨存在的问题，分析国际对外汉语教学事业的发展潜力和机遇。[2] 此外值得着重强调的是，2016 年 9 月，时任约旦文化大臣阿德尔·图韦西访华并出席首届丝绸之路（敦煌）国际文化博览会。会上，中约两国代表签署了《关于在约旦设立中国文化中心的谅解备忘录》。2018 年 1 月 8 日，中国驻约大使潘伟芳和约旦文化大臣纳比·舒古姆在约旦首都安曼共同签署了《中华人民共和国政府和约旦哈希姆王国政府关于在约旦设立中国文化中心的协定》。根据协定，中国文化中心为中国政府派驻约旦的官方非营利文化机构，中方将在遵守约旦现行法律法规的基础上运作中心。该中心的宗旨是促进中约两国文化交流与合作，增进中约两国人民之间的相互了解和友谊，推动中约友好关系发展。中国文化中心的职责包括举办各种文化、艺术、教育活动，设立图书馆、阅览室、影视放映厅，向约旦公众介绍中国和中国文化，交流中国的发展经验和文化艺术等。中国文化中心的成立为中约文化教育交流开辟了新的平台。

---

[1] 中华人民共和国驻约旦哈希姆王国大使馆. 驻约旦使馆向约旦教育部捐赠教学物资 [EB/OL]. (2018-10-09) [2020-08-19]. http://jo.chineseembassy.org/chn/zygxs/t1602659.htm.

[2] 中国驻约旦大使馆文化处. 首届约旦全国汉语教学研讨会在安曼举办 [EB/OL]. (2016-06-15)[2020-08-19]. http://cn.cccweb.org/portal/pubinfo/2020/04/28/200001003002/73b8e1c97ad6454caaa6b962be13f2b8.html#.

在会议会展方面，约旦除积极参与中阿合作论坛、中阿博览会框架下举办的有关教育交流的各类会议、会展外，还主动承办一些重要会议。2016年9月，约旦扎尔卡大学成功举办第四届中阿大学校长论坛，这是该论坛第一次在阿拉伯国家举办，是中约教育交流水平不断提升的很好例证。论坛为期两天，主题是"巩固中阿传统友谊、深化互利合作关系"。来自中国32所大学的近300名代表和来自13个阿拉伯国家的50多所高校的代表出席论坛，共同探讨如何深化中阿高等教育合作。约旦高教与科研大臣瓦吉赫·欧韦斯、中国驻约旦大使潘伟芳等出席开幕式并致辞。经过两天的深入研讨和广泛交流，与会高校达成数十项合作协议，有力推动了中阿、中约高校之间的直接交流。论坛结束后，中国高校派往约旦的留学生数量大幅增加。

第三节 案例分析——安曼 TAG 孔子学院

一、安曼 TAG 孔子学院概况

2008年9月18日，安曼 TAG 孔子学院成立；2009年4月1日，安曼 TAG 孔子学院举行揭牌仪式，标志着约旦第一所孔子学院正式建成使用。该学院致力于增进中约两国的相互了解，是中约两国教育交流合作的典范。

安曼 TAG 孔子学院是约旦第一个官方设立的汉语教学中心，汉语教学由合作院校沈阳师范大学的专业教师担任，这些教师在对外汉语教学方面均有丰富的经验。该孔子学院还是约旦首个中国汉语水平考试的官方测试中心，能为汉语学习者提供汉语教学、语言学、心理学和教育学等学科的专业测试服务，进而更好地提升汉语学习者的语言水平。

　　安曼 TAG 孔子学院拥有舒适的教学环境并配备了先进的语言实验室，能为汉语学习者提供入门、基础、初级、中级四个级别的汉语课程，此外还开设少儿汉语、商务汉语、旅游汉语等课程。学院建有资源丰富的图书馆，能在商务、娱乐、教育、经济、科学、旅游、文化和文学等多个领域拓宽汉语学习者的视野。此外，安曼 TAG 孔子学院还致力于培训汉语教师，提供教育咨询服务，组织夏令营，举办中国文化活动，举办各类研讨会等。[1]

　　安曼 TAG 孔子学院现有中方院长 1 名，中方教师 5 名。现有教学点 3 个，2019 年招生人数为 558 人。2019 年，该院学生玛丽获得"汉语桥"世界大学生中文比赛约旦赛区冠军，代表约旦赴华参加决赛，并获得第十二届"汉语桥"世界中学生中文比赛三等奖。

　　安曼 TAG 孔子学院每年组织各类教学和文化活动，累计受众达 25 000 余人。该院注重科研，已出版教材及译著 3 部；积极推动数字化教学资源建设，承担了"商务汉语""汉语水平考试 HSK 三级"两门在线课程的建设工作。在过去十多年的发展建设中，安曼 TAG 孔子学院在建立规范的课程体系、加强内部教学督导评估方面采取务实的举措，在汉语教学、文化推广以及孔子学院管理运营等方面已具备一定经验。此外，学院积极与各类机构开展合作，包括安曼商会、阿联酋航空公司、中国 OPPO 公司、vivo 公司、广东火电公司等，为这些机构培养了一大批优秀的翻译和外事工作人才。鉴于其在中约教育、文化、经贸交流与合作方面做出的突出贡献，学院多次获得侯赛因国王基金会授予的"杰出教育奖"和扎哈文化中心授予的"特别贡献奖"。[2]

---

[1] 资料来源于安曼 TAG 孔子学院网站。

[2] 吴勇. 从中国到世界——沈阳师范大学这两所孔子学院别具一格 [EB/OL]. (2019-12-12)[2020-12-10]. https://column.chinadaily.com.cn/a/201912/12/WS5df1d926a31099ab995f12dd.html.

二、办学特色

（一）活动丰富多元

安曼 TAG 孔子学院致力于举办各类中国文化交流活动，以推广汉语教育，增进民心相通。除了传统节日庆祝活动以外，安曼 TAG 孔子学院近年来还积极举办音乐会、书法比赛等文化活动，有力地推动了中国文化的传播。

2014 年 9 月，安曼 TAG 孔子学院举行庆祝孔子学院成立十周年活动，当时正在约旦访问的沈阳师范大学艺术团表演了精彩的节目，促进了中阿文明的交流与沟通。[1] 2018 年 2 月，安曼 TAG 孔子学院承办了一场汉字书法比赛，来自安曼 TAG 孔子学院、约旦大学、费城大学孔子学院、伊斯兰教育学院、雅尔穆克大学的 52 名选手参加了比赛。该活动旨在鼓励约旦汉语学习者学好汉语、写好汉字，进而深入了解中国文化。[2] 2018 年 9 月，安曼 TAG 孔子学院举办中国文化艺术节以庆祝孔子学院日，通过书法、太极、茶艺、折纸、插花等活动及中国龙拼图、3D 打印、脸谱绘制等形式助力中阿文化交流。同年 10 月，安曼 TAG 孔子学院承办了刘光宇约旦二胡独奏音乐会，为约旦师生传递了中国古典音乐之美，促进了中约多元教育文化交流，助力两国友好关系深入发展。

此外，安曼 TAG 孔子学院还积极派出师生代表参与各类文化交流活动，促进中华文化的传播。2018 年 4 月，约旦扎哈文化中心举办了国际城市节活动，安曼 TAG 孔子学院参与活动并精心准备了多个中国文化体验项目，如书法、茶艺、传统服饰等，展示了汉语教材和相关的中国文化书刊。

---

[1] 新华网. 沈阳师范大学艺术团赴约旦演出 庆祝孔子学院十周年 [EB/OL]. (2014-09-28)[2020-12-10]. http://cn.cccweb.org/portal/pubinfo/2020/04/28/200001003002/1a62f9ed09ee4fc28284eb7b8a9c642c.html.

[2] 中国驻约旦大使馆文化处. 约旦"大使杯"汉字书法比赛举办 [EB/OL]. (2018-02-11)[2020-12-10]. http://cn.cccweb.org/portal/pubinfo/2020/04/28/200001003002001/1b0dfdd286894946969a41e1570ce299.html.

2018 年 9 月，约旦第十四届儿童节庆祝活动在安曼扎哈文化中心举办，安曼 TAG 孔子学院参与此次活动并展示了具有中国文化特色的节目，中方院长介绍了安曼 TAG 孔子学院的汉语教学与文化交流情况，并得到各方的肯定。[1]

（二）访问交流广泛深入

安曼 TAG 孔子学院积极与约旦和中国的各级教育机构开展交流，多次接待中国代表团并与相关专家进行深入交流。从 2011 年春季开始，为了进一步加强中国语言和文化在约旦的推广，安曼 TAG 孔子学院采取"走出去"和"请进来"相结合的方式，一方面积极到各地学校去参加各类文化日和展览活动，另一方面向各地学校和文化机构发出邀请函，邀请他们到孔子学院来参观和体验中国文化。

在接待来访方面，2011 年 10 月，安曼 TAG 孔子学院接待了前来参观考察的安曼国立学校师生一行 19 人，帮助其与孔子学院的管理人员、教师及其他工作人员展开深入交流。孔子学院播放了武术、剪纸等纪录片，展示了中国传统服饰，并向宾客提供中国传统美食饺子。[2] 2017 年 4 月，国务院副总理刘延东考察安曼 TAG 孔子学院，参观了孔子学院文化成果展和中文汇报演出，演出节目包括京剧、中国民族歌舞、太极拳等。刘延东宣布，中方向安曼 TAG 孔子学院赠送 2 000 册中华文化读物，向约旦青年提供 50 名"汉语桥"夏令营和 20 名孔子学院奖学金名额。2019 年 12 月，国家社科基金重大项目"孔子学院跨文化传播与管理研究"首席专家安然教授带领项目组成员赴安曼 TAG 孔子学院调研，双方就孔子学院市场化运作、

---

[1] 杨松芳. 我校约旦安曼 TAG 孔子学院参加约旦扎哈儿童节活动 [EB/OL]. (2018-09-14)[2020-12-10]. http://news.synu.edu.cn/2018/0914/c40a15224/page.htm.

[2] 约旦安曼 TAG 孔子学院. 约旦王子阿里出席安曼 TAG 孔子学院"快乐中国日"活动 [EB/OL]. (2016-11-01)[2020-12-10]. http://www.chinesetest.cc/xinwenzhongxin/guowaixinwen/2016/1101/161.html.

质量认证等问题进行了探讨，汉语教师和志愿者们就跨文化适应、职业发展与调研团队交换了意见。[1]

在访华交流方面，2017 年 7 月，安曼 TAG 孔子学院汉语语言文化体验夏令营在沈阳师范大学开营。夏令营采取课堂讲授与文化体验相结合的方式，不仅向学员介绍太极拳、民乐、茶艺、京剧、中国服饰等具有中国特色的文化，还带领他们游览天安门广场、故宫、长城、颐和园等名胜古迹，帮助学员们在游学中更好地了解中国文化、感受中国魅力。[2] 2019 年 10 月，约旦安曼 TAG 环球集团副总裁、安曼 TAG 孔子学院理事长鲁埃、约旦 TAG 环球集团财务总监萨米访问沈阳师范大学并参加了安曼 TAG 孔子学院第十一届理事会。双方代表就孔子学院的综合改革和发展规划交换了意见，并希望进一步促进双方互惠共赢，共同为传播汉语和中华文化贡献智慧和力量，为打造人类命运共同体加强融通与联系。[3]

（三）综合实力稳步提升

安曼 TAG 孔子学院自 2009 年揭牌以来，始终以教育创新、教学改革为目标，积极吸取相关教学机构的运作经验，稳步推进自身发展。

在汉语教学方面，2011 年 12 月，安曼 TAG 孔子学院正式向中国有关方面提出建立汉语考试海外考点的申请，2012 年 3 月，学院获批成为汉语考试海外考点之一。随着孔子学院的不断发展，汉语学习人数不断增加，所

---

[1] 公共外交与跨文化传播研究基地. 安然教授率国家社科基金重大项目调研团队赴亚洲地区孔子学院调研 [EB/OL]. (2020-01-06)[2020-12-10]. http://www2.scut.edu.cn/interculture/2020/0106/c7248a360847/page.htm.

[2] 中国日报. 40 名约旦学子在沈与中国传统文化亲密接触 [EB/OL]. (2017-07-23)[2020-12-10]. http://ln.chinadaily.com.cn/2017/07/23/content_30217230.htm.

[3] 李晓一. 党委书记贾玉明、校长郝德永分别会见约旦安曼 TAG 孔子学院理事长鲁埃一行 [EB/OL]. (2019-11-01)[2020-12-10]. http://news.synu.edu.cn/2019/1101/c39a63606/page.htm.

提供的奖学金数量也日益增多。[1] 2012 年 3 月，安曼 TAG 孔子学院在安曼主教学校男校正式开设教学点，该教学点的第一个汉语班首批注册学生达 29 人，教学点的建设有助于加强当地民众对中国语言和文化的了解并深化中约友好往来。[2] 此外，安曼 TAG 孔子学院高度重视与中方合作院校的深度合作。2019 年 10 月，安曼 TAG 孔子学院第十一届理事会在沈阳师范大学国际教育学院举行，双方负责人就孔子学院 2019 年度工作情况总结、2020 年度发展规划、孔子学院师资储备等问题进行了充分的交流与探讨，并希望通过网络微课或线上教学等方式实现孔子学院课堂教学中对国内教学资源的共享，努力推动孔子学院服务社会、与中外企业合作的进程。[3]

在社会服务层面，安曼 TAG 孔子学院积极拓展汉语教学外的合作领域，为汉语学习者开拓视野。2012 年 2 月，安曼 TAG 孔子学院正式与约旦旅游局签署协议，负责为其开设专门课程，培训当地导游的汉语交际能力。安曼 TAG 孔子学院针对旅游业从业者的职业特点，为学员专门设置汉语语言及文化课程，并通过各种讲座传授中国历史及传统文化知识，帮助学员提升综合素质。[4] 2019 年，安曼 TAG 孔子学院承办了《东方崛起》图书推介会、中国书刊展、约旦青年艺术家"中国印象"绘画展、庆祝中华人民共和国成立 70 周年专题讲座等一系列高水平的文化活动，促进和深化了中约文化交流和思想交流。[5]

[1] 中国新闻网. 安曼 TAG 孔子学院 HSK 汉语水平考试取得圆满成功 [EB/OL]. (2012-05-18)[2020-12-10]. http://www.chinanews.com/hwjy/2012/05-18/3899624.shtml.

[2] 非洲孔院：约旦 TAG 孔子学院安曼主教学校教学点正式开班 [J]. 海外华文教育动态，2012（06）：65.

[3] 李晓一. 党委书记贾玉明、校长郝德永分别会见约旦安曼 TAG 孔子学院理事长鲁埃一行 [EB/OL]. (2019-11-01)[2020-12-10]. http://news.synu.edu.cn/2019/1101/c39a63606/page.htm.

[4] 中国新闻网. 约旦首个导游汉语培训班在安曼 TAG 孔子学院开班 [EB/OL]. (2012-02-29)[2020-12-10]. http://www.chinanews.com/hwjy/2012/02-29/3707023.shtml.

[5] 中国文化产业研究发展中心.《东方崛起》图书推介会在安曼举行 [EB/OL]. (2019-10-29)[2020-12-10]. http://www.whcyyj.com/show.asp?id=2706.

结　语

　　阿拉伯世界共有 22 个国家，虽然这 22 个国家都以阿拉伯民族为主体，有着共同的宗教、语言、文化，但在国情上又千差万别。

　　不同的国情决定了不同的发展模式。以沙特、阿联酋、卡塔尔等国家为代表的产油国，凭借丰厚的石油收入在短时间内实现了国家建设和人民生活水平的跨越式提升。同时，这些国家也充分意识到石油经济的不可持续性，因此着力谋划经济多元化的发展路径。以埃及、摩洛哥等为代表的阿拉伯国家，虽然能源较为匮乏，但拥有优越的地理位置、深厚的人文积淀、相对较好的工业基础，因此在稳定了国内局势后，正大力推进与欧洲国家、日本、中国等国家的产能对接，希望通过工业化融入全球产业链实现国家富强，也取得了较大进展。约旦的情况较为特殊：作为面积狭小的内陆国家，其资源短缺，工业基础薄弱，缺乏走大规模工业化道路的必要条件；深处中东"火药桶"的中心，大国环伺，地缘环境复杂，长期受中东乱局的影响。在这种客观条件下，约旦该如何实现自身的稳定、发展和进步，走出具有约旦特色的发展道路？

　　约旦几代领导人凭借过人的胆识、高超的外交技巧和政治智慧，维护了约旦的独立和主权，使约旦这个中东小国成为"中东和平的绿洲"，以及地区国家乃至世界大国都必须重视的重要力量。同时，约旦领导人还根据本国和地区国家的特点，敏锐地寻找和挖掘自身的比较优势，通过正确的政策把约旦打造为地区文化和教育的高地，把人力资源作为国家特色发展的不竭能源。

本书通过十一章的论述，一方面分析了约旦发展教育事业的历史文化背景和政治经济环境，阐述了约旦"人力资源立国"战略的重要性与必要性；另一方面，从学前教育、基础教育、高等教育、职业教育、成人教育、教师教育等教育的不同层次、不同门类入手，较为详细地介绍了各类教育的发展历程与现状，分析了主要成就与挑战。此外，对约旦中央和地方教育管理机构的设置、职能、改革方向与特色做了呈现和论述，对中国与约旦开展教育交流的发展历程、关键节点和推动因素做了回顾和总结。

2021 年是约旦建国 100 周年。回顾百年历程，约旦现代教育事业可谓从无到有、由弱到强，堪称阿拉伯世界教育兴国的典范。这其中有几点经验特别值得关注：一是国家和王室对教育事业的高度重视、科学规划和超常规投入，始终把教育作为国家优先发展的事业；二是培养目标明确，并根据世界教育发展趋势和地区、国内形势发展适时进行调整；三是充分发挥私营部门的作用，给予其充分的政策支持和发展空间，以补充政府力量的不足；四是积极开发国际资源，争取友好国家、国际组织的资金、技术支持，并按国际标准高水平打造本国教育体系。

与此同时，约旦教育也面临极大的挑战。政府财政投入不足、海湾国家人力资源状况和劳工政策的变化、新一轮技术革命和产业革命给传统教育模式和教学内容带来的冲击等，都是约旦教育必须破解的重要课题，教育事业的底层逻辑发生变化，思维方式、发展范式也需要随之改变。

世界正经历百年未有之大变局，在这样一个重要的历史交汇点，每一个国家都应当准确识变、科学应变、主动求变，根据新形势不断探索符合自身特点的发展道路。衷心希望约旦的教育事业蒸蒸日上，为约旦建设知识型社会、实现可持续发展提供强劲动力。

附　录

一、约旦历届教育大臣名单

序号	姓名	任职时间
1	马兹哈尔·拉斯兰	1921 年 4 月 11 日—1921 年 6 月 23 日
2	艾迪卜·瓦赫巴	1921 年 8 月 8 日—1923 年 7 月 3 日
3	阿里·胡卢基	1923 年 9 月 5 日—1924 年 5 月 3 日
4	艾迪卜·瓦赫巴	1924 年 9 月 12 日—1935 年 9 月 25 日
5	艾哈迈德·萨卡夫	1939 年 12 月 6 日—1940 年 9 月 24 日
6	艾哈迈德·萨卡夫	1940 年 9 月 24 日—1941 年 7 月 2 日
7	赛米尔·里法伊	1941 年 7 月 2 日—1942 年 12 月 6 日
8	艾哈迈德·萨卡夫	1942 年 12 月 6 日—1943 年 5 月 9 日
9	赛米尔·里法伊	1943 年 5 月 9 日—1943 年 10 月 30 日
10	穆罕默德·艾拉安西	1943 年 10 月 30 日—1944 年 7 月 13 日
11	艾哈迈德·萨卡夫	1944 年 7 月 13 日—1944 年 10 月 14 日
12	法赫米·哈希姆	1944 年 10 月 14 日—1945 年 5 月 18 日
13	法赫米·哈希姆	1945 年 5 月 18 日—1946 年 9 月 8 日
14	穆罕默德·谢里基	1946 年 9 月 8 日—1947 年 2 月 4 日

序号	姓名	任职时间
15	穆罕默德·尚基提	1947 年 2 月 4 日—1947 年 12 月 27 日
16	穆罕默德·尚基提	1947 年 12 月 27 日—1949 年 5 月 3 日
17	穆罕默德·尚基提	1949 年 5 月 7 日—1950 年 4 月 12 日
18	穆罕默德·尚基提	1950 年 4 月 12 日—1950 年 10 月 14 日
19	艾哈迈德·图坎	1950 年 10 月 14 日—1950 年 12 月 4 日
20	艾哈迈德·图坎	1950 年 12 月 4 日—1951 年 7 月 25 日
21	鲁西·阿卜杜勒哈迪	1951 年 7 月 25 日—1951 年 9 月 7 日
22	鲁西·阿卜杜勒哈迪	1951 年 9 月 7 日—1952 年 9 月 30 日
23	阿卜杜勒哈利姆·尼姆尔	1952 年 9 月 30 日—1953 年 5 月 5 日
24	艾哈迈德·图坎	1953 年 5 月 5 日—1954 年 5 月 2 日
25	安瓦尔·努赛巴	1954 年 5 月 2 日—1954 年 10 月 21 日
26	安瓦尔·努赛巴	1954 年 10 月 24 日—1955 年 5 月 28 日
27	赛义德·阿拉丁	1955 年 5 月 30 日—1955 年 12 月 14 日
28	欧麦尔·艾勒巴尔胡西	1955 年 12 月 14 日—1955 年 12 月 21 日
29	福齐·艾勒穆勒基	1955 年 12 月 21 日—1956 年 1 月 8 日
30	戴夫拉·艾勒侯穆德	1956 年 1 月 9 日—1956 年 4 月 1 日
31	戴夫拉·艾勒侯穆德	1956 年 4 月 1 日—1956 年 5 月 20 日
32	福齐·艾勒穆勒基	1956 年 5 月 22 日—1956 年 7 月 1 日
33	赛义德·阿拉丁	1956 年 7 月 1 日—1956 年 10 月 29 日
34	谢菲格·阿尔希达德	1956 年 10 月 29 日—1957 年 4 月 10 日
35	福齐·艾勒穆勒基	1957 年 4 月 15 日—1957 年 4 月 24 日
36	胡卢绥·艾勒海里	1957 年 4 月 25 日—1957 年 7 月 12 日
37	贾迈勒·图坎	1957 年 7 月 15 日—1957 年 8 月 25 日
38	阿里·艾勒汗达维（副职）	1957 年 8 月 27 日—1957 年 10 月 21 日

续表

序号	姓名	任职时间
39	艾哈迈德·塔拉瓦纳	1957 年 10 月 22 日—1958 年 5 月 18 日
40	艾哈迈德·塔拉瓦纳	1958 年 5 月 18 日—1958 年 7 月 10 日
41	穆罕默德·艾勒贾巴里	1958 年 7 月 10 日—1959 年 1 月 28 日
42	里亚德·艾勒穆夫利赫	1959 年 1 月 28 日—1959 年 5 月 6 日
43	穆罕默德·尚基提	1959 年 5 月 6 日—1960 年 8 月 29 日
44	穆罕默德·尚基提	1960 年 8 月 29 日—1961 年 6 月 28 日
45	拉菲格·艾勒侯赛尼	1961 年 6 月 28 日—1961 年 11 月 5 日
46	巴希尔·萨巴格	1961 年 11 月 5 日—1962 年 1 月 27 日
47	伊卜拉欣·卡坦	1962 年 1 月 27 日—1962 年 12 月 2 日
48	阿卜杜勒瓦哈卜·艾勒穆贾里	1962 年 12 月 2 日—1963 年 3 月 27 日
49	哈桑·艾勒卡伊德	1963 年 3 月 27 日—1963 年 4 月 21 日
50	哈桑·艾勒卡伊德	1963 年 4 月 21 日—1963 年 7 月 9 日
51	哈桑·艾勒卡伊德	1963 年 7 月 9 日—1963 年 10 月 31 日
52	巴希尔·萨巴格	1963 年 10 月 31 日—1964 年 7 月 6 日
53	巴希尔·萨巴格	1964 年 7 月 6 日—1965 年 2 月 13 日
54	阿卜杜拉提夫·阿比丁	1965 年 2 月 13 日—1965 年 7 月 31 日
55	祖坎·辛达维	1965 年 7 月 31 日—1966 年 12 月 22 日
56	阿卜杜勒瓦哈卜·艾勒穆贾里	1966 年 12 月 22 日—1967 年 3 月 4 日
57	祖坎·辛达维	1967 年 3 月 4 日—1967 年 4 月 23 日
58	祖坎·辛达维	1967 年 4 月 23 日—1967 年 8 月 2 日
59	祖坎·辛达维	1967 年 8 月 2 日—1967 年 10 月 7 日
60	穆罕默德·艾勒阿米里	1967 年 10 月 7 日—1968 年 4 月 25 日
61	巴希尔·萨巴格	1968 年 4 月 25 日—1969 年 3 月 14 日
62	祖坎·辛达维	1969 年 3 月 24 日—1969 年 7 月 13 日

序号	姓名	任职时间
63	祖坎·辛达维	1969 年 8 月 13 日—1970 年 4 月 20 日
64	祖坎·辛达维	1970 年 4 月 20 日—1970 年 6 月 28 日
65	祖坎·辛达维	1970 年 6 月 28 日—1970 年 9 月 15 日
66	伊卜拉欣·萨义勒	1970 年 9 月 16 日—1970 年 9 月 26 日
67	阿卜杜勒马吉德·谢里戴	1970 年 9 月 26 日—1970 年 10 月 28 日
68	伊斯哈格·艾勒法尔罕	1970 年 10 月 28 日—1973 年 5 月 26 日
69	穆德尔·巴德兰	1973 年 5 月 27 日—1974 年 11 月 23 日
70	祖坎·辛达维	1974 年 11 月 24 日—1976 年 7 月 12 日
71	祖坎·辛达维	1976 年 7 月 12 日—1976 年 11 月 27 日
72	阿卜杜赛拉姆·艾勒穆贾里	1976 年 11 月 27 日—1979 年 12 月 18 日
73	穆罕默德·谢菲格	1979 年 12 月 19 日—1980 年 8 月 27 日
74	赛义德·泰勒	1980 年 8 月 28 日—1984 年 1 月 10 日
75	希克迈特·萨基特	1984 年 1 月 10 日—1985 年 4 月 4 日
76	阿卜杜勒瓦哈卜·艾勒穆贾里	1985 年 4 月 4 日—1986 年 10 月 4 日
77	祖坎·辛达维	1986 年 10 月 4 日—1989 年 4 月 24 日
78	阿卜杜拉·努苏尔	1989 年 4 月 27 日—1989 年 8 月 30 日
79	阿德南·巴德兰	1989 年 9 月 2 日—1989 年 12 月 6 日
80	穆罕默德·哈姆丹	1989 年 12 月 7 日—1990 年 6 月 18 日
81	阿卜杜拉·艾勒阿卡耶勒	1990 年 6 月 18 日—1991 年 6 月 19 日
82	伊德·德赫亚特	1991 年 6 月 19 日—1991 年 11 月 21 日
83	祖坎·辛达维	1991 年 11 月 21 日—1993 年 5 月 29 日
84	哈立德·艾勒欧姆里	1993 年 5 月 29 日—1994 年 6 月 7 日
85	阿卜杜拉乌夫·拉瓦巴黛	1994 年 6 月 8 日—1995 年 1 月 8 日
86	阿卜杜拉乌夫·拉瓦巴黛	1995 年 1 月 8 日—1996 年 2 月 4 日

续表

序号	姓名	任职时间
87	曼泽尔·艾勒摩斯里	1996 年 2 月 5 日—1997 年 3 月 19 日
88	曼泽尔·艾勒摩斯里	1997 年 3 月 19 日—1998 年 2 月 17 日
89	穆罕默德·哈姆丹	1998 年 2 月 18 日—1999 年
90	福齐·加拉伊巴	1999 年—1999 年
91	艾扎特·贾拉达特	1999 年 4 月—2000 年 6 月
92	哈立德·图坎	2000 年 6 月—2007 年 11 月
93	泰西尔·努艾米	2007 年 11 月—2009 年 6 月
94	瓦立德·艾勒马阿尼	2009 年 6 月—2009 年 12 月 14 日
95	伊卜拉欣·巴德兰	2009 年 12 月 14 日—2010 年 7 月 28 日
96	哈立德·艾勒卡尔基	2010 年 11 月 24 日—2011 年 2 月 1 日
97	泰西尔·努艾米	2011 年 1 月—2011 年 10 月
98	伊德·德赫亚特	2011 年 10 月—2012 年 4 月
99	法伊兹·苏欧迪	2012 年 4 月—2012 年 10 月
100	瓦吉赫·欧维斯	2012 年 10 月—2013 年 3 月
101	穆罕默德·艾勒瓦赫西	2013 年 3 月—2013 年 8 月
102	穆罕默德·祖奈巴特	2013 年 8 月—2017 年 1 月
103	奥马尔·拉扎兹	2017 年 1 月—2018 年 6 月
104	阿兹米·穆哈法扎	2018 年 6 月—2018 年 11 月
105	巴萨姆·泰勒胡尼	2018 年 11 月—2019 年 1 月
106	瓦立德·艾勒马阿尼	2019 年 1 月—2019 年 10 月

二、约旦历届高教与科研大臣名单

序号	姓名	任职时间
1	纳赛鲁丁·艾拉阿萨德	1985 年 4 月 4 日—1989 年 4 月 24 日 1989 年 4 月 27 日—1989 年 12 月 6 日
2	穆罕默德·艾勒哈穆里	1991 年 6 月 20 日—1991 年 10 月 4 日
3	哈立德·艾勒卡尔基	1991 年 10 月 5 日—1991 年 11 月 20 日
4	艾瓦德·哈利法特	1991 年 11 月 21 日—1993 年 5 月 29 日
5	哈立德·艾勒欧姆里	1993 年 5 月 30 日—1993 年 12 月 1 日
6	赛义德·泰勒	1991 年 1 月 2 日—1991 年 1 月 6 日 1993 年 12 月 2 日—1994 年 6 月 7 日
7	拉提卜·苏欧德	1994 年 6 月 8 日—1996 年 2 月 4 日
8	阿卜杜拉·努苏尔	1996 年 2 月 4 日—1997 年 3 月 19 日
9	曼泽尔·艾勒摩斯里	1997 年 3 月 19 日—1998 年 2 月 17 日
10	穆罕默德·加尼玛	1989 年 12 月 7 日—1991 年 1 月 1 日 1998 年 2 月 17 日—1998 年 8 月 20 日 2002 年 9 月 26 日—2003 年 10 月 2 日
11	艾萨姆·扎阿卜拉维	2003 年 10 月 25 日—2005 年 4 月 5 日
12	哈立德·图坎	2001 年 9 月 2 日—2002 年 1 月 14 日 2005 年 4 月 7 日—2005 年 11 月 24 日 2005 年 11 月 27 日—2007 年 11 月 22 日
13	欧麦尔·谢迪法特	2007 年 11 月 25 日—2009 年 2 月 23 日
14	露维达·艾勒穆阿亚陶	2011 年 10 月 24 日—2012 年 4 月 26 日
15	艾敏·马哈茂德	2013 年 3 月 30 日—2015 年 2 月 28 日
16	拉比卜·哈德拉	2015 年 3 月 1 日—2016 年 5 月 29 日

续表

序号	姓名	任职时间
17	瓦吉赫·欧维斯	2011 年 2 月 9 日—2011 年 10 月 17 日 2012 年 5 月 2 日—2012 年 10 月 9 日 2012 年 10 月 11 日—2013 年 3 月 30 日 2016 年 6 月 1 日—2016 年 9 月 25 日
18	阿迪勒·图维西	2016 年 9 月 28 日—2018 年 10 月 10 日
19	阿兹米·穆哈法扎	2018 年 10 月 11 日—2018 年 11 月 1 日
20	巴萨姆·泰勒胡尼	2018 年 11 月 4 日—2019 年 1 月 21 日
21	瓦利德·艾勒马阿尼	2002 年 1 月 14 日—2002 年 9 月 25 日 2009 年 2 月 23 日—2009 年 12 月 9 日 2009 年 12 月 14 日—2011 年 2 月 1 日 2019 年 1 月 22 日—2019 年 10 月 27 日
22	穆巴拉克·艾布雅敏	2019 年 10 月 27 日—2019 年 11 月 7 日
23	穆希丁·陶格	2019 年 11 月 7 日—2020 年 10 月 12 日

参考文献

一、中文文献

艾哈迈德. 文明的追随——中国的崛起与阿拉伯人的未来[M]. 刘欣路，吴晓琴，译. 北京：北京师范大学出版社，2014.

鲍里奇. 有效教学方法[M]. 9版. 杨鲁新，译. 上海：华东师范大学出版社，2021.

本书编写组. 习近平总书记教育重要论述讲义[M]. 北京：高等教育出版社，2020.

方汉文. 比较文化学新编[M]. 北京：北京师范大学出版社，2011.

冯增俊，陈时见，项贤明. 当代比较教育学[M]. 2版. 北京：人民教育出版社，2015.

格利克曼. 教育督导学：一种发展性视角[M]. 10版. 任文，译. 上海：华东师范大学出版社，2021.

顾明远. 顾明远教育演讲录[M]. 北京：人民教育出版社，2014.

国家信息中心"一带一路"大数据中心. "一带一路"大数据报告（2017）[M]. 北京：商务印书馆，2017.

贺国庆，朱文富，等. 外国职业教育通史[M]. 北京：人民教育出版社，2014.

冀开运. 20世纪约旦史[M]. 兰州：甘肃人民出版社，2004.

教育部课题组. 深入学习习近平关于教育的重要论述[M]. 北京：人民出版社，2019.

科特洛夫. 现代约旦[M]. 北京大学历史系翻译小组，译. 北京：北京人民出版社，1973.

李春生. 比较教育管理[M]. 南京：江苏教育出版社，2008.

联合国教科文组织国际教育局. 教育展望：阿拉伯国家高等教育融资中的教育机会与教育公平[M]. 华东师范大学，译. 上海：华东师范大学出版社，2013.

梁国诗. 当代约旦哈希姆王国社会与文化[M]. 上海：上海外语教育出版社，2003.

刘宝莱. 我们和你们：中国和约旦的故事[M]. 北京：五洲传播出版社，2017.

刘宝莱. 中国驻中东大使话中东——约旦[M]. 北京：世界知识出版社，2014.

刘捷，谢维和. 栅栏内外：中国高等师范教育百年省思[M]. 北京：北京师范大学出版社，2002.

刘捷. 教育的追问与求索[M]. 北京：人民出版社，2021.

刘捷. 专业化：挑战21世纪的教师[M]. 北京：教育科学出版社，2002.

刘进，张志强，孔繁盛. "一带一路"高等教育研究（2019）：国际化展望[M]. 北京：北京理工大学出版社，2020.

刘进."一带一路"学生流动与教育国际化[M]. 北京：北京理工大学出版社，2020.

刘生全. 教育成层研究[M]. 北京：教育科学出版社，2011.

刘欣路，刘辰. 中国国际传播研究：从西亚与北非的视角[M]. 北京：北京师范大学出版社，2019.

刘欣路. 中阿关系发展中的中国软实力研究[M]. 北京：光明日报出版社，
2014.

卢晓中. 比较教育学[M]. 北京：人民教育出版社，2020.

陆有铨. 教育的哲思与审视[M]. 北京：人民教育出版社，2016.

伦特. 约旦国王侯赛因传[M]. 张金先，译. 北京：中共中央党校出版社，
2000.

罗宾斯. 约旦史[M]. 叶如帆，曾湘琴，译. 上海：东方出版中心，2020.

马昌前，孙来麟. 约旦研究[M]. 武汉：中国地质大学出版社，2016.

马健生. 比较教育[M]. 北京：高等教育出版社，2010.

纳忠. 阿拉伯通史[M]. 北京：商务印书馆，1999.

戚万学. 现代西方道德教育理论研究：上，下卷[M]. 北京：人民教育出版
社，2020.

秦惠民，王名扬. 高等教育与家庭流动[M]. 北京：科学出版社，2019.

任钟印. 东西方教育的覃思[M]. 北京：人民教育出版社，2017.

桑戴克. 世界文化史[M]. 陈廷璠，译. 上海：上海三联书店，2005.

单中惠. 在世界范围内寻觅现代教育智慧[M]. 北京：人民教育出版社，
2014.

石筠弢. 学前教育课程论[M]. 2版. 北京：北京师范大学出版社，2014.

孙有中. 跨文化研究论丛[M]. 北京：外语教学与研究出版社，2019.

唐志超. 约旦[M]. 2版. 北京：社会科学文献出版社，2016.

滕大春. 教育史研究与教育规律探索[M]. 北京：人民教育出版社，2019.

滕大春. 美国教育史[M]. 2版. 北京：人民教育出版社，2001.

万作芳. 谁是好学生：关于学校评优标准的社会学研究[M]. 长春：吉林人
民出版社，2006.

王承绪，顾明远. 比较教育[M]. 5版. 北京：人民教育出版社，2015.

王定华，秦惠民. 北外教育评论：第1辑[M]. 北京：外语教学与研究出版

社，2019.

王定华，杨丹．人类命运的回响——中国共产党外语教育100年[M]．北京：外语教学与研究出版社，2021.

王定华，曾天山．民族复兴的强音——新中国外语教育70年[M]．北京：外语教学与研究出版社，2019.

王定华．教育路上行与思[M]．北京：人民出版社，2020.

王定华．美国高等教育：观察与研究[M]．2版．北京：人民教育出版社，2021.

王定华．美国基础教育：观察与研究[M]．2版．北京：人民教育出版社，2021.

王定华．中国基础教育：观察与研究[M]．北京：人民教育出版社，2021.

王定华．中国教师教育：观察与研究[M]．北京：人民教育出版社，2020.

王林伶．约旦经贸文化[M]．北京：社会科学文献出版社，2017.

王晓辉．比较教育政策[M]．南京：江苏教育出版社，2009.

乌本．校长创新领导力：引领学校走向卓越[M]．8版．王定华，译．上海：华东师范大学出版社，2021.

吴式颖，李明德．外国教育史教程[M]．3版．北京：人民教育出版社，2015.

习近平．论坚持推动构建人类命运共同体[M]．北京：中央文献出版社，2018.

习近平．习近平谈"一带一路"[M]．北京：中央文献出版社，2018.

谢维和．教育活动的社会学分析：一种教育社会学研究[M]．修订版．北京：教育科学出版社，2007.

谢维和．我的教育觉悟[M]．北京：人民教育出版社，2016.

徐辉．国际教育初探——比较教育的新进展[M]．2版．成都：四川教育出版社，2005.

杨汉清．比较教育学[M]．3版．北京：人民教育出版社，2015.

裔昭印，徐善伟，赵鸣歧．世界文化史 [M]．增订版．北京：北京大学出版社，2010.

苑大勇．终身学习视角下英国高等教育扩大参与政策研究[M]．北京：高等教育出版社，2013.

曾天山，王定华．改革开放的先声——中国外语教育实践探索[M]．2版．北京：外语教学与研究出版社，2019.

郑通涛，方环海，陈荣岚．"一带一路"视角下的教育发展研究[M]．广州：世界图书出版广东有限公司，2017.

二、外文文献

CHARLES L G, JAN D G. Balancing freedom, autonomy and accountability in education: Vol 3[M]. The Netherlands: Wolf Legal Publishers, 2012.

د. زياد عبد العزيز المدني. التعليم في شرق الأردن منذ أواخر العهد العثماني وحتى الاستقلال 1886—1946[M]. عمّان: دار أزمنة النشر والتوزيع، عام 2020.

د. عمر الرزاز. واقع التعليم في الأردن ومستقبله [M]. عمّان: مؤسسة عبد الحميد شومان، عام 2019.

أ. محمد الزبون، د. عبد السلام الجعافرة، د. رضا المواضية. نظام التربية والتعليم في الأردن [M]. عمّان: دار وائل للطباعة والنشر والتوزيع، عام 2016.

د. محمد عبد القاهر طرخان. القيادة التربوية العربية وتحديات التعليم في عصر العولمة: الأردن نموذجيا [M]. عمّان: دار الشروق للنشر والتوزيع، عام 2013.

عمر الهمشري. نظام التربية والتعليم في الأردن [M]. عمّان: دار وائل للطباعة والنشر والتوزيع، عام 2002.

317